Diercke
Spezial

Südasien

Autoren:
Georg Stöber
Basabi Khan Banerjee

unter Mitwirkung der Verlagsredaktion

westermann

Zusatzaufgaben

(Z) Die Aufgaben festigen das vorhandene Wissen und können zusätzlich zu den anderen Aufgaben bearbeitet werden.

Titelbild: Stadtteil Paharganj in Neu-Delhi (Indien)

westermann GRUPPE

© 2017 Bildungshaus Schulbuchverlage
Westermann Schroedel Diesterweg Schöningh Winklers GmbH, Braunschweig
www.westermann.de

Druck A^2 / Jahr 2017
Alle Drucke der Serie A sind im Unterricht parallel verwendbar.

Redaktion: Thilo Girndt
Druck und Bindung: westermann druck GmbH, Braunschweig

ISBN 978-3-14-**151128**-4

Inhaltsverzeichnis

Wer sich mit Südasien befasst, tut gut daran, sich an die Geschichte von den Blinden zu erinnern, die einen Elefanten beschreiben wollten. Einer betastete den Schwanz, einer den Rüssel, die anderen Stoßzahn, Ohr, Bein und Bauch. Ihre Beschreibungen passten nicht zusammen, und sie gerieten in Streit. Doch keiner beschrieb etwas Falsches – und keiner auch nur die halbe Wahrheit.

Gleich, ob man Südasien als Tourist erlebt, Zeitungsberichte liest, Dokumentationen im Fernsehen verfolgt oder sich mit dem Thema im Unterricht befasst, man sollte im Kopf behalten, dass die Wirklichkeit komplizierter ist, als jede Auswahl von Eindrücken aus erster oder zweiter Hand. Manche Beurteilung hängt zudem sehr von der Perspektive ab, die man einnimmt. Je nachdem, welche Gesichtspunkte man berücksichtigt und welches Gewicht man ihnen jeweils beimisst, werden die Urteile unterschiedlich ausfallen.

Ein Beispiel. Indien ist reich: In dem Land leben 264300 Millionäre und 238 Milliardäre (Wealth Report 2017). Indien ist arm: Laut Weltbank leben hier 276000000 Menschen in extremer Armut von weniger als 1,90 US-$ am Tag. Gleichzeitig besitzt das Land eine kauffreudige Mittelschicht, die je nach Definition auf eine Anzahl von 70 bis 400 Mio. Menschen geschätzt wird.

Ein kleinräumigeres Beispiel, der berühmte Slum Dharavi mitten in Mumbai. Nirgendwo auf der Welt leben mehr Menschen auf wenigen Quadratkilometern. Die Fläche nahe dem Geschäftszentrum zählt nach Quadratmeterpreis zu den teuersten Grundstücken der Welt. Viele hundert Menschen teilen sich eine einzige Toilette und doch werden in den Baracken in den engen Gassen Güter in Millionenhöhe produziert. In Dharavi ist es laut, es stinkt und Müll ist allgegenwärtig. Doch fast jeder der über 600000 Einwohner schlägt Angebote aus, in „eine nette Wohnung am Stadtrand" zu ziehen.

Nur ein Aspekt dieser auf den ersten Blick widersprüchlichen Informationen würde zu einem völlig falschen oder zumindest nur halbwahren Gesamtbild führen. Die Feststellungen müssen zudem eingebettet werden in ihre größeren Zusammenhänge. Absolute Zahlen sind etwa ohne Bezug wenig aussagekräftig. In Indien kommt ein Milliardär auf fünf Millionen Einwohner, in Deutschland teilen nur eine Million Menschen einen Superreichen.

Unser Band zu Südasien will daher beides: die Bedeutung von Perspektiven deutlich werden lassen und für Standpunkte eine sachliche Basis legen.

Gliederung des Bandes

Der vorliegende Band thematisiert ganz Südasien. Aufgrund der Größe und Bedeutung Indiens spielt das Land aber eine besondere Rolle. In zahlreichen Fallstudien sind aber auch die anderen südasiatischen Staaten präsent. Zudem gestatten Statistiken zu wichtigen Themen einen Vergleich der verschiedenen Länder.

- Im ersten Kapitel werden nach einer kurzen Vorstellung der Staaten Aspekte des Naturraums beleuchtet, wobei vor allem die Bedeutung des Monsuns und die Verwundbarkeit gegenüber Naturereignissen herausgestellt werden. Die Betrachtung der jüngeren Geschichte, von Bevölkerungs- und Gesellschaftsstrukturen legt Grundlagen für die folgenden Kapitel.
- Im zweiten Kapitel steht die Landwirtschaft des Raumes im Mittelpunkt. Besitzstrukturen, „Grüne Revolution" und neue Produktions- und Vermarktungsverhältnisse werden angesprochen und im Spannungsfeld von Weltmarktproduktion und Nahrungssicherheit diskutiert. Verschiedene Formen der Bewässerung und Konflikte um Wasser sind weitere Schwerpunkte.
- Das dritte Kapitel befasst sich mit der wirtschaftlichen Entwicklung außerhalb der Landwirtschaft. Verschiedene Wirtschaftsbereiche veranschaulichen die Einbindung der Volkswirtschaften in globalisierte Strukturen, wozu auch der internationale Verkehr von Kapital und Arbeitskräften gehört. Thematisiert werden aber auch der informelle Teil der Wirtschaft sowie der Versuch, durch Mikrokredite zu einer Armutsbekämpfung beizutragen.
- Im vierten Kapitel stehen schließlich Fragen der Stadtentwicklung im Vordergrund, von der Metropolenbildung unter dem Einfluss von Binnenmigration über Slums und Gated Communities bis hin zu Problemen städtischer Infrastrukturen und Aspekten des Stadt-Umland-Verhältnisses.

- Der Anhang enthält zur Orientierung eine Karte der indischen Bundesstaaten.
- Seit Mitte der 1990er-Jahre wurden zahlreiche indische Städte umbenannt, neben Mumbai, Kolkata und Chennai – früher Bombay, Kalkutta und Madras – beispielsweise auch Bangalore in Bengaluru und Poona in Pune. Der Grund liegt häufig in dem Wunsch mit der kolonialen Vergangenheit abzuschließen und im regionalen Patriotismus. In Indien ist die Umbenennungspraxis nicht unumstritten. In diesem Buch wird (außer in historischen Kontexten) die neue Schreibweise verwendet.
- Bei Orten oder administrativen Einheiten, für die keine deutschen Schreibweisen existieren, wird die international übliche Schreibweise zugrunde gelegt.

Zur Konzeption der Reihe

Das vorliegende Konzept der Reihe Diercke Spezial stellt das selbstständige, problemorientierte Arbeiten und Lernen in den Vordergrund. Erklärende Autorentexte treten in diesem Konzept hingegen weitgehend zurück. Fertige Antworten wird man vergebens suchen. Es wird eine Vielzahl von Materialien wie Grafiken, Karten, Diagramme und Textquellen eingesetzt. So wird nicht nur Fachwissen vermittelt und räumliche Orientierung ermöglicht, sondern auch Methodenkompetenz angebahnt, Kommunikation angeregt und Beurteilungsfähigkeit gefördert.

Jedes Kapitel enthält vier Elemente: Eine erste Doppelseite führt in das Thema ein und wirft wichtige Fragen auf. Die folgenden doppelseitigen, aufgabengeleiteten Arbeitsseiten beginnen jeweils mit einer kurzen Einleitung in die Thematik und der Problematisierung. Die Erschließung des Themas ist an die Bearbeitung der Aufgaben gebunden, die mithilfe der Materialien dann in der Regel individuell oder kooperativ erfolgt. Webcodes führen zum Internetangebot schueler.diercke.de bzw. den Atlasseiten.

Neben normalen thematischen Doppelseiten gibt es Sonderseiten mit Methoden- und einem Klausurtraining. Schließlich wird auf der jeweils letzten Seite das Kapitel inhaltlich zusammengefasst. Hinweise auf weiterführende Literatur und Internetlinks runden das Angebot ab. Neu eingeführte Fachbegriffe werden entweder an Ort und Stelle auf der jeweiligen Arbeitsseite oder im Glossar im Anhang erklärt. Mithilfe dieser Konzeption wird angestrebt, dass die Thematik des Bandes selbstständig im Sinne des entdeckenden Lernens erschlossen wird.

1 DIE REGION IM ÜBERBLICK

Schwimmender Gemüsemarkt auf dem Dal-See in Srinagar, Kaschmir (Indien)

1.1 Ein Subkontinent

Unter „Südasien" sollen in diesem Buch die Länder Bangladesch, Bhutan, Indien, die Malediven, Nepal, Pakistan und Sri Lanka verstanden werden, obwohl teilweise, zum Beispiel von internationalen Organisationen, auch Nachbarländer wie Afghanistan und der Iran hinzugerechnet werden.

Südasien ist ein Subkontinent, ein großer, zusammenhängender und klar abgrenzbarer Teil eines Kontinents. Er wird durch hohe Gebirgsketten vom Rest Eurasiens abgetrennt, wobei Pakistan, Indien, Nepal und Bhutan selbst Anteil an der Karakorum-Himalaya-Kette haben. Geologisch ist die Großregion Teil der indisch-australischen Platte. Klimatisch werden alle Länder von der Monsunzirkulation geprägt. Die Gebirge wirken dabei als Klimascheide und begrenzen das Vordringen des Monsuns.

Zum Verständnis der Lebensbedingungen der Menschen sind politische, ökonomische und soziale Strukturen mit ihrer Geschichte ebenso von Gewicht wie die physische Umwelt. Die meisten Staaten der Region waren beispielsweise Teil des britischen Kolonialimperiums, was bis heute nachwirkt. Die Großregion, die etwa der Fläche der EU entspricht, ist jedoch keinesfalls ein homogener Raum. Vielmehr wird Südasien geprägt von zahlreichen Unterschieden zwischen den Staaten und innerhalb der meisten Länder. So existieren nicht nur diverse Sprach- und Religionsgemeinschaften, sondern es gibt auch ausgeprägte räumliche Disparitäten.

Wazir-Khan-Moschee in Lahore

Pakistan

Im Nordwesten des Subkontinents bildet Pakistan eine Brücke zum Nahen Osten, in dessen Konflikte die islamische Republik eingebunden ist. Das Industiefland, das sich südlich an die Hochgebirgsregion (Hindukusch, Karakorum, Himalaya) anschließt, nimmt mehr als ein Drittel der Landesfläche ein. Mit Islamabad-Rawalpindi und Lahore im Punjab und der Megacity Karachi im Sindh besitzt das Land zwei um politischen und wirtschaftlichen Einfluss konkurrierende Kerngebiete. Das Land exportiert überwiegend Textilerzeugnisse.

M2   Südasien

Malé

Malediven

Der aus 26 Atollen mit knapp 1200 Inseln bestehende Inselstaat der Malediven (220 Inseln bewohnt) mit der Hauptstadt Malé greift knapp auf die Südhalbkugel über. Der Islam ist Staatsreligion. Die Malediven exportieren vor allem Fischprodukte. Besonders bedeutsam ist aber der Tourismussektor, der fast ein Drittel des Bruttoinlandsprodukts erwirtschaftet.

Länder	Gebiet (in km²)	Bevölkerung (in Mio.)	souverän seit	Staatsform	Amtssprachen	Währung	BIP (in Mrd. US-$)	BIP pro Ew. (in US-$)
Bangladesch	144 000	161,0	1971	Parlamentarische Republik	Bangla (Bengalisch)	Taka (Tk.)	195,1	1210
Bhutan	47 000	0,8	1971	Konstitutionelle Erbmonarchie	Dzongkha	Ngultrum (NU)	2,1	2614
Indien	3 287 260	1311,1	1947	Parlamentarische Bundesrepublik	Hindi, Englisch, sowie 21 weitere Sprachen auf regionaler Ebene	Indische Rupie (Rs.)	2111,8	1613
Malediven	300	0,4	1965	Präsidialrepublik	Maledivisch (Dhiveli)	Rufiyaa (Rf.)	3,4	8395
Nepal	147 180	28,5		Parlamentarische Bundesrepublik (seit 2008, zuvor Monarchie)	Nepali (Nepalisch)	Nepalesische Rupie (NRs.)	21,3	744
Pakistan	796 100*	188,9	1947	Islamische parlamentarische Bundesrepublik	Urdu	Pakistanische Rupie (Rs.)	271,0	1431
Sri Lanka (bis 1972 Ceylon)	65 610	20,7	1948	Präsidialrepublik	Singhalesisch (Sinhala), Tamil	Sri-Lanka-Rupie (Rs.)	80,6	3845

* ohne die von Pakistan verwalteten Gebiete Azad Kashmir und Gilgit-Baltistan   Quelle: World Bank

M1   Die Staaten Südasiens (Daten 2016)

Varanasi: Hindu-Pilger baden im Ganges

Taktshang, buddhistisches Kloster in Bhutan

Indien

Die Bundesrepublik mit 29 Bundesstaaten und sieben Unionsterritorien ist nach Fläche, Bevölkerungszahl und Wirtschaftskraft der bei weitem größte Staat Südasiens. Bekannt als „größte Demokratie der Welt", versteht er sich als säkular, wenn auch der Hinduismus Religion der Mehrheit der Bevölkerung ist. Zudem findet sich eine große Sprachenvielfalt. Neben New Delhi, der nationalen Hauptstadt, verfügt Indien mit Mumbai, Kolkata, Bengaluru und Chennai über weitere Megacities. Indien weist eine differenzierte Wirtschaftsstruktur auf, wobei Dienstleistungen (IT, Pharmazie, Gesundheit etc.) mittlerweile einen hohen Stellenwert einnehmen. Trotz der 1991 eingeleiteten wirtschaftlichen Liberalisierung und Öffnung bestehen weiterhin protektionistische Maßnahmen und eine im Vergleich zu vielen asiatischen Nachbarn stark binnenwirtschaftliche Orientierung. Dem demnächst bevölkerungsstärksten Land der Welt wird in Zukunft aber eine ähnliche Rolle in der globalisierten Weltwirtschaft zugetraut wie China.

Bhutan und Nepal

Die beiden Himalayastaaten grenzen im Norden an China, im Süden an Indien und sind somit Pufferstaaten der beiden regionalen Großmächte. Ihre Gebiete waren nicht Teil Britisch-Indiens. Bhutan, bis dahin ein selbstständiges Fürstentum, wurde erst 1971 völkerrechtlich als souveräner Staat anerkannt. In beiden Binnenländern besteht die Bevölkerung aus zahlreichen Volksgruppen, die verschiedene Sprachen sprechen. Nepal ist mehrheitlich hinduistisch und nach Afghanistan das zweitärmste Land Asiens. Politisches und ökonomisches Zentrum ist die Hauptstadt Kathmandu. Das stark agrarisch geprägte Land ist wesentlich auf die Rücküberweisungen seiner Arbeitsmigranten vor allem in den Golfstaaten angewiesen. In Bhutan ist der Buddhismus Staatsreligion. Die Hauptstadt Thimphu ist die kleinste der südasiatischen Hauptstädte. Bhutan exportiert in erster Linie Strom und Holz nach Indien und hat sich in seiner Verfassung dem Schutz seiner Umwelt und Natur verpflichtet.

Dhaka

Hafen von Colombo

Bangladesch

Der nach äußerst blutigem Unabhängigkeitskrieg von Pakistan abgespaltene Staat nimmt das Tiefland an Unterlauf und Delta von Ganges und Brahmaputra ein. Das dichtbevölkerte Bangladesch ist mehrheitlich muslimisch geprägt und bis auf kleinere Minderheiten spricht die Bevölkerung eine Sprache: Bengali. Die Hauptstadt Dhaka ist die am stärksten wachsende Megacity der Welt. Das Land exportiert vor allem Textilien und Kleidung. Bangladesch zählt zu den am stärksten vom Klimawandel bedrohten Staaten, da der Großteil der Landesfläche nur wenig über dem Meeresspiegel liegt.

Sri Lanka

Die Insel im Südosten von Indien war vor 10 000 Jahren noch mit dem Subkontinent verbunden. Mit der Ausrufung der Republik im Jahr 1972 nannte sich das frühere Ceylon in Sri Lanka um. Der Inselstaat (Hauptstadt Colombo) ist in den vergangenen Jahrzehnten vor allem aufgrund des Konflikts zwischen der singhalesischen, überwiegend buddhistischen Bevölkerungsmehrheit und der tamilischen, überwiegend hinduistischen Minderheit in die Schlagzeilen geraten. Wichtigste Exportprodukte sind traditionell Agrarprodukte (v.a. Tee) und Edelsteine sowie seit jüngerer Zeit Textilien und Bekleidung.

---

1. Sammeln Sie in Ihrem Kurs Schlagworte, die Ihre jetzigen Vorstellungen und Ihr Wissen über Südasien wiedergeben. Stellen sie diese zu einem „Wordle" (Wortwolke, Schlagwortmatrix) zusammen und überlegen Sie, woher dieses Wissen stammt.
2. Vergleichen Sie die Staaten Südasiens bezüglich Größe, Einwohnerzahl und wirtschaftlicher Kenndaten (M 1).

1.2 Naturräumliche Strukturen

1854, als es auf der globalen Landkarte noch immer „weiße Flecken" gab und geographische Forschung mit großen Strapazen und Gefahren verbunden war, brachen drei Münchner Brüder, die Gebrüder Schlagintweit, nach Indien auf. Von Kalkutta aus reisten die Naturforscher und Bergsteiger im Auftrag der britischen East India Company vier Jahre lang durch Indien und den Karakorum-Himalaya. Zwei Jahrzehnte später fasste ihr jüngster Bruder, der Jurist und Tibetologe Emil Schlagintweit, ihre Forschungsergebnisse und andere Quellen zu einer „Schilderung des indischen Kaiserreiches" zusammen. Viele dieser Beschreibungen von gewaltigen Bergmassiven und ausladenden Flussniederungen, von vegetationslosen Sandwüsten und immergrünen Regenwäldern haben auch noch heute Bestand. Und doch hat sich der Naturraum des Subkontinents durch Eingriffe des Menschen in den letzten 150 Jahren massiv verändert.

1. Fassen Sie die geologische Entwicklung Südasiens zusammen und nennen Sie wichtige Strukturelemente des heutigen Großraums (M4).
2. Gliedern Sie Südasien in Großlandschaften und verfassen Sie jeweils eine Kurzcharakteristik (M1).
3. Beschreiben Sie das Gangesdelta (M2, M3, Atlas).
4. Charakterisieren Sie die Höhenzonen im Himalaya (M1, M9, M10).
5. Erläutern Sie Veränderungen des Naturraums und ihre Ursachen (M7).

Trapp

Flutbasalt (auch Decken- /Plateaubasalt, vulkanisches Gestein), der sich über riesige Flächen erstreckt und bei mehrfacher Überlagerung von Ergüssen treppenartige Formen ausbildet.

M2   Ganges-Brahmaputra-Delta (Satellitenbild)

Die ganze bengalische Tiefebene entbehrt anstehenden Gesteins; von Bardwan an, 120 km nördlich von Calcutta, treten nirgends mehr Felsen zu Tage, alles Land ist aus abgesetzten Flussgeschieben aufgebaut. Zwei Riesenströme vereinigen ihr Wasser zur Deltabildung Unter-Bengalens: der Ganges (die Gangâ) und der Brahmaputra (Sohn des Brahmâ). Beide Flüsse entspringen in der höchsten Bergkette Inner-Asiens, dem Himâlaya, der Ganges diesseits, der Brahmaputra jenseits der wasserscheidenden Hauptkette. [...] Jeder dieser Ströme erreicht an Längenausdehnung das Doppelte des Rheins. [...] Zweihundert Kilometer vom Meer entfernt [beginnt] die Deltabildung. [...] Zahl und Lauf der Verästelungen der beiden Ströme festzulegen, ist unmöglich, die Flussbette zeigen fortwährende Veränderungen. Eine Woche genügt schon, um die Grenze zu verändern.
Quelle: Schlagintweit, E.: Indien in Wort und Bild. 1. Bd. Leipzig 1880, S. 204, 205.

M3   Quellentext zur Gangestiefebene

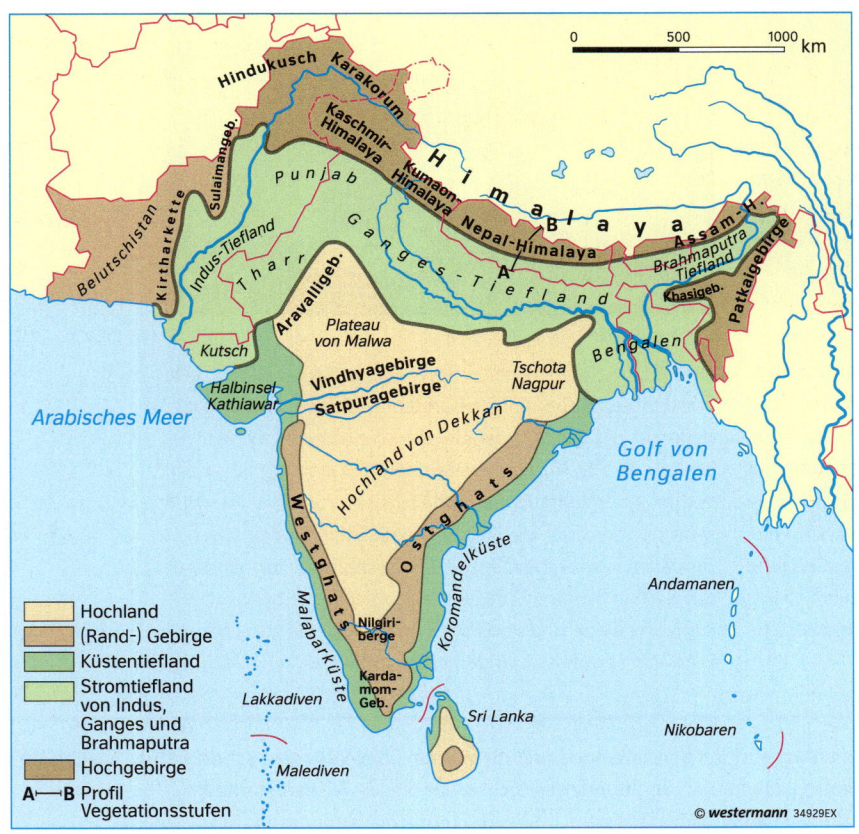

M1   Großlandschaften Südasiens

Beginn vor	Entwicklung
130 – 125 Mio. Jahren	• Trennung einer Landmasse (einschließlich des heutigen Indischen Subkontinents) vom Kontinent Gondwana
90 Mio. Jahren	• weitere Aufspaltung (Abtrennung Madagaskars) • Drift der Indischen Platte* nach Norden
65 Mio. Jahren	• Abtrennung der Seychellen • Aufdringen dünnflüssiger basaltischer Lava (Basaltdecke im heutigen Dekkan bis 2000 m mächtig, Ausdehnung > 500 000 km²)
40 Mio. Jahren	• Kollision der Indischen mit der Eurasischen Platte • Aufschieben des Himalaya • Hebung von Tibet, gleichzeitig Abtragungen • mächtige Ablagerungen im Vorland (Indus- bis Gangesdelta)
heute	• weitere Hebung des Himalaya um 1 – 2 cm/Jahr

* Die Indische Platte ist heute in weiten Bereichen nicht klar von der Australischen Platte abgrenzbar, sodass oft von der Indisch-Australischen Platte die Rede ist.

M4   Übersicht zur geotektonischen Entwicklung

M 5   Dekkan-Hochland bei Hampi (Karnataka)

M 8   Machapuchare im Annapurna-Massiv in Nepal

Baumvegetation ist in Dekkan spärlich, ordentliche Waldungen fehlen nahezu gänzlich; Weideland herrscht vor, üppig grün in der Regenzeit bis zur Ernte, gelb und verdorrt in der heißen Jahreszeit. Im Westen bestimmen basaltähnliche Trappgesteine den landschaftlichen Charakter; in dunklen, kahlen Höhenzügen von geringer Erhebung, die Gipfel in den charakteristischen Formen einer flachen Spitze, die Abhänge stufenartig abfallend, häufig künstlich terrassiert, bedeckt dies Gestein große Flächen und gibt der Landschaft einen öden Typus, während zugleich zersetzter Trapp in den tieferen Lagen als schwarze Erde von eigentümlich tiefer Färbung sich sammelt. Das mittlere und südliche Dekkan ist geologisch aus kristallinischen (metamorphischen) Gesteinsarten aufgebaut; […] die Ackerkrumme ist seicht und wenig ergiebig; aber unter der Riesenkraft, unter welcher die Naturkräfte auf der indischen Halbinsel ihre Macht zeigen, bedeckt Ackerboden aus Geschieben anderer Gesteine große Flächen. Die ertragsfähigste dieser Erdarten ist die schwarze Erde; sie tritt bald in Flächen auf von wenigen Hektaren im Umfang, bald als Ebene Hunderte von Quadrat-Kilometer umfassend.
Quelle: Schlagintweit, E.: Indien in Wort und Bild. 1. Bd. Leipzig 1880, S. 80

M 6   Quellentext zum Dekkan

Zwei Faktoren bestimmen im Wesentlichen die Verbreitung der natürlichen Vegetation im heutigen Indien: das Klima und der wirtschaftende Mensch. […] Die Ausweitung des Kulturlandes hat seit Jahrtausenden die natürliche Vegetation weitgehend verdrängt oder zumindest degradiert, sodass z.B. die Ganga-Ebene waldfrei ist. Vom natürlichen Pflanzenkleid finden sich heute nur noch Reste. Die Neulandgewinnung zur agrarischen Erschließung ließ die Wälder Indiens bis auf wenige Restbestände schrumpfen, die sich meist auf schwer zugängliche Gebiete (z.B. im Nordosten) und Rückzugsgebiete (z.B. das zentrale Indien) konzentrieren. Seit Jahrhunderten wird auch der Holzeinschlag zum Hausbau oder zur Gewinnung von Brennmaterial betrieben. […] Eine massive Entwaldung erfolgte insbesondere seit dem frühen 19. Jh. Zu dem steigenden Holzbedarf der Städte kam später die Eisenbahn mit Schwellen für den Gleisbau. Schließlich machte der Bevölkerungsdruck die Neulandgewinnung von Ackerland erforderlich und steigerte den Verbrauch von Brennholz. In jüngerer Zeit hat sich die Waldzerstörung noch beschleunigt. […] Die Waldgebiete Indiens sind auch die Heimat des überwiegenden Teils der frei lebenden Tierwelt; ein Lebensraum, der jedoch immer stärker von Siedlungen, Bergbau, Straßen sowie [durch] die Anlage von Stauseen und Bewässerungsprojekten eingeschränkt und zerstückelt wurde. Viele Arten sind deshalb in ihrem Bestand gefährdet und konnten nur durch die Einrichtung von Reservaten geschützt wer-

M 7   Quellentext zur Umgestaltung des Naturraums

Im Himalaja sind alle Verhältnisse viel gewaltiger und großartiger als in den Alpen […], nicht nur die Höhen und Flüsse, auch die Schroffheit der Bergformen und die Mächtigkeit der Gletscher, die bis weit ins Land hinein sichtbar die Gebirgshöhen wie ein leuchtend weißes Band hoch am tiefblauen Himmel erscheinen lassen. […] Am Fuße der Gebirge breitet sich weithin tropischer Sumpfwald, der Tarai, aus. Hier sind die in der Regenzeit kaum zu durchdringenden Dschungel, die vom Tiger beherrscht, von wilden Elefanten, vom Nashorn und unzähligen Giftschlangen neben einem die Bäume durchkletternden Heer von Affen und bunten Vögeln bevölkert werden. Bis rund 1000 m aufwärts folgt tropischer Regenwald, ein Bergwald mit den verschiedensten Baumarten durcheinander, mit Urwaldriesen Palmen und Baumfarnen. In Lagen über 1000 m gibt es im östlichen Teil auf nassen Moospolstern flechtenbehangene Nadelhölzer und laubabwerfende Bäume, wie sie nach Art und Größe in nördlichen Erdräumen vorkommen. Dieser hochgelegene „Nebelwald" trieft vor Nässe und lässt von der Mittagszeit an kaum einen Durchblick zum Himmel zu. Viel weiter als in den Alpen zieht sich der Nadelwald aufwärts, dann folgt Gestrüpp, Latschen und blumenreiche Almen bis zur Grenze des ewigen Schnees.
Quelle: Rohrmann, A. (Hrsg.): E. von Seydlitzsche Geographie für höhere Lehranstalten. Drittes Heft. Die Ostfeste. 20. Auflg. Breslau: Hirt 1929, S. 68 – 69

M 9   Quellentext zum Himalaya

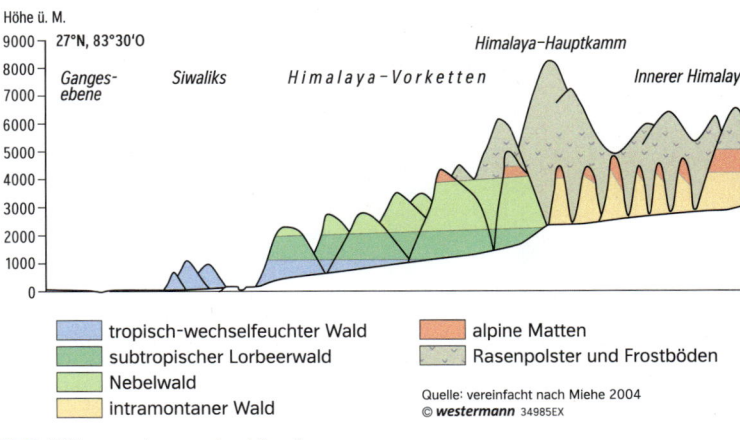

M 10   Höhenzonierung des Himalaya

den. Indien zählt zu den Staaten mit den meisten Schutzgebieten. Die größten sind, mit Ausnahme weniger Reservate oder Nationalparks an der Küste oder in der Wüste, mit den Waldgebieten identisch.
Quelle: Stang, F.: Indien. Darmstadt 2002, S. 30, 208, 211 – 213

1.3 Monsunklima

„Die letzten Wochen vor dem Ausbruch des Sommermonsuns sind unerträglich infolge der zunehmenden Bewölkung und Windstille. Sehnsüchtig blickt alles nach dem südlichen Himmel, an dem sich die Wolkentürme aufbauen. [...] Der Durchbruch des Monsuns wird begleitet von heftigen elektrischen Entladungen und Wolkenbrüchen. [...] Riesige Wasserfluten stürmen die Berge herab, die Flüsse schwellen in einer Nacht um mehrere Meter an; aber das vordem so kahle Land begrünt sich in wenigen Tagen. Wo kurz vorher dürre Steppe geherrscht, steht weithin das Wasser über den Fluren, aus denen sich bald smaragdgrüne Reisfelder entwickeln."

Norbert Krebs, österreichischer Geograph (1965)

1. a) Lokalisieren Sie die in M1 dargestellten Stationen (Atlas),
   b) analysieren Sie die Jahresgänge von Niederschlag und Temperatur,
   c) ordnen Sie diese den Großlandschaften zu (Kap. 1.2),
   d) sowie einer Klimaklassifikation (Atlas) zu.
2. Beschreiben Sie die Monsunzirkulation in Südasien (M4–M6).
3. Charakterisieren Sie den „traditionellen" Erklärungsansatz zur Genese des Monsuns (M2, M5).
4. Vergleichen Sie die Fotos (M3) mithilfe passender Klimadaten aus M1 und unter Bezug auf das Monsunregime.
5. Die klimaräumliche Differenzierung von Südasien wird in besonderem Maße von der Entfernung zum Meer (Maritimität/Kontinentalität), der Exposition zur Monsunströmung (Luv-/Lee-Lage) und der Höhenlage bestimmt. Charakterisieren Sie die Klimastationen nach diesen Kriterien (M1).

Innertropische Konvergenzzone (ITC)

Die Erde umspannende Zone, an der Südost- und Nordost-Passat zusammenströmen. Die Position der ITC ist abhängig vom Sonnenstand. Im Bereich der ITC kommt es zum Aufstieg von Luftmassen, die in Bodennähe für niedrigen Luftdruck sorgen. Diese erdumspannende Zone niedrigen Luftdrucks wird äquatoriale Tiefdruckrinne genannt.

Monsunzirkulationen prägen das Klima ganzer Kontinente einschließlich der angrenzenden Ozeane. Im Winter strömt kalte, schwere, trockene Luft vom Land zu den wärmeren Meeren hin, während im Sommer die Luft über den stark erhitzten Landmassen nach oben steigt und feuchte, ozeanische Luftmassen zum Festland strömen. Die Coriolis-Kraft lenkt die radial landauswärts und landeinwärts gerichteten Luftströmungen ab und bewirkt im Falle von Asien den Nordost-Monsun (Winter) und den Südwest-Monsun (Sommer). Zu beachten ist die im Einflussbereich des asiatischen Monsuns besonders stark ausgeprägte jahreszeitliche Verlagerung der Innertropischen Konvergenzzone (ITC) nach Norden und Süden. [...]

Monsune kommen aber auch anderswo vor, insbesondere in Küstenbereichen zwischen 5 bis 25 Grad zu beiden Seiten des Äquators. Sie treten auch an der Küste von Guinea in Westafrika, in Ostafrika und in Nordaustralien auf.

Die traditionelle Erklärung für den indischen Monsun ist, dass es sich im Wesentlichen um ein großdimensionales Land-See-Windsystem handelt, das seine Ursache in den saisonalen Temperaturunterschieden zwischen den Landmassen und den Ozeanen hat. Diese Temperaturunterschiede sind im Falle Asiens mit seiner enormen Landfläche besonders ausgeprägt und beeinflussen den jahreszeitlichen Gang des Luftdrucks und der Winde. Über den Ozeanen sind die saisonalen Verschiebungen der Wärme- und Luftdruckzonen ziemlich gering, parallel zu den in gleicher Weise geringen jährlichen Temperaturunterschieden. Über dem Festland mit seinen größeren Temperaturunterschieden ist dagegen die Bewegung der Wärme- und Luftdruckzonen sehr viel stärker. Dies zeigt sich in der Sommer- und Winterbewegung der ITC, die im Sommer über Indien mehr als 30 Breitengrade vom Äquator entfernt liegt. Diese extreme Lage hängt mit den hohen Temperaturen im Innern des Kontinents zusammen, die Konvektion und tiefen Bodenluftdruck bewirken und dadurch die ITC vom Äquator „wegziehen" und zu Südwestwinden anstelle der üblichen Nordostwinde führen.

Quelle: Goudie, A.: Physische Geographie. Springer: Berlin 2008, S. 51, 225–227

M2   Quellentext zur Monsunzirkulation

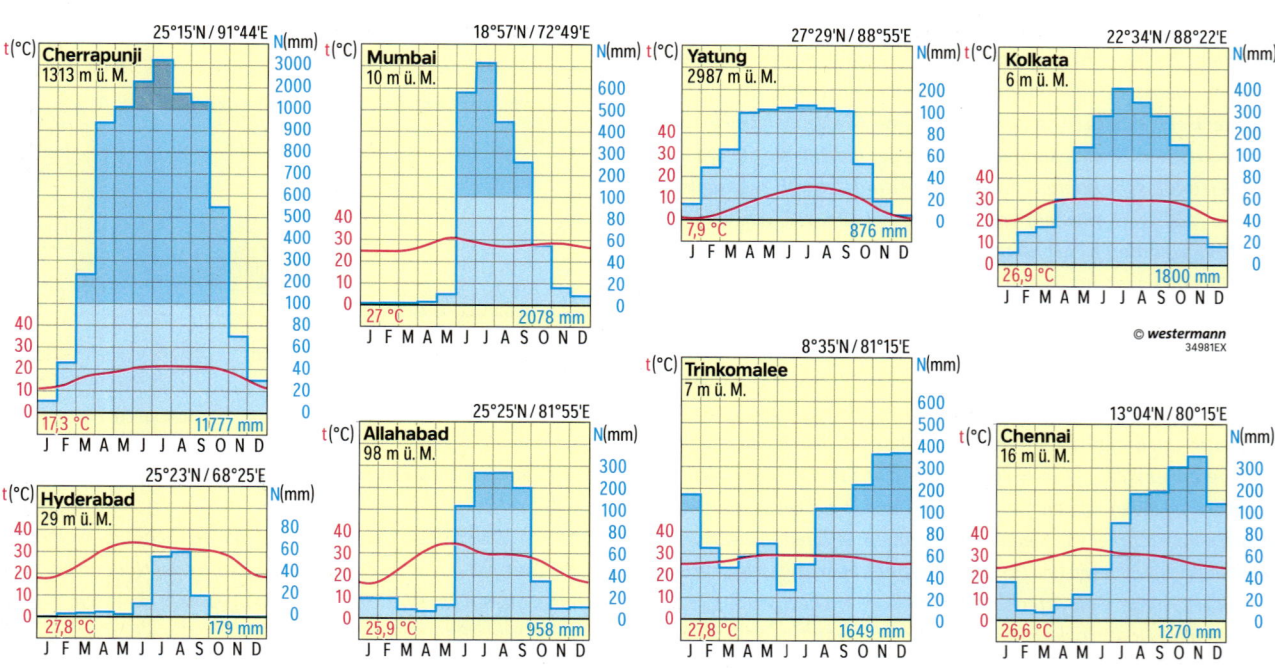

M1   Klimadiagramme südasiatischer Stationen

M3 Matheran (Westghats) am 28. Mai (oben) und 28. August (unten)

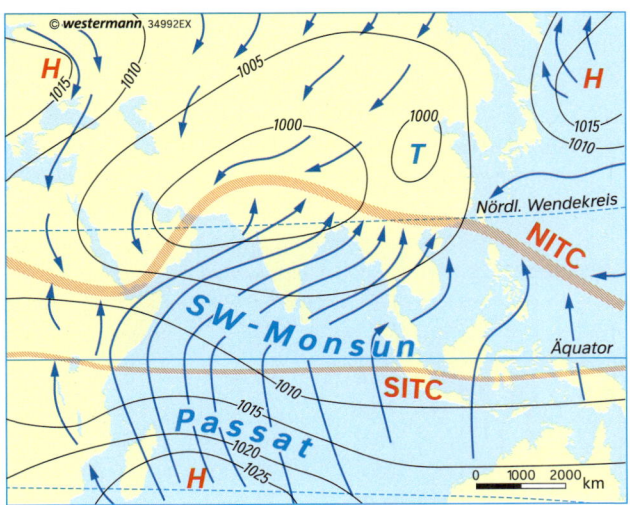

M4 Sommermonsun (Südwest-Monsun, Juli)

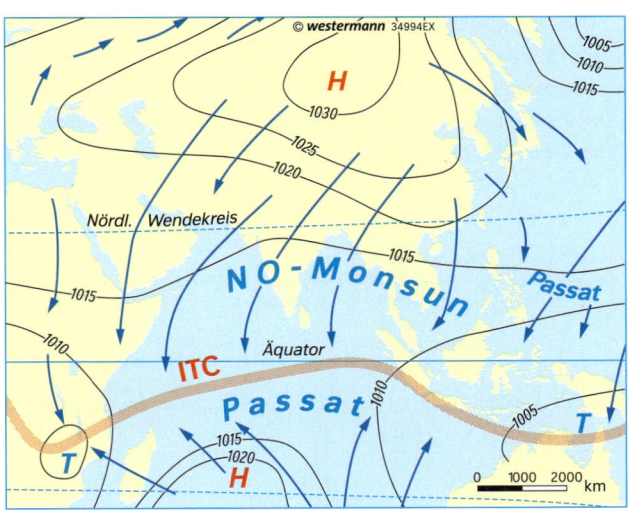

M6 Wintermonsun (Nordost-Monsun, Januar)

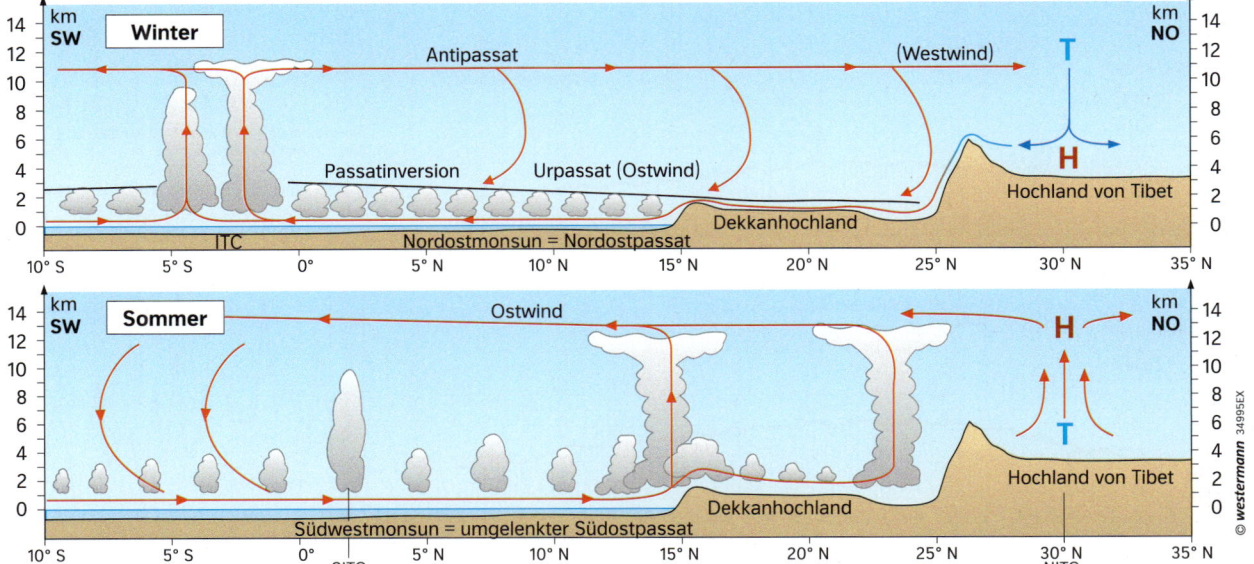

M5 Schema der Monsunzirkulation in Südasien

1.4 Variabilität des Monsuns

Jedes Jahr spätestens Ende April stellt sich eine ganze Nation die Frage, was die kommende Monsunsaison wohl bringen wird. Nicht nur das Schicksal der Bauern hängt vom Zeitpunkt des Eintreffens, von der Ergiebigkeit und der räumlichen Verteilung der Niederschläge ab. Als der Sommermonsun 2017 begann, sich Ende September – zwei, drei Wochen später als gewöhnlich – aus dem Nordwesten Indiens zurückzuziehen, blickte Indien auf eine Monsunsaison zurück, die in zahlreichen Teilen des Landes schwere Überflutungen hervorgerufen hatte. Allein im Bundesstaat Bihar gab es über 500 Todesopfer. In Nordwest- und Zentralindien aber war es hingegen nur zu unterdurchschnittlichen Regenfällen gekommen. Immerhin hatten fast alle Gebiete, die noch im Vorjahr unter Dürre litten, diesmal zumindest durchschnittliche Regenmengen abbekommen.

1. Stellen Sie den Jahresgang des Monsuns dar (Kap. 1.3).
2. Charakterisieren Sie die verschiedenen Formen der Variabilität des Monsuns (M1 – M5).
3. Vergleichen Sie die Monsunjahre 2013 und 2014 (M1 – M5).
4. Erläutern Sie die Auswirkungen des Monsuns (M7, M8, M10, M11) und ordnen Sie die Beispiele unter dem Gesichtspunkt der Monsunvariabilität ein.
5. „Das Dürrerisiko wird zumindest teilweise sozial geschaffen." Erörtern Sie diesen Expertenstandpunkt unter Einbeziehung des Flutrisikos (M7 – M11).
6. Beurteilen Sie die ökonomische Bedeutung der Monsunvorhersage für Indien (M6).

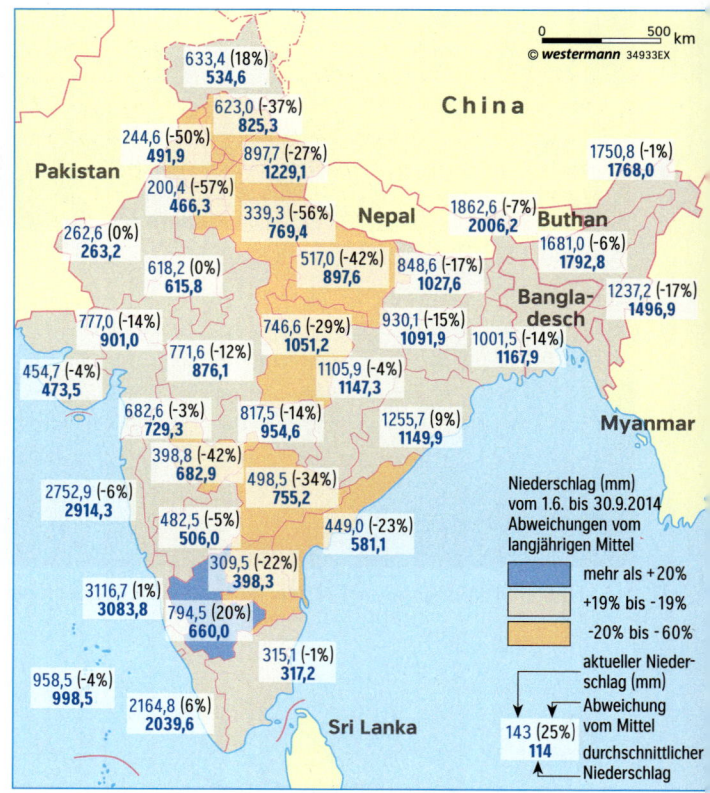

M3   Mittlerer Monsunniederschlag 2014 (1.6 – 30.9) und Abweichungen vom langjährigen Mittel

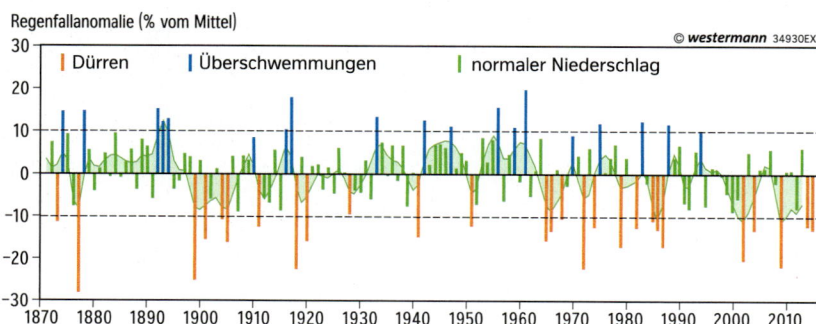

M1   Indien: Variabilität des Monsuns 1870 – 2015

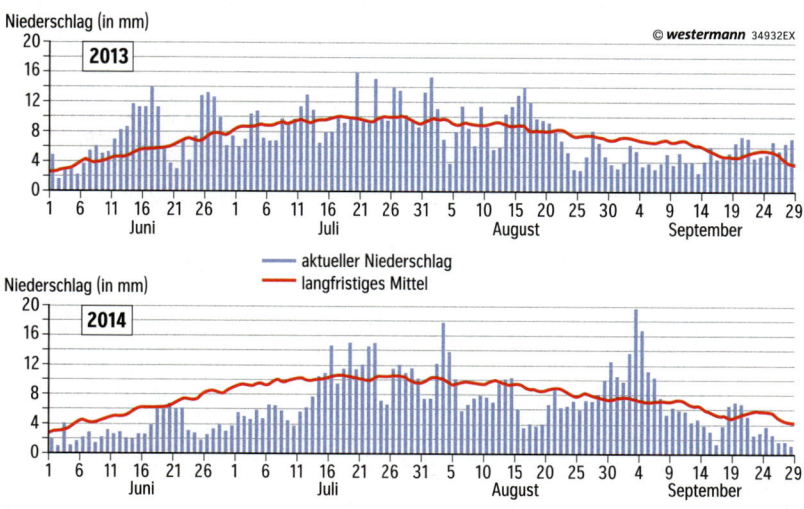

M2   Gewichteter Tagesniederschlag (in mm) 2013 und 2014 und im langfristigen Mittel in Indien während der SW-Monsunperiode

Jahr	Monsunniederschlag: Abweichungen vom langjährigen Mittel	Anteil der Distrikte mit	
		Normalniederschlag/Überschuss	unterdurchschnittlicher Niederschlag
2005	99 %	72 %	28 %
2006	99 %	60 %	40 %
2007	106 %	73 %	27 %
2008	98 %	76 %	24 %
2009	77 %	41 %	59 %
2010	102 %	69 %	31 %
2011	102 %	76 %	24 %
2012	93 %	59 %	41 %
2013	106 %	72 %	28 %
2014	87,5 %	54 %	46 %
2015	85,7 %	51 %	49 %

Abweichungen vom Durchschnitt (langjährige Mittel: 887,5 mm): überdurchschnittlich >+20%; normal +19 – -19%; unterdurchschnittlich > -20

M4   Indische Distrikte mit über- und unterdurchschnittlichem Niederschlag 2005 –2015

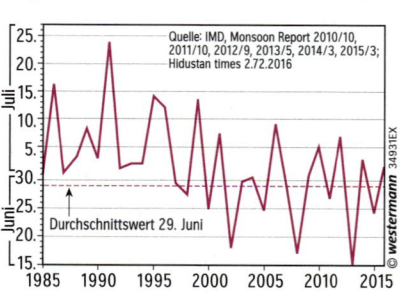

M5   Der Beginn des Monsuns in Delhi 1981 – 2016

Das India Meteorological Department wird am Mittwoch ihre seine Vorhersage über den Niederschlag veröffentlichen, der im Lande während der vier Monate dauernden Monsunperiode von Juni bis September zu erwarten ist.

Indien erhält etwa 70 bis 75 Prozent seines Jahresniederschlags während der vier Monate dauernden Monsunperiode. Da weniger als die Hälfte des bebaubaren Landes für künstliche Bewässerung ausgestattet ist, sind diese Niederschläge entscheidend für die Produktivität der Landwirtschaft [...]. Diese Vorhersage etwa eineinhalb Monate vor dem Einsetzen des Monsuns gibt nur eine Voraussage des Gesamtniederschlags im Lande, der während der vier Monate erwartet werden kann. Sie sagt nichts zur regionalen oder monatlichen Verteilung des Regens. Das wird in späteren Vorhersagen erfolgen, im Juni und aktualisiert im Juli. Dennoch wird diese Vorhersage als sehr wichtig für Planung und Vorbereitung auf etwaige Notfälle eingeschätzt.

[...] Wie präzise sind diese Vorhersagen? In den letzten Jahren waren sie recht genau, mit Fehlern von wenigen Prozentpunkten, außer 2009, als der Niederschlag 23 Prozent unter Normal blieb. Die Vorhersagen im Juni und Juli sind in der Regel genauer als die im April.

Wie wird die Vorhersage erstellt? Es sind verschiedene Faktoren bekannt, die den indischen Monsun beeinflussen. Die April-Vorhersage nutzt fünf Anzeichen: Die Oberflächentemperatur des Meeres zwischen

M 9 India Meteorological Department in Neu-Delhi

Nordatlantik und Nordpazifik, diejenige im Südindischen Ozean, den mittleren Luftdruck auf Meeresspiegelhöhe um Ostasien, Land- und Lufttemperatur in Bodennähe in Nordwesteuropa und das Warmwasservolumen des äquatorialen Pazifik. In dem Falle, dass hier eine Erwärmung festgestellt wird, ist der letzte Aspekt als El-Niño-Effekt bekannt.
Quelle: Sinha, A.: Explained: First monsoon forecast this season. The Indian Express, 22.4.2015 (Übers. G.S.)

M 6 Quellentext zur Monsunvorhersage

M 7 Hangrutschung nach heftigen Regenfällen in Nepal

M 10 Dürre im indischen Bundesstaat Maharashtra 2015

Am 30. Juli 2014 kam es zu einem Erdrutsch im Dorf Malin [...] im Pune-Distrikt Maharashtras, Indien. Der Erdrutsch erfolgte am frühen Morgen, als die Einwohner schliefen. Er wurde hervorgerufen durch einen schweren Wolkenbruch und tötete mindestens 134 Menschen. Ein Busfahrer, der durch das Gebiet fuhr, bemerkte als erster den Erdrutsch und sah, dass das Dorf von Schlamm und Erde verschüttet war. [...] Das Dorf erhielt am 29. Juli 10,8 cm Regen, und der Starkregen hielt auch den ganzen folgenden Tag an. Die Umweltzerstörung, die im Erdrutsch mündete, hat wohl mehrere Ursachen. Eine ist die Entwaldung des Gebiets [...]. Ein anderer Grund ist die Veränderung der Anbaupraxis: Die Bauern hatten in der letzten Zeit den Anbau von Reis und Hirse zugunsten von Weizen aufgegeben, was ein Einebnen steiler Flächen nötig machte; dies trug zur Instabilität der Berghänge bei. Auch der Bau des nahen Dimbhe-Dammes vor zehn Jahren wird als mögliche Ursache ins Auge gefasst. Die Instabilität der Berge geht auf diese Bauaktivitäten zurück, die oftmals ohne sorgfältige Analyse der Umweltfolgen durchgeführt wurden.
Pai, D.S. & S.C. Bhan (Hrsg.): Monsoon 2014. A Report. Pune: India Meteorological Department 2015, S. 60–62 (Übers. G.S.)

M 8 Quellentext zu Folgen starker Monsunniederschläge

Der indische Bauer Asghar Bura kommt mit dem Anbau von Zuckerrohr geradeso über die Runden. Aber in diesem Jahr hat der späte Monsun sein kleines Stück Land ausgedörrt zurückgelassen, und die Ernte wird dem Bauern nichts einbringen. Bhura wird für einen Großbauern arbeiten müssen, um seine sechsköpfige Familie [...] versorgen zu können, wie er es während der letzten Trockenheit in Indien im Jahre 2009 gemacht hatte. „Mir bleibt keine andere Möglichkeit als die Schuldknechtschaft, um eine Mahlzeit am Tag für meine Familie zu haben." [...] In guten Jahren schaffen die vier Fünftel der Bauern, die einen Hektar oder weniger bewirtschaften, es gerade so. In schlechten Jahren rutschen sie in die Verschuldung. Einige verlieren ihr Land. Andere werden zur Knechtschaft gezwungen. [...] Die späte Ankunft des Monsuns hat außerdem Auswirkungen auf die Wasserspeicher der großen Reservoire. [...] Wie die Central Water Commission am 18. Juli mitteilte [...], beträgt die Speichermenge 61 Prozent der letztjährigen Menge zum selben Zeitraum und 87 Prozent des Mittels der letzten zehn Jahre.
Quelle: Delayed monsoon, drought scare, bonded labour: Indian farmers' journey to hell', Hindustan Times, 20.7.2014 (Übers. G.S.)

M 11 Quellentext zu Folgen geringer Monsunniederschläge

1.5 Naturrisiken und Verwundbarkeit

Abgesehen von den Unabwägbarkeiten des Monsuns sind die Menschen Südasiens verschiedenen weiteren Naturrisiken ausgesetzt, die regelmäßig zu Naturkatastrophen mit vielen Todesopfern und Verletzten sowie Milliardenschäden führen. Doch ist dies allein auf die hohe Gefährdung der Region für Erdbeben, Tsunamis, tropische Wirbelstürme, Überschwemmungen und Erdrutsche zurückzuführen?

1. Beschreiben Sie die Naturrisiken und ihre räumliche Verbreitung in Südasien (M2).
2. Analysieren Sie die in M1 aufgeführten Naturkatastrophen.
3. Erläutern Sie die Besonderheiten im Auftreten und der Folgen von Naturkatastrophen in Asien (M9).
4. a) „Eine Naturkatastrophe ist das Ergebnis einer Kombination von Risiko und Verwundbarkeit." Erklären Sie diese Aussage (M4).
   b) Ordnen Sie die Angaben zum Erdbeben in Nepal 2015 in diesen Zusammenhang ein (M6).
5. a) Erläutern Sie das Konzept des Weltrisikoindexes (Atlas).
   b) Vergleichen Sie den Weltrisikoindex der südasiatischen Staaten (M3, Atlas).
   Ⓩ c) Erörtern Sie den Weltrisikoindex von Nepal (M3, M6).
6. Beurteilen Sie unter dem Gesichtspunkt der Vulnerabilität die Maßnahmen zum Katastrophenschutz in Indien (M8).

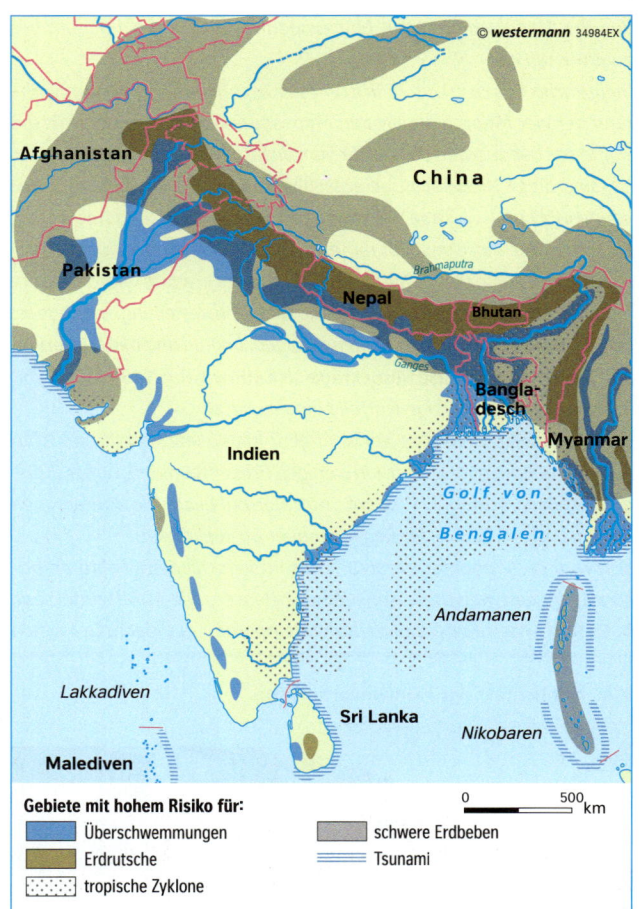

M2 Naturrisiken in Südasien

Gebiete mit hohem Risiko für:
- Überschwemmungen
- Erdrutsche
- tropische Zyklone
- schwere Erdbeben
- Tsunami

Land	Rang	Weltrisiko-index (in %)	Gefährdung (in %)	Vulnerabili-tät (in %)
Bangladesch	5	19,17	31,7	60,48
Bhutan	60	7,51	14,81	50,70
Indien	77	6,64	11,94	55,60
Nepal	108	5,12	9,16	55,91
Pakistan	72	6,96	11,36	61,26
Sri Lanka	63	7,32	14,79	49,52
Deutschland	147	2,95	11,41	25,87
Vanuatu	1	36,28	63,66	56,99

Quelle: Weltrisikobericht

M3 Die südasiatischen Staaten im Weltrisikoindex 2016

Datum	Ereignis	Gebiet	Tote	Schäden (in Mio. US-$)	Erläuterung / Schadensbeschreibung
11.-13.10. 2014	Zyklon Hudhud, Sturm-flut	Indien	84	7000	Kat.-4-Zyklon. >80000 Häuser, Unterkünfte, Betriebsgebäude zerstört. Ernten (Reis) betroffen. Schwere Schäden am Stromnetz: >40000 Strommasten zerstört. 920000 Betroffene
Jan. – Dez. 2015	Dürre	Indien	k.A.	1500	Dürre infolge eines verspäteten und schwächeren Monsuns; Niederschlagsdefizit >70%; Ernte auf 37000 km² beschädigt, 30% Ernteverlust; 6 Mio. Bauern betroffen
25.4.2015	Erdbeben	Nepal, Bangladesch, China, Indien	9000	4800	Stärke M_W 7,8; starker Regen, Lawinen, Erdrutsche; >920000 Häuser, Kulturdenkmäler zerstört; >21000 Verletzte, 65000 Evakuierte, 52000 Obdachlose, 8,3 Mio. Betroffene
12.5.2015	Erdbeben	Nepal, Indien	228	800	Nachbeben bis Stärke Mw 7,3; Erdrutsche, Felsstürze; > 760 Häuser beschädigt/zerstört; >3600 Verletzte, 3900 Obdachlose, 7800 Betroffene
Mai – Juni 2015	Hitze-welle	Indien, Pakistan	3670		Hohe Temperaturen (48°C), Dürre, hitzebedingte Todesfälle
1.10 – 10.10. 2015	Überschwemmung	Indien: Tamil Nadu, Andhra Pradesh	597	3500	Zwei Flutwellen, saisonaler Starkregen. >81000 Häuser beschädigt/zerstört, Flughafen/8 Flugzeuge beschädigt, Fabriken stillgelegt; 1,8 Mio.Obdachlose, 3 Mio. Betroffene.

M1 Naturkatastrophen in Südasien (Auswahl)

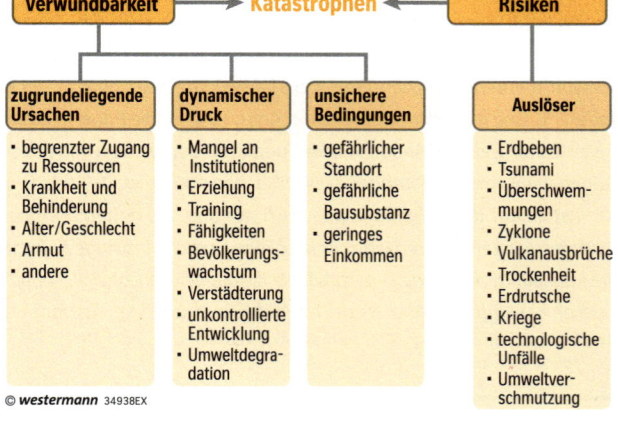

M4 Katastrophe – Verwundbarkeit und Risiko

M 5   Internationale Rettungskräfte in Kathmandu 2015

M 7   Schäden nach dem Zyklon Phailin

Schwere Erdstöße trafen im Frühjahr 2015 Nepal und die Nachbarstaaten Indien, China sowie Bangladesch. Die Folgen waren verheerend, besonders für die ländliche Region nordwestlich der nepalesischen Hauptstadt Kathmandu. Nepal gilt als eines der gefährdetsten Erdbebengebiete der Welt. [...] [Das Erdbeben] ereignete sich auf einer der bekannten Hauptverwerfungslinien entlang des Himalaya mit dem Epizentrum nahe der Stadt Gorkha und einer Magnitude von 7,8. [...] In den folgenden Tagen kam es zu Hunderten kleineren und größeren Nachbeben. [...]

Die Beben forderten insgesamt rund 9000 Menschenleben in Nepal, Indien, China und Bangladesch. Mehr als 23000 Verletzte und gut eine halbe Million Obdachlose wurden gezählt. Obwohl in Nepal seit 1994 eine nationale Baunorm existiert, entsprechen die Gebäude nur selten dieser Norm. So ist das Baumaterial (Lehm, Ziegel, Bambus und Holz) oft von schlechter Qualität, und die Konstruktionsweise weist typische strukturelle Schwachstellen auf. Entweder wurden Versteifungselemente ganz weggelassen oder die Verstärkungsmaßnahmen waren unzureichend. Alarmierend war die große Anzahl betroffener Schulgebäude, von denen über 6000 signifikant beschädigt oder total zerstört wurden. Hätte das Beben nicht an einem Samstag, sondern an einem Schultag stattgefunden, wären weit mehr Kinder unter den Opfern gewesen. [...]

Nepal gilt als eines der gefährdetsten Erdbebengebiete der Welt. [...] Historische Erdbebenkatastrophen in der Region um Kathmandu sind aus den Jahren 1833 (Magnitude 7,6), 1934 (Magnitude 8,0) und 1988 (Magnitude 6,9) bekannt. [...]

Die gesamtwirtschaftlichen Schäden der Beben vom 25. April und 12. Mai werden auf 5,6 Milliarden US-Dollar geschätzt, wovon 90 Prozent in Nepal auftraten und rund 210 Millionen versichert waren. Lebensversicherer schätzen, dass sie für einheimische Opfer kaum mehr als eine Million US-Dollar ausbezahlen müssen, da nur wenige von ihnen versichert waren (ca. vier Prozent). Am stärksten betroffen waren Wohngebäude, Bildungseinrichtungen, kulturelles Erbe und Gesundheitswesen. Die meisten privaten Wohngebäude verfügten über keinen Versicherungsschutz. [...]

Die internationale Staatengemeinschaft und Spendenorganisationen sagten Nepal bis Ende Juni Hilfen in Milliardenhöhe zu. Aufgrund der Streitigkeiten um eine neue Verfassung kam allerdings offenbar kaum staatliche Hilfe bei den Betroffenen an. Schon unmittelbar nach dem Beben standen die Behörden in der Kritik, weil langwierige Zollverfahren die Einfuhr von Hilfsgütern verzögerte. Mangels offizieller Unterstützung halfen sich die Menschen, so gut es ging, meist selbst. Sie wandten sich an Familienangehörige und Bekannte im Ausland oder versuchten, als Arbeiter in Katar und Saudi-Arabien Mittel für den Wiederaufbau zu beschaffen. [...]

Quelle: Käser, M., Avilés, W. A.: Beben am Dach der Welt. Münchener Rück: Topics Geo. Naturkatastrophen 2015. München 2016, S. 31–33

M 6   Quellentext zum Erdbeben in Nepal 2015

Der Superzyklon, der den indischen Staat Odisha [Orissa] am 29. und 30. Oktober 1999 heimsuchte, tötete 9843 Menschen. Vierzehn Jahre später, im Oktober 2013, starben nicht mehr als 47, als der ebenso mächtige Zyklon Phailin über dasselbe Gebiet zog. Dieser dramatische Rückgang der Opferzahlen wird auf die Verbesserungen im Katastrophenschutz durch die Regierung des Bundesstaats Odisha zurückgeführt.

Die Odisha State Disaster Management Authority (OSDMA) wurde kurze Zeit nach dem Superzyklon 1999 eingerichtet. In der Folge wurden 200 Zyklon-Schutzbauten errichtet und Frühwarnsysteme entwickelt einschließlich von Kommunikationsnetzen, die es ermöglichen, sowohl betroffene Gemeinden wie auch Fischer auf See zu erreichen. Uferbefestigungen wurden gebaut, um gegen Sturmfluten und Überschwemmungen im Küstenbereich zu schützen. Wenn Zyklone vorhergesagt werden, wird der Wasserspiegel in Stauseen abgesenkt, um prognostizierte Überschwemmungen im Binnenland zu entschärfen. Zur gleichen Zeit wurden die Verwundbarkeit städtischer Gebiete bewertet und Baurichtlinien eingeführt [...]. Zusätzlich verbesserte sich die Vorhersagegenauigkeit des India Meteorological Departments beträchtlich. [...] Schließlich traf der Zyklon [Phailin] in einer Vorwahlperiode auf das Land, sodass sowohl die Zentralregierung wie die des Bundesstaats alle Ressourcen einsetzten, um sicherzustellen, dass die Katastrophe gut gemanagt und ihre Auswirkungen minimiert wurden.

Quelle: Global Assessment Report on Disaster Risk Reduction 2015. United Nations 2015, S. 44 (Übers. G. S.)

M 8   Quellentext zum Zyklonen-Katastrophenschutz in Indien

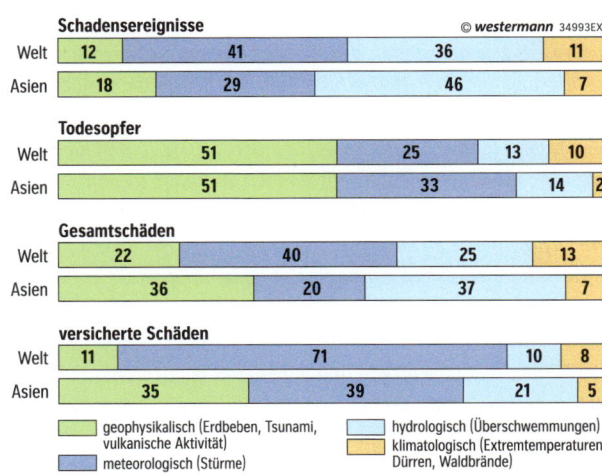

© *westermann* 34993EX

Schadensereignisse

Welt	12	41	36	11
Asien	18	29	46	7

Todesopfer

Welt	51	25	13	10
Asien	51	33	14	2

Gesamtschäden

Welt	22	40	25	13
Asien	36	20	37	7

versicherte Schäden

Welt	11	71	10	8
Asien	35	39	21	5

■ geophysikalisch (Erdbeben, Tsunami, vulkanische Aktivität)
■ meteorologisch (Stürme)
■ hydrologisch (Überschwemmungen)
■ klimatologisch (Extremtemperaturen, Dürren, Waldbrände)

M 9   Naturkatastrophen 1980 bis 2014 nach Hauptgefahren in Asien und weltweit (Schadensereignisse, Todesopfer, Schäden; Anteile in %)

1.6 Geteilt in die Unabhängigkeit

Viele Regionen auf der Welt leiden unter den Folgen der Kolonialzeit. Auch in Südasien kommt dem Erbe der britischen Kolonialherren bis heute eine wichtige Rolle zu. Die Politik der südasiatischen Staaten und zahlreiche Probleme in ihren wechselseitigen Beziehungen lassen sich nur vor dem Hintergrund des Gangs in die Unabhängigkeit verstehen. Hier nahmen viele der bis heute andauernden zwischenstaatlichen Konflikte ihren Ausgang. Die Bevölkerungsverschiebungen, die die Teilung Britisch-Indiens mit der Unabhängigkeit auslöste, veränderten zudem die regionalen Bevölkerungsstrukturen und führten zu internen Spannungen.

1. Beschreiben Sie Britisch-Indien am Ende der Kolonialzeit (M1, M2).
2. Erläutern Sie die Kriterien und die Praxis der Teilung Britisch-Indiens 1947 (M3, M5).
3. Analysieren Sie die Migrationen in Pakistan und Indien nach der Teilung (M3, M6).
4. Die Art der Integration in die Zielgesellschaft lief für verschiedene Gruppen von Flüchtlingen ganz unterschiedlich ab. Erläutern Sie Aspekte dieser Unterschiede (M4, M8).
5. Die Folgen der Teilung zeigen sich unter anderem in der heutigen Religionsverteilung in Südasien. Analysieren Sie M7 vor dem Hintergrund von M3.

Seit Anfang des 16. Jahrhunderts hatten Portugiesen an der Küste Handelsniederlassungen gegründet. Holländer, Franzosen, Dänen, vor allem aber die Briten folgten. 1619 erhielt die British East India Company im Mogulreich Handelsprivilegien und eroberte 1757 Bengalen und anschließend weitere Teile Südasiens. Seit 1877 war Britisch-Indien Teil des Empire und galt als „Juwel in der britischen Krone". [...]

Nicht das ganze Land wurde direkt durch den britischen Vizekönig verwaltet; einheimische Fürsten, Maharajas, herrschten weiterhin über weite Teile des Landes, hatten aber die britische Oberhoheit zu akzeptieren und Steuern zu zahlen. Schließlich gab es im Nordwesten Stammesgebiete, die keinem Fürsten unterstanden, sondern zwar von britischen Beamten beaufsichtigt wurden, in internen Fragen aber große Autonomie besaßen. [...]

Seit Mitte des 19. Jahrhunderts wuchs der regionale Widerstand gegen die Kolonialherren und nahm unter dem 1885 gegründeten Indian National Congress nationale Formen an. 1906 wurde die All India Muslim League gegründet, die später auf einen eigenen Staat für Muslime auf indischem Boden hinarbeitete. Mit Agitation, Mitteln des gewaltfreien Widerstandes und zivilen Ungehorsams führte Gandhi, genannt Mahatma, „Große Seele", seit den 1920er-Jahren die Unabhängigkeitsbewegung. Nach dem Zweiten Weltkrieg akzeptierten die Briten schließlich die Unabhängigkeit, und 1947 wurde Britisch-Indien, 1948 Ceylon (heute Sri Lanka) selbständig.

Mit der Unabhängigkeit wurde Britisch-Indien aufgeteilt in Pakistan als Staat indischer Muslime und Indien/Bharat, das sich als säkularer Staat versteht. Mit der Unabhängigkeit einher ging ein enormer Bevölkerungsaustausch zwischen Indien und Pakistan (damals noch West- und Ostpakistan, seit 1971 Bangladesch), den Millionen Menschen nicht überlebten.

Quelle: Banerjee, B. K., Stöber, G.: Südasien. Braunschweig: Westermann 2012, S. 10–11

M1   Südasien am Ende der Kolonialzeit

M2   Südasien am Ende der Kolonialzeit

Britisch-Indien und Ceylon		1757	Jahr der Erwerbung
Fürstenstaat oder Protektorat			Grenze von Britisch-Indien
			sonstige Staatsgrenze
besonders verwaltete Gebiete			Grenze von Provinz oder Fürstenstaat

0   500 km

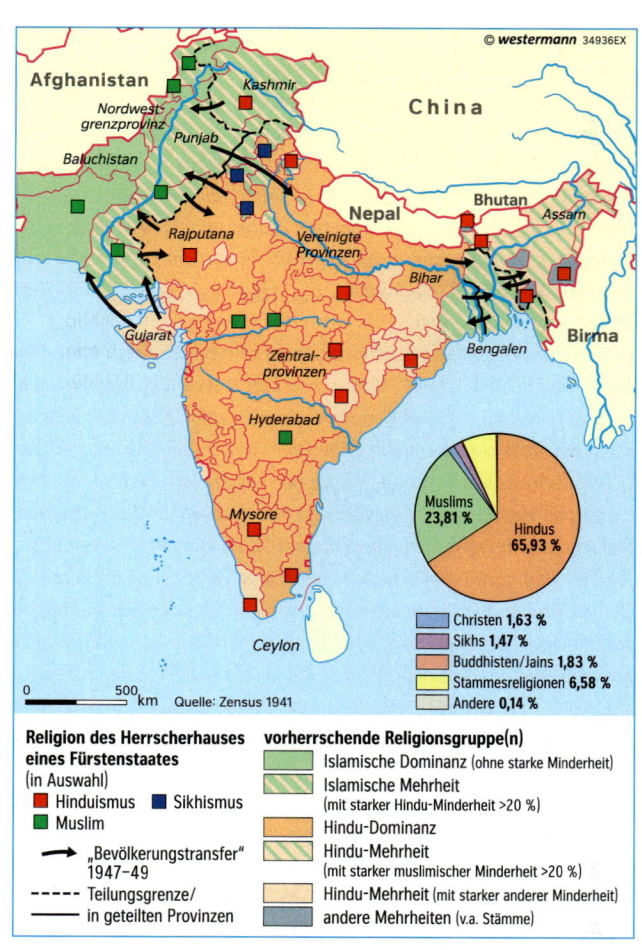

M3   Die Teilung Britisch-Indiens und Religionsgruppen in Britisch-Indien vor der Teilung

Muslims 23,81 %
Hindus 65,93 %
Christen 1,63 %
Sikhs 1,47 %
Buddhisten/Jains 1,83 %
Stammesreligionen 6,58 %
Andere 0,14 %

Quelle: Zensus 1941

Religion des Herrscherhauses eines Fürstenstaates (in Auswahl)
- Hinduismus
- Sikhismus
- Muslim

→ „Bevölkerungstransfer" 1947–49
- - - Teilungsgrenze/
— in geteilten Provinzen

vorherrschende Religionsgruppe(n)
- Islamische Dominanz (ohne starke Minderheit)
- Islamische Mehrheit (mit starker Hindu-Minderheit >20 %)
- Hindu-Dominanz
- Hindu-Mehrheit (mit starker muslimischer Minderheit >20 %)
- Hindu-Mehrheit (mit starker anderer Minderheit)
- andere Mehrheiten (v.a. Stämme)

Die Entstehung eines Indiens mit Hindu-Mehrheit und eines Pakistans mit Muslim-Mehrheit verursachte wohl die größte Massenwanderung in der Menschheitsgeschichte, wobei etwa 15 Mio. Menschen die neu geschaffenen Grenzen überquerten. Mehrere Millionen Hindus migrierten von [Ost-]Pakistan in die [indischen] Bundesstaaten Westbengalen, Assam und Tripura. Die Migration aus Ost-Pakistan erfolgte in aufeinanderfolgenden Wellen, die erste 1947 nach der Teilung Bengalens, die zweite nach der Aufruhr 1954 und die dritte Welle nach dem Krieg 1971. [...] Von den 1,1 Mio. Hindus, die bis zum 1. Juni 1948 aus dem Osten gekommen waren, waren ca. 350 000 städtische „Bhadralok" [wohlhabende, gut ausgebildete Klasse], 550 000 gehörten zur ländlichen Hindu-Oberschicht und viele der Übrigen waren Kaufleute. Ebenso [...] zogen Hindu-Handwerker in den Westen, wo sich ihre Stammkunden nun niedergelassen hatten und rechneten damit, dass ihre Aussichten bei einer Umsiedlung besser wären als ein Leben im turbulenten Osten. Die erste Welle der Flüchtlinge, die Kastenelite mit Bildung, Vermögen und Angehörigen im Westen, fand es relativ einfach, sich in Indien zu integrieren und zu assimilieren.

In scharfem Gegensatz dazu war für die Mehrzahl der Hindus in Ostbengalen – Bauern, Teilpächter und Landarbeiter – Auswanderung in den Westen nur die allerletzte Möglichkeit. [...] Die Mehrheit von ihnen waren Unberührbare, gehörten also den unteren Klassen an. [...] Sie hatten nicht die Mittel, Bildung, Fähigkeiten oder Familienbeziehungen in den Westen, um zu emigrieren und umzusiedeln. [...] Daher packten während der ersten Welle (1949–1949) nur sehr wenige der unteren Kasten ihre Sachen und verließen Ostbengalen. Die Zahlen stiegen Ende 1949 und 1950 jedoch stark an, als sie zum Ziel furchtbarer Gewalt wurden, die Teile Ost-Pakistans auseinanderriss.
Auch die Wiedereingliederungsmaßnahmen für diese beiden Gruppen waren grundverschieden: Während sich die ersteren, die über finanzielle Mittel verfügten, leicht im Kerngebiet Westbengalens integrieren konnten, waren die letzteren gezwungen, sich an den Rändern, oder wie eine neue Umsiedlungspolitik verlangte, verstreut in verschiedenen Teilen ihrer neuen Nation [...] niederzulassen.
Quelle: Sen, J.: Reconstructing Marichjhapi. In: Butalia, U. (Hrsg.): Partition. The long Shadow. New Delhi 2015, S. 103–104 (Übers. G.S.)

M 4 Quellentext zu Flüchtlingen in Westbengalen

Gebiete	Teilungskriterien
Von Großbritannien direkt verwaltetes Gebiet und Stammesgebiete	Teilung in die zwei Staaten Indien (mehrheitlich Hindus) und Pakistan (muslimisch), wobei sich der Grenzverlauf an der Mehrheitsreligion der Bevölkerung der Gebiete orientierte
Fürstenstaaten (Princely States)	Freie Entscheidung der Herrscher, welchem Staat sie beitreten wollten (keine Berücksichtigung der Religion der Bevölkerung)
Kolonien anderer europäischer Staaten (z.B. Goa, Mahé, Pondicherry), britische Kronkolonie Ceylon, die Protektorate Sikkim und Bhutan	zunächst nicht in die Teilung einbezogen, portugiesische und französische Niederlassungen traten bei ihrer späteren Unabhängigkeit der Indischen Union bei

M 5 Kriterien bei der Teilung Britisch-Indiens

	Bevölkerung[1] 1945	Auswanderung[2]	Einwanderung[2]
Indien	336,56 Mio.	8,5 Mio.	7,3 Mio.
Westpakistan	32,74 Mio.	5,4 Mio.	6,5 Mio.
Ostpakistan[3]	40,29 Mio.	2,9 Mio.	0,7 Mio.

[1] Bezogen auf das Gebiet des heutigen Staates
[2] Bevölkerungstransfer in direkter Folge der Teilung (bis 1951)
[3] seit 1971 Bangladesch

M 6 „Bevölkerungstransfer" als Folge der Teilung Südasiens 1947–1951

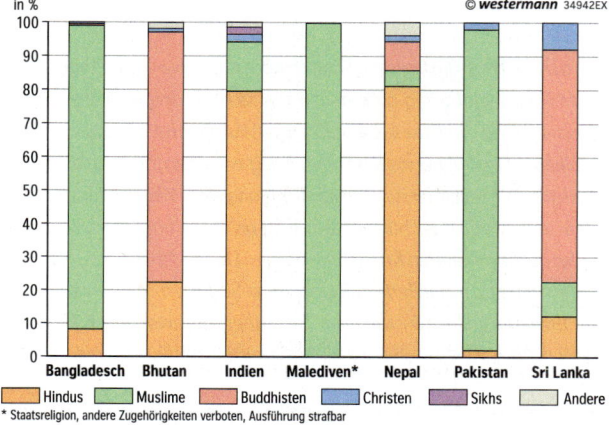

© westermann 34942EX

in %

Bangladesch | Bhutan | Indien | Malediven* | Nepal | Pakistan | Sri Lanka

Hindus Muslime Buddhisten Christen Sikhs Andere
* Staatsreligion, andere Zugehörigkeiten verboten, Ausführung strafbar

M 7 Südasien: Religionszugehörigkeit der Bevölkerung 2015

Die unterschiedlichen Erfahrungen der Muhajirs aus den Vereinigten Provinzen (United Provinces, UP) und denjenigen aus Ost-Punjab und Gujarat sind von entscheidender Bedeutung für ein Verständnis der politischen Entwicklungen seit der Unabhängigkeit. In Zusammenhang hiermit steht ihr Selbstbild, dass sie sich für Pakistan aufgeopfert und eine wirkliche Hijra auf sich genommen hätten [...] Drei Viertel aller Muhajirs waren Punjabis (4,7 Mio.). Sie waren in der Lage, schnell in Pakistan heimisch zu werden, und legten rasch das Muhajir-Etikett ab. [...] Sie sprachen die Sprache der Bevölkerung des West-Punjab und kamen in eine Umgebung, die [...] ihren Herkunftsdörfern sehr ähnelte. Sie ließen sich auf Land nieder, das von den Sikh Jats [Bauern] verlassen worden war, und konnten so ihre traditionelle landwirtschaftliche Lebensweise fortsetzen.
In gleicher Weise kamen Migranten aus Bombay in eine familiäre Umgebung. Karachi war Teil des Gujarati-sprachigen Küstensaums gewesen [...] Einige der Migranten hatten schon zuvor geschäftliche und familiäre Verbindungen aufgebaut. Auch wo dies nicht der Fall war, konnten sie in die Schuhe der früheren Hindu-Unternehmer schlüpfen. [...]
Muhajirs aus den UP teilten nicht die Vorteile der Punjabis und Gujaratis. Kein Kulturraum in Pakistan ähnelte ihrer nordindischen Heimat. Circa 60 % der 464 000 Muhajirs aus UP siedelten sich im Sindh an. Die größte Konzentration war in Karachi und Hyderabad [...]. Karachi [...] war Pakistans führendes kommerzielles Zentrum und anfangs Sitz der pakistanischen Regierung. Es bot daher den überwiegend der Mittelklasse zuzurechnenden nordindischen Muhajirs bessere Beschäftigungsaussichten als der ländliche West-Punjab. [...] Die nordindischen Flüchtlinge, die [...] sich im Sindh niederließen, haben die lokale „Kultur" dramatisch beeinflusst. [...] Die Transformation der entscheidenden städtischen Zentren in Urdusprachige Enklaven im Sindh hat akute Spannungen hervorgerufen.
Quelle: Tabot, I.: Pakistan. A modern history. London 1998, S. 108–109 (Übers. G.S.)

M 8 Quellentext zu den Muhajirs in Pakistan

Muhajir
offizielle pakistanische Bezeichnung der nach der Teilung nach Pakistan übersiedelnden indischen Muslime; eigentlich Bezeichnung der Gefährten, die mit Muhammad die Hijra vollzogen.
Hijra
Auswanderung Muhammads aus Mekka nach Medina, Beginn der islamischen Zeitrechnung (622 n. Chr.).

1.7 Vom Konflikt zur Zusammenarbeit?

Auch wenn in der öffentlichen Wahrnehmung vor allem Pakistan von Konflikten zerrissen scheint, gibt es doch kaum einen Staat in Südasien, in dem es nicht gewaltsame innere Konflikte gäbe, die zum Teil über die Grenzen in die Nachbarländer ausstrahlen und das Verhältnis zwischen den Staaten negativ beeinflussen. Hinzu kommen zwischenstaatliche Konflikte, sei es um umstrittene Territorien wie Kaschmir oder die Nutzung des Flusswassers (vgl. Kap. 3.10). Zusätzliche Brisanz ensteht dadurch, das Indien und Pakistan Atomwaffen besitzen. Auch China, der große Nachbar im Norden und regionaler Gegenspieler Indiens, ist ein wichtiger Faktor in der komplizierten geopolitischen Situation, in der sich Südasien befindet. Kann eine produktive regionale Zusammenarbeit, wie sie die Gründung der SAARC (South Asian Association for Regional Cooperation) anstoßen wollte, unter solchen Bedingungen gelingen?

Ⓩ 1. Recherchieren Sie einen internen oder zwischenstaatlichen Konflikt in Südasien (M5) und stellen ihn in einem Kurzreferat vor.
2. Beschreiben Sie den Kaschmir-Konflikt in seinen Grundzügen (M1, M4).
3. Stellen Sie die zwischenstaatlichen Konfliktlagen der südasiatischen Staaten dar (M5–M7).
4. Vergleichen Sie die Bedeutung des Militärs und der Militärausgaben in den südasiatischen Staaten (M6, M9).
5. Charakterisieren Sie die Rolle Indiens in Südasien.
6. Erläutern Sie die Schwierigkeiten, die einer südasiatischen Integration innerhalb einer Organisation wie der SAARC entgegenstehen (M5, M7, M8).

M 2   Atomar bestückbare Mittelstreckenrakete bei einer Militärparade in Islamabad 1999

M 3   Proteste einer indischen radikalen Hindu-Organisation nach einem pakistanischen Überfall auf eine Polizeistation in Kaschmir

Der territoriale Zuschnitt des heutigen Staates Pakistan ist Ergebnis des britischen Kolonialismus und hat dem jungen Staat bei seiner Unabhängigkeit 1947 eine schwere und folgenreiche Bürde mit auf den Weg gegeben. So zerlegt beispielsweise die westliche Landesgrenze mit Afghanistan [...] das Siedlungsgebiet der Volksgruppe der Paschtunen in einen afghanischen und einen pakistanischen Teil. Ähnlich erging es den Baluchen, deren Lebensraum heute zu Iran, Pakistan und Afghanistan gehört. Dadurch wurden wiederholt Unruhen, separatistische Bewegungen mit wiederkehrenden militanten Auswüchsen vor allem nach der Abtrennung und Verselbstständigung Ostpakistans (1971) ausgelöst. Das gilt vor allem auch für die mit Sonderstatus ausgestatteten nordwestlichen „Stammesgebiete" [...], deren Bevölkerung vor bewaffneten Auseinandersetzungen mit dem pakistanischen Militär nie zurückschreckte, jetzt als Rückzugsgebiet islamistischer Terroristen gilt und daher vorrangiges Ziel US-amerikanischer Drohnen-Angriffe bildet. Nicht weniger problematisch war die 1947 entstandene Ost-Grenze zu Indien. Ihr Verlauf zertrennte nicht nur das von den Briten geplante und nach 1850 zu realisieren begonnene Kanalbewässerungsgebiet des Punjab. Er sperrte auch den Punjab-Flüssen das Wasser aus den Oberläufen ab und verursachte so in der Folgezeit wiederholt Wasserkonflikte. Diese Ostgrenze schied aber vor allem die mehrheitlich muslimischen (Pakistan) von den mehrheitlich hinduistischen Gebieten (Indischen Union = heutiges Indien), was [...] [nicht nur zum „Bevölkerungsaustausch" führte], sondern auch zu gewaltsamen Auseinandersetzungen, die eine halbe Mio. Tote nach sich zogen und auch den Grundstein für den bis heute das Pakistan-Indien-Verhältnis belastenden Kaschmir-Konflikt legten.

M 1   Quellentext zu den Konflikten Pakistans

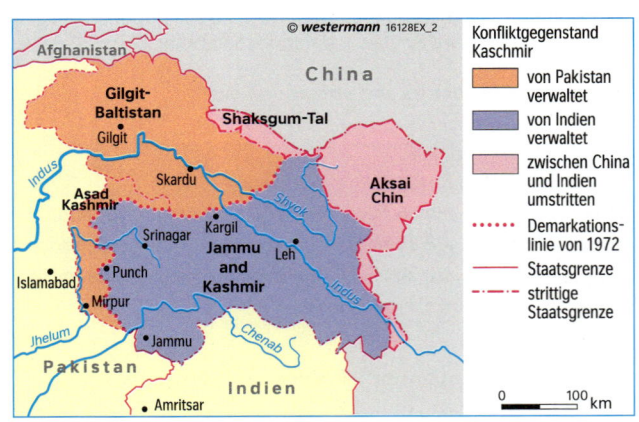

M 4   Der Kaschmirkonflikt

Der mehrheitlich muslimische Fürstenstaat Kaschmir wurde nämlich von einem Hindu-Maharaja beherrscht, der sich für den Anschluss an die Indische Union entschied. Gewaltsamer Widerstand der muslimischen Bevölkerung und der erste Kaschmir-Krieg zwischen Indien und Pakistan waren die Folge. Seither ist die Region entlang einer Waffenstillstandslinie geteilt und ihr völkerrechtlicher Status ist bis heute ungeklärt. Die immer wieder aufflammenden Kriegshandlungen (1947 – 1949, 1965, 1971) sind insofern eine extreme Bedrohung für ganz Südasien, weil sowohl Indien (seit 1974) als auch Pakistan (seit 1998) über Atomwaffen verfügen.
Quelle: Benz, A.: Pakistan: das gefährlichste Land der Welt. In Scholz, F.: Länder des Südens. Diercke Spezial Braunschweig: Westermann 2017, S. 143 – 144

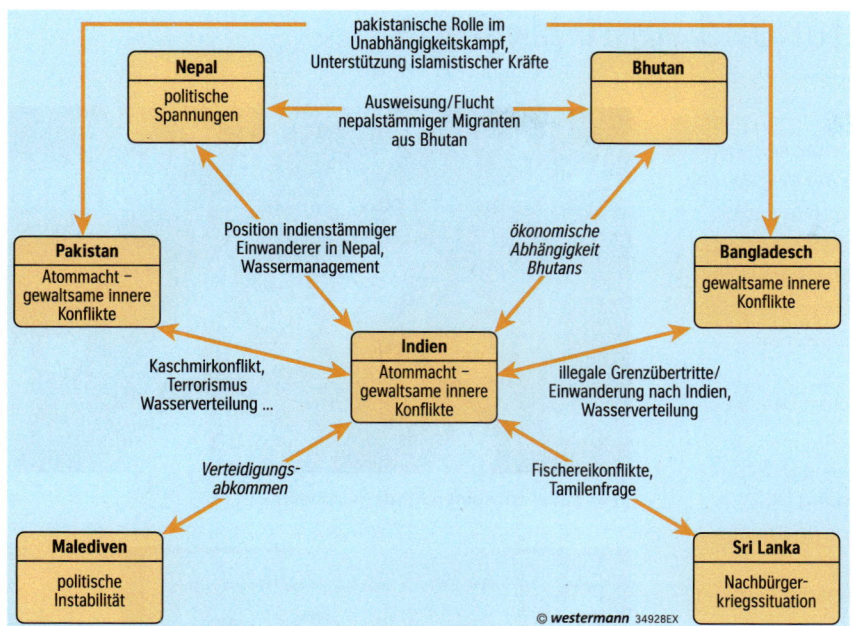

pakistanische Rolle im
Unabhängigkeitskampf,
Unterstützung islamistischer Kräfte

Nepal
politische
Spannungen

Bhutan

Ausweisung/Flucht
nepalstämmiger Migranten
aus Bhutan

Pakistan
Atommacht –
gewaltsame innere
Konflikte

Position indienstämmiger
Einwanderer in Nepal,
Wassermanagement

ökonomische
Abhängigkeit
Bhutans

Bangladesch
gewaltsame innere
Konflikte

Kaschmirkonflikt,
Terrorismus
Wasserverteilung ...

Indien
Atommacht –
gewaltsame innere
Konflikte

illegale Grenzübertritte/
Einwanderung nach Indien,
Wasserverteilung

Verteidigungs-
abkommen

Fischereikonflikte,
Tamilenfrage

Malediven
politische
Instabilität

Sri Lanka
Nachbürger-
kriegssituation

© *westermann* 34928EX

M5 Konfliktlinien in Südasien

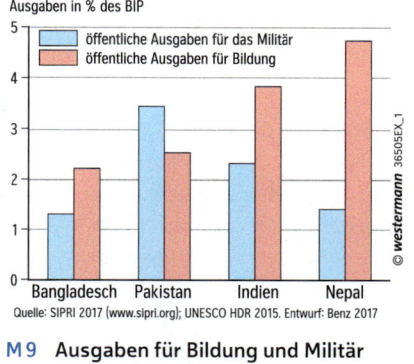

Ausgaben in % des BIP

| | öffentliche Ausgaben für das Militär |
| | öffentliche Ausgaben für Bildung |

Bangladesch Pakistan Indien Nepal

Quelle: SIPRI 2017 (www.sipri.org); UNESCO HDR 2015. Entwurf: Benz 2017

© *westermann* 36505EX_1

**M9 Ausgaben für Bildung und Militär
ausgewählter Staaten Südasiens**

Land	Militärper- sonal	Militäraus- gaben (in Mio. US-$)	Militäraus- gaben (in % vom BIP)	Militärausgaben (in % der Staats- ausgaben)	Militärausga- ben/Ew. (in US-$)
Bangladesch	220950	2518	1,3	9,8	15,6
Bhutan	6000	k.A.	k.A.	k.A.	k.A.
Indien	2749700	51116	2,3	8,7	39,0
Malediven	k.A.	k.A.	k.A.	k.A.	k.A.
Nepal	157750	300	1,4	7,9	10,4
Pakistan	925800	9248	3,4	18,7	48,8
Sri Lanka	223100	1861	2,3	12,4	88,8

M6 Militär in Südasien 2015 (Quelle: SIPRI)

M10 SAARC-Gipfel in Neu-Delhi 2007

Postkoloniale Entwicklungen in Südasien sind von einem folgenreichen Erbe gekennzeichnet, das sich unmittelbar nach der Unabhängigkeit in Grenzkonflikten und Kriegen – Stichwort Kaschmir und Bangladesch – niedergeschlagen hat. Diese Konfrontationen haben zu einem mangelhaften Austausch und schwer belasteten nachbarschaftlichen Beziehungen beigetragen [...]. Das Potenzial für bilateralen Austausch, multilateralen Handel und regionale Mobilität ist kaum ausgeschöpft worden. Ganz im Gegenteil: Indien, Bangladesch und Pakistan haben mehrere gewaltsam ausgefochtene und verlustreiche Kriege und Scharmützel erlebt. Innerstaatliche Konflikte lähmten Sri Lanka (Singhalesen-Tamilen-Konflikt) und Nepal (maoistisch inspirierter Untergrundkampf zum Sturz der Monarchie) über lange Jahre und sind bis heute nicht in eine konstruktive Aufbauphase übergegangen. Das buddhistische Königreich Bhutan beschmutzte seinen positiven Ruf durch die Vertreibung eines Sechstels seiner Bevölkerung Anfang der 1990er-Jahre nach Nepal; die Betroffenen leben dort zu einem großen Teil bis heute in Flüchtlingslagern. Pakistan ist von regionalistischen Bewegungen in seiner staatlichen Einheit herausgefordert; diese innenpolitischen Auseinandersetzungen, seien es die von Afghanistan unterstützte Pashtunistan-Bewegung oder die opferreichen Auseinandersetzungen um die Ressourcen Baluchistans, um nur zwei zu nennen, binden staatliche Ressourcen und behindern Infrastrukturausbau und wirtschaftliche Entwicklung. Indien erscheint international zwar weniger prominent in den Medien, seine Regierung kämpft aber in fast allen Bundesstaaten des Nordostens um Autorität und staatliche Kontrolle.

Quelle: Kreutzmann, H. In Länder des Südens. Braunschweig: Westermann 2017, S. 158

M7 Quellentext zu Konflikten in Südasien

Es brauchte sieben Jahre langwieriger Verhandlungen, um die SAARC im Jahre 1985 zu gründen. Bangladesch war der Initiator. Die Mitglieder sind Afghanistan [seit 2007], Bangladesch, Bhutan, Indien, die Malediven, Nepal, Pakistan und Sri Lanka, insgesamt 1,5 Milliarden Menschen. Bislang hat es 18 Gipfeltreffen gegeben, hunderte Ministertreffen, sechs Konventionen und man erreichte elf Übereinkommen. Das schwache institutionelle Design legt eine Pyramidenstruktur zugrunde, mit Gipfeltreffen an der Spitze, die von einem Rat der Außenminister, einer ständigen Kommission von Außen-Staatssekretären sowie technischer und Aktionskomitees unterstützt werden. Das in Kathmandu angesiedelte Sekretariat koordiniert und überwacht die unterschiedlichen Aktivitäten und bereitet die Treffen vor. [...] Die institutionellen und finanziellen Ketten, die die SAARC-Charta auf diplomatischen Druck Indiens hin der Organisation angelegt hat, hat die Fähigkeit zu Fortschritten in der Zusammenarbeit stark eingeschränkt. Die Charta legt fest, dass keine bilateralen und strittigen Punkte diskutiert werden, und dass die fünf Prinzipien friedlicher Koexistenz, panchsheel, [gegenseitige Respektierung der Integrität und Souveränität, Nichtangriff, Nichteinmischung in innere Angelegenheiten, Gleichheit und Zusammenarbeit sowie friedliche Koexistenz] zu den Leitprinzipien gehören. Es gibt Übereinstimmung darin, dass SAARC nützlich als Forum informeller Gespräche zwischen beispielsweise Indien und Pakistan gewesen ist, dass aber das Hauptziel einer südasiatischen Freihandelszone, obwohl offiziell seit 2004 existent, noch nicht erreicht wurde.

Quelle: Arndt, M.: Story of four lost regional groupings. The Hindu Business Line 10.3.2015 (Übers. G.S.)

M8 Quellentext zur Kooperation in Südasien

1.8 Bevölkerungsstruktur und -entwicklung

Demografische Daten wie Geburten-, Sterbe- und Fertilitätsraten zeichnen ein wichtiges Bild über die Altersstruktur und das Wachstum der Bevölkerung eines Landes. Die Bevölkerungsentwicklung stellt eine zentrale Herausforderung für die wirtschaftliche und soziale Entwicklung der südasiatischen Staaten dar, allen voran Indien, dem in wenigen Jahren bevölkerungsreichsten Land der Erde. Daher versucht man, durch staatlich geförderte Maßnahmen der Geburtenkontrolle den Bevölkerungszuwachs zu reduzieren.

1. Beschreiben Sie die Altersstruktur der indischen Bevölkerung an Hand der Bevölkerungspyramide (M5).
Ⓩ 2. Analysieren Sie für drei selbst gewählte südasiatische Staaten die demografische Struktur und Entwicklung (M2).
3. a) Stellen Sie das Modell des demografischen Übergangs dar (M7).
   b) Beurteilen Sie die Positionierung der südasiatischen Staaten in diesem Modell (M6, M10).
4. a) Vergleichen Sie die Entwicklung der Bevölkerung und der Fertilitätsrate in China und Indien (M1).
   b) Begründen Sie die Ursachen dieser Entwicklung.
Ⓩ c) Erörtern Sie die Folgen für beide Länder.
5. Erläutern Sie das Geschlechterverhältnis in den südasiatischen Ländern (M2, M8).
6. a) Nennen Sie Methoden der Geburtenkontrolle/-planung.
   b) Nehmen Sie Stellung zu den Maßnahmen der Geburtenkontrolle und Familienplanung in Südasien (M6, M9).

M3   Vater mit seinen Kindern in Delhi

M4   Plakat der indischen Familienplanungskampagne „Wir zwei – unsere zwei – kleine Familie – glückliche Familie" (1967)

Demografischer Übergang

Modellhafte Beschreibung des Übergangs von hohen zu niedrigen Sterbe- und Geburtsraten mit fortschreitender Modernisierung eines Landes, aus dem ein verändertes natürliches Bevölkerungswachstum resultiert.

Zusammengefasste Fruchtbarkeitsziffer/Total Fertility Rate (TFR)

Die Kennzahl gibt an, wie viele Kinder eine Frau (15 bis 45 Jahre) im Laufe ihres Lebens bekommen würde, wenn die für den gegebenen Zeitpunkt maßgeblichen Fruchtbarkeitsverhältnisse der betrachteten Population als konstant angenommen werden. Das Erhaltungsniveau beträgt 2,1 Kinder je Frau.

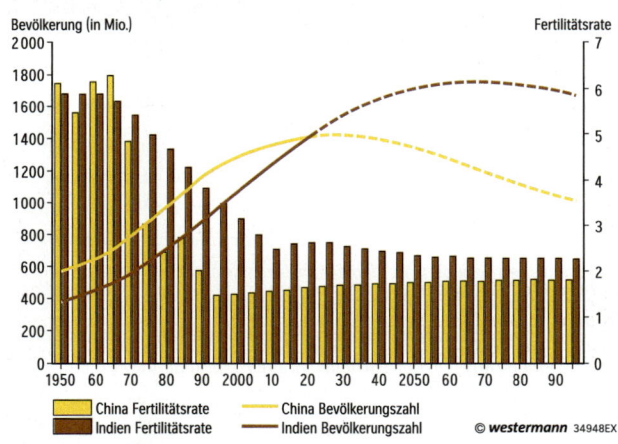

M1   Demografischer Vergleich: Indien und China

	Gesamtbevölkerung (in Mio.)			Jährl. Wachstumsrate (in %)	Zusammengefasste Fruchtbarkeitsziffer		Lebenserwartung bei Geburt (in Jahren)		Anteil der Bevölkerung (in %, 2015)		Säuglingssterblichkeit (in ‰)*	Geschlechterverhältnis bei Geburt (Jungen auf 100 Mädchen)	Zahl der Männer auf 1000 Frauen
	1990	2015	2050	2010–15	1985–90	2010–15	1985–90	2010–15	< 15	65 u.ä.	2010–15	2010–15	2015
Bangladesch	106,0	161,0	202,2	1,2	4,98	2,23	57,0	71,0	29,5	5,0	33	105	1020
Bhutan	0,5	0,8	1,0	1,5	6,11	2,10	50,5	68,9	26,9	5,1	30	104	1161
Indien	870,6	1311,1	1705,3	1,3	4,27	2,48	56,8	67,5	28,8	5,6	41	111	1076
Malediven	0,2	0,4	0,5	1,8	6,66	2,18	59,3	76,4	27,5	4,7	9	110	1006
Nepal	18,7	28,5	36,2	1,2	5,33	2,32	52,1	69,0	20,9	5,6	32	107	940
Pakistan	107,6	189,0	309,6	2,1	6,30	3,72	59,3	65,9	35,0	4,5	70	109	1056
Sri Lanka	17,3	20,7	20,8	0,5	2,64	2,11	68,9	74,6	24,6	9,3	8	104	930
Deutschland	79,0	80,7	74,5	0,1	1,43	1,39	75,0	80,7	12,9	21,2	3	106	966

Quelle: Population Reference Bureau   *Jährliche Anzahl von Todesfällen von Säuglingen im ersten Lebensjahr pro 1000 Lebendgeborene

M2   Demografische Daten südasiatischer Staaten

 100800-276-02
schueler.diercke.de   100800-276-03
schueler.diercke.de

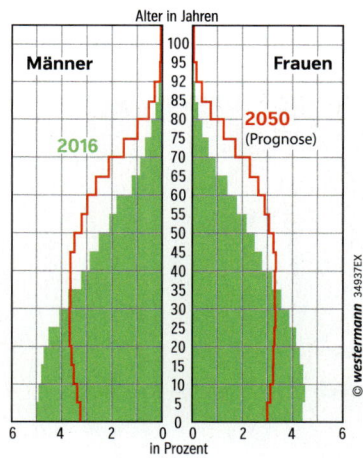

M 5 Bevölkerungspyramide Indiens

In Indien gibt es sowohl wirtschaftliche wie religiöse Motive für das Abtreiben weiblicher Föten. Mit der Hochzeit verlässt eine Tochter den Haushalt, um mit ihrer Schwiegerfamilie zu leben; somit leistet sie keine Unterstützung für ihre elterliche Familie, besonders im Alter. Außerdem muss eine Mitgift gezahlt werden, obwohl die Mitgiftpraxis 1961 verboten wurde. Es gibt ein Sprichwort: Eine Tochter zu haben, sei „wie den Garten des Nachbarn zu bewässern". Für Hindus (ca. 80% der Bevölkerung) ist ein Sohn, der den Scheiterhaufen bei der Beisetzung entzündet, Voraussetzung fürs Nirvana, der Befreiung vom Zyklus der Wiedergeburt.

Geschlechtsselektive Abtreibung wurde 1994 illegal; und in jüngerer Zeit wurde die strafrechtliche Verfolgung von Ärzten, die solche praktizieren, ernsthaft in Angriff genommen. Im Allgemeinen ist ein Abtreiben weiblicher Föten häufiger in wohlhabenderen Staaten mit besserem Bildungssystem und geringerer Fruchtbarkeitsraten, wo die Eltern sich Ultraschalluntersuchungen leisten können und die Motivation, mindestens einen Sohn zu haben, dringlicher erscheint.

Quelle: India: on the Path to Replacement? Population Bulletin 66, 2011 (2), S. 9 (Übers. G.S.)

M 8 Quellentext zur Rolle von Söhnen und Töchtern in Indien

Trotz früherer Skepsis ist es jetzt relativ klar, dass sich Wissen und Verfügbarkeit [von Mitteln zur Geburtenkontrolle] auf das Fruchtbarkeitsverhalten der Familien in Ländern mit hoher Geburtenrate und knappen Mitteln zur Kontrolle auswirken. [...] Der indische Bundesstaat Tamil Nadu senkte seine Fruchtbarkeitsrate von 3,5 im Jahre 1979 auf 2,2 1991. Tamil Nadu hatte ein aktives, aber kooperatives Familienplanungsprogramm und konnte seine vergleichsweise gute Position in Indien in Bezug auf soziale Errungenschaften nutzbar machen: eine der höchsten Alphabetisierungsraten der großen indischen Staaten, eine hohe Erwerbsbeschäftigung der Frauen und eine relativ geringe Kindersterblichkeit. [...]

Andere Bundesstaaten im sogenannten indischen Kernland (wie Uttar Pradesh, Bihar, Madhya Pradesh, Rajasthan) besitzen ein viel geringeres Bildungsniveau, vor allem der Frauen, und eine schlechtere allgemeine Gesundheitsversorgung. Diese Staaten haben alle hohe Fruchtbarkeitsraten – zwischen 4,4 und 5,1. Und dies trotz der Beharrlichkeit, mit der in diesen Staaten harte Methoden der Familienplanung durchgeführt werden, einschließlich einigen Zwangs [...].

Wie indische Familienplanungsspezialisten festgestellt haben, erfuhren freiwillige Programme zur Geburtenkontrolle in Indien einen starken Rückschlag durch das kurzzeitige Zwangssterilisierungsprogramm. Die Menschen hatten ein tiefes Misstrauen gegenüber der gesamten Familienplanungsbewegung entwickelt. Abgesehen davon, dass die Zwangsmaßnahmen, die während des Ausnahmezustands in einigen Regionen Indiens durchgeführt wurden, kaum direkte Auswirkungen auf die Fruchtbarkeitsraten hatten, folgte ihnen eine lange Phase der Stagnation der Geburtenrate, die erst um 1985 endete.

Quelle: Sen, A.: Development as freedom. New Delhi: OUP 2006, S. 223, 224

M 6 Quellentext zur Bevölkerungspolitik in Indien

[In Sri Lanka] hat die Regierung in einem Kabinettsbeschluss erst 1965 Familienplanung als nationale Aufgabe akzeptiert und [...] sie 1968 in den Mutter-und-Kind-Gesundheitsdienst integriert. Seit der Gründung des Family Health Bureaus 1968 wurden zahlreiche Familienplanungsaktivitäten eingeführt, und das Programm fand im Land weite Verbreitung. [...] Die nachfolgenden Regierungen vergrößerten die Mittel für Familienplanung, um allen Bürgern Verhütungsmethoden zur Verfügung zu stellen. [...]

Unter den Frauen Sri Lankas gibt es ein beträchtliches Interesse daran, Zahl und Zeitpunkt der Geburten zu kontrollieren. 60 Prozent der verheirateten Frauen wollen entweder keine Kinder mehr oder sind schon sterilisiert. Weitere 17 Prozent möchten mindestens zwei Jahre lang warten, bevor sie ihr nächstes Kind haben. 15 Prozent der verheirateten Frauen wollen bald ein Kind, und die meisten von ihnen haben derzeit keines. [...]

Entsprechend dieser Umfrageergebnisse ist das Wissen über die Methoden der Familienplanung in Sri Lanka so gut wie allgemein verbreitet. Über 90 Prozent der derzeit verheirateten Frauen haben von Pillen, Spritzen, weiblicher Sterilisation und Spiralen gehört. Acht von zehn wissen von traditionellen Methoden, Schwangerschaften hinauszuzögern oder zu vermeiden. [...] Fast 90 Prozent der gegenwärtig verheirateten Frauen haben in der Vergangenheit eine empfängnisverhütende Methode angewandt; aktuell tun dies zwei von drei dieser Frauen. [...] Von ihnen setzen 52 Prozent moderne und nur 16 Prozent traditionelle Methoden ein. [...] Drei Viertel der Frauen bekommen ihre Verhütungsmittel in einer staatlichen Einrichtung, meist in staatlichen Krankenhäusern und Kliniken, ein Viertel im privaten Gesundheitssektor.

Quelle: Department of Census and Statistics: Sri Lanka Demographic and Health Survey 2006-07. Colombo 2009, S. 51, XIX-XX (Übers. G.S.)

M 9 Quellentext zur Familienplanung in Sri Lanka

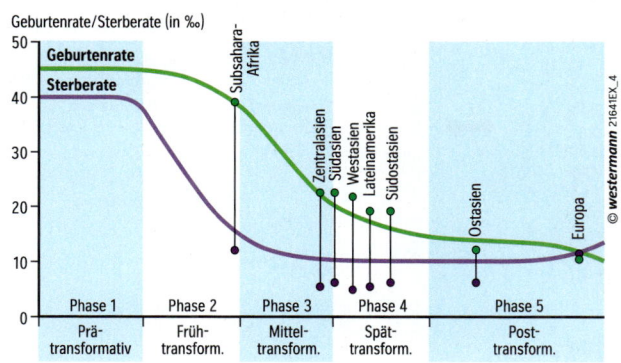

M 7 Modell des demografischen Übergangs

	Sterberate (Sterbefälle/1000 Ew.)		Geburtenrate (Geburten/1000 Ew.)	
	1950–55	2010–15	1950–55	2010–15
Bangladesch	24,8	5,5	46,2	20,4
Bhutan	34,6	6,3	48,7	18,2
Indien	26,8	7,4	43,6	20,4
Malediven	27,7	3,8	43,4	21,7
Nepal	28,7	6,5	47,8	21,0
Pakistan	27,4	7,5	42,2	27,6
Sri Lanka	18,9	6,7	37,2	16,4
Deutschland	11,1	10,8	15,6	8,3

M 10 Sterbe- und Geburtenraten südasiatischer Länder

1.9 Kasten, Klassen, Schichten

Schon immer war die religiös begründete Abgrenzung sozialer Gruppen in Kasten nur einer der Aspekte, an denen sich soziale Ungleichheit in Indien festmachen ließ. Im Zeitalter der Globalisierung mutet die Kastenhierarchie gar nicht mehr zeitgemäß an. Doch trotz Modernisierung von Wirtschaft und Gesellschaft mit neuen Berufen und der Übernahme globalisierter Lebensstile bleibt das „Kastenwesen" erstaunlich verankert, sodass sich nicht wenige fragen, ob es die Entwicklung des Landes nachhaltig behindert.

1. Fassen Sie wesentliche Aspekte des sogenannten „Kastenwesens" in Indien zusammen (M1, M4).
2. Charakterisieren Sie die Struktur der indischen Gesellschaft (M7).
3. Analysieren Sie die Bedeutung der Kastenzugehörigkeit im modernen Indien (M1, M5, M6, Atlas).
4. Kasten sind (nur) ein Aspekt sozialer Differenzierung in Indien. Erklären Sie diese Aussage (M2, M6).
5. Ist eine Reservierungspolitik gerechtfertigt, um soziale Unterschiede abzubauen? Nehmen Sie Stellung (M6, M8).
6. Das „Kastenwesen" wurde in der Vergangenheit oft als „Entwicklungshemmnis" dargestellt. Beurteilen Sie eine solche Aussage vor dem Hintergrund dieses Kapitels.

M 3   Dalit-Frau beim Reinigen einer öffentlichen Toilette

Das Wort [Kaste] ist portugiesischen Ursprungs (,casta') und stammt vom lateinischen ,castus' – rein – ab. [...] Das Kastenwesen bezeichnet eine in Südasien verbreitete gesellschaftliche Organisationsform, die Gruppen sozial hierarchisiert, gegeneinander abgrenzt und sich dabei, vergleichbar einer feudalen oder ständischen Struktur, vor allem an Abstammung und erblicher Berufsspezialisierung orientiert. Sie weist jedem Mitglied der Gesellschaft einen festen Platz und den einzelnen Kasten ihre spezifischen Normen zu. [...] Das Kastenwesen gewann während der britischen Kolonialherrschaft an Bedeutung. [...] [Heute] gibt es ein Gesetz, das die Benachteiligung aufgrund der Kastenzugehörigkeit verbietet, und anders als im ländlichen Alltag spielt diese für das Leben in den Städten auch kaum eine Rolle. Doch sind Heiratsannoncen wie diese nach wie vor nicht ungewöhnlich: ,Südindischer brahmanischer Vater sucht passende Ehepartnerin für seinen im IT-Sektor tätigen Sohn.' Frauen niederer Kasten sind in dieser Familie chancenlos.

Hansen, S.: Das Kastenwesen. In: Indien: die barfüßige Gesellschaft. Edition Le Monde diplomatique 2010 Nr. 2, S.13

M 1   Quellentext zum Kastenwesen

Die in ganz Indien übliche Unterteilung in Varnas („Farben") unterscheidet Brahmanen, Kshatriya, Vaishya, Shudra. Dies sind Gruppen mit unterschiedlichem rituellen Status und eigenen rituellen Praktiken. Außerhalb dieser Varnas stehen die Asprishya, die als Unberührbare bezeichnet wurden. Diese vier Varnas haben eine rituelle Bedeutung und sind mit Konzepten von Reinheit und Unreinheit verbunden. Sie beziehen sich auf Hindus. Angehörige anderer Religionen stehen wie die Unberührbaren, heute Dalits genannt, außerhalb des Systems. Die Varnas werden als hierarchische Ordnung angesehen, in die man hineingeboren wird, wobei Brahmanen an der Spitze stehen. Ehen werden in der Regel zwischen Angehörigen desselben Varna geschlossen (Endogamie). Frauen können allerdings auch in ein höheres Varna einheiraten (Hypergamie). Die Varnas werden oft mit bestimmten Tätigkeitsfeldern assoziiert, die dadurch auch in eine Hierarchie gebracht werden: „Priester", „Krieger", „Händler" und „Bauern/Arbeiter", obwohl dies mit der tatsächlichen Tätigkeit der Angehörigen nicht übereinstimmen musste.

Zudem wird die traditionelle Gesellschaft in Jatis gegliedert. Dies sind Berufsgruppen, die von manchen Wissenschaftlern mit europäischen Gilden verglichen werden. Sie umfassen auch Berufsgruppen von Angehörigen anderer Religionen. Auch die Jatis sind meist endogam, das heißt Ehen werden zwischen Männern und Frauen der gleichen Berufsgruppe geschlossen. Der Beruf wurde in der traditionellen Gesellschaft von Generation zu Generation innerhalb des Jati weitergegeben. Die Jatis haben oftmals eigene Bräuche und befolgen spezifische Riten.

Quelle: Banerjee, B. K., Stöber, G.: Südasien 2012, S. 30

M 4   Quellentext zu den Klassifikationen von „Kasten"

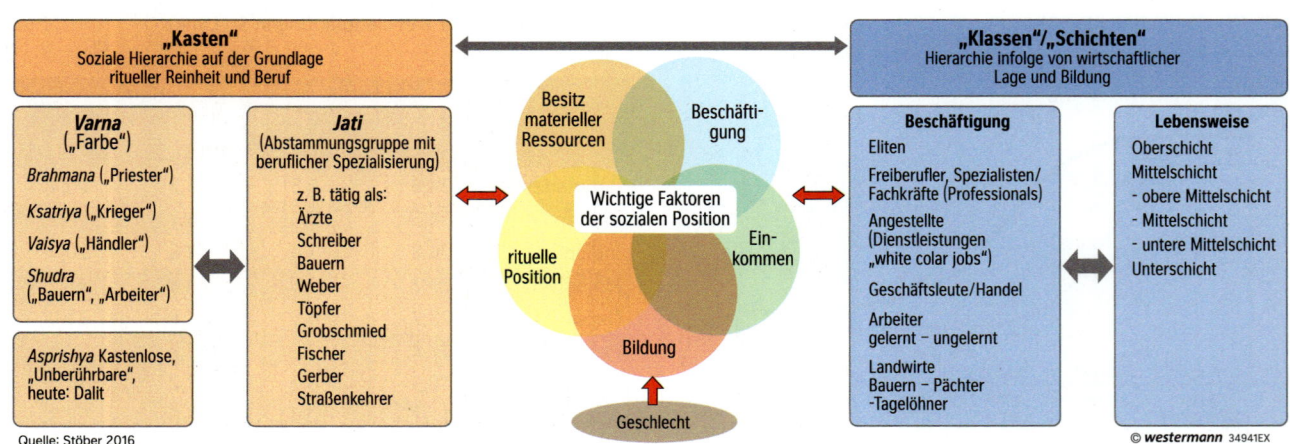

M 2   Kasten, Klassen, Schichten

„Nach säkularen Kriterien mag ein Brahmane eine sehr geringe Position einnehmen, aber er ist trotzdem ein Brahmane und hat damit Anspruch auf Respekt in rituellen und Reinheitsangelegenheiten. Ein Millionär in Gujarat, der der Händlerkaste angehört, wird nicht die Küche betreten, in der sein Brahmanen-Koch arbeitet, denn das Betreten würde den Brahmanen und die Kochgeräte beschmutzen."

Mysore Narasimhachar Srinivas, *indischer Anthropologe*

„Nach wiederholten Forderungen in einen Tempel [... in einem Dorf] in Karnataka eingelassen zu werden, wurde Dalits erlaubt, den Tempel zu betreten und zu beten. Jedoch blieben die „oberen Kasten" dem Tempel an diesem Tag fern. [Zuvor] hatten „Oberkasten"-Mitglieder des Dorfes vier Dalit-Frauen mit einem Strafgeld dafür belegt, dass sie in den Tempel gegangen waren."

G. T. Sathish, *indischer Journalist*

„Wahlkämpfe wurden zunehmend spektakulärer und teurer, und sie schaffen häufig eine Karnevalsatmosphäre. Die Mobilisierung von Wahlunterstützung auf Kastenbasis ist ein komplexes Phänomen. [...] Private TV-Kanäle haben eine ganze Welt erschaffen, in der ihre Moderatoren und Experten darin wetteifern, die Bedeutung des „Kastenfaktors" herauszustellen, die Rivalitäten und Allianzen unter Kasten, Sub-Kasten und Kastengruppen [...]. Diese Diskussionen schaffen die Illusion, dass ‚Kaste' ein nichtänderbarer Wesenszug der indischen Gesellschaft sei. Es wäre schade, wenn wir es den Medien gestatten, das Kastenbewusstsein zu verfestigen und uns zu überreden, Kasten seien Indiens Schicksal."

André Béteille, *indischer Sozialwissenschaftler*

M 5 Zitate zur Kasten-Realität im heutigen Inden (Übers.: G. S.)

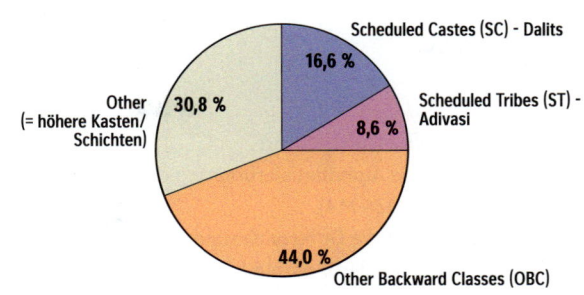

Scheduled Castes (SC) - Dalits	Besonders benachteiligte, schutzbedürftige Kasten wurden seit 1936 unter dieser Kategorie zusammengefasst und gelistet. Auch die indische Verfassung weist sie als besonders schutzbedürftig aus; bundesstaatenspezifische Listen werden zentral übernommen. In Volkszählung erfasst; nur Hindus, Buddhisten, Sikhs werden als Angehörige anerkannt; Konvertiten verlieren den Schutz.
Scheduled Tribes (ST) - Adivasi	Zur Kolonialzeit Teil der „Depressed Classes"/ Scheduled Castes. In indischer Verfassung Liste von Stämmen, die besonderen Schutz genießen; bundesstaatenspezifische Listung wird zentral übernommen. In Volkszählung erfasst; keine religiösen Grenzen der Zugehörigkeit.
Other Backward Classes (OBC)	Allgemein als Schutzbedürftige in der Verfassung genannt, werden Gruppen seit 1993 durch Übernahme von Staatslisten auch zentral gelistet. Keine religiösen Grenzen der Zugehörigkeit; Kategorie nicht in Volkszählung erfasst, Umfang umstritten.

Quelle: Census of India 2011   © *westermann* 34940EX

M 7 Sozialstruktur in Indien 2011

1959	1965	1974	1984	1995	2005	2014
1,18	1,64	3,25	6,92	10,12	11,9	11,26

Quelle: National Commission for Scheduled Castes

M 8 Anteil der SC an hochbezahlten Positionen bei Angestellten der Zentralregierung (in %)

Nicht nur eine rituelle Hierarchie und traditionelle Berufsgruppen strukturieren die Gesellschaften Südasiens. Auch andere Aspekte bilden die Grundlage für soziale Ungleichheit, beispielsweise Einkommen, Besitz oder auch Bildung. Diese Aspekte berücksichtigend haben Sozialwissenschaftler Modelle entwickelt, die Menschen anhand sozialer und ökonomischer Merkmale differenzieren. Die Zugehörigkeit zu einer Klasse beruht dabei auf der Verfügung über Produktionsmittel (Kapital, Boden, Arbeitskraft). Schichtmodelle hingegen orientieren sich an Einkommenshöhe und Tätigkeitsfeldern. Einzelne gesellschaftliche Schichten haben einen Bezug zu unterschiedlichen Lebensweisen, die darüber hinaus aber auch durch verschiedene Wertvorstellungen geprägt werden. Anders als Varnas und Jatis sind Klassen und Schichten aber „künstliche", wissenschaftliche Kategorien und entstammen nicht dem Selbstverständnis der Gesellschaften Südasiens.

Und doch besteht eine Verbindung zwischen der Kasten- und der Klassen/Schichten-Zugehörigkeit von Personen. Hohe Kasten sind häufiger in hohen beruflichen Positionen zu finden, sind besser ausgebildet usw. Angehörige unterer Kasten und Kastenlose (Dalits) gehen noch immer zu einem großen Teil wenig geschätzten und wenig einbringenden Tätigkeiten nach. Es ist aber die Frage, was hier das ausschlaggebende Element ist. Selbst ohne jede Kastenstruktur reproduzieren sich soziale Positionen. Es ist daher wenig verwunderlich, dass Rechtsanwälte oder Ärzte oft aus bessergestellten Familien stammen, ebenso wenig, dass Kindern aus Familien, denen es an Mitteln mangelt bei einem gewissen Lebensstandard für eine gute schulische Bildung zu sorgen, ebenfalls nur „niedrige" Beschäftigungen offenstehen. Dass die einen nicht selten auch Brahmanen sind, die anderen unteren Kasten oder den Kastenlosen angehören, ist nicht zuletzt eine Frage der Ausgangslage. Dennoch ist die Kastenzugehörigkeit kein zufälliges Beiwerk. In verschiedenen sozialen Situationen des Alltags spielen Kaste, Beruf, Bildung, Eigentum, aber auch das Geschlecht jeweils eine unterschiedliche Rolle. Und in manchen Situationen wird der Einzelne als Mitglied einer Kaste angesprochen. Oft wird die „Kastengesellschaft" als sehr statisch charakterisiert. Dennoch beobachtet man auch soziale Mobilität. Schon unter traditionellen Verhältnissen gab es Positionswechsel ganzer Jatis innerhalb der Kastenhierarchie, ein Prozess, der als „Sanskritisierung" bezeichnet wird. Ein Aufstieg war in der Regel damit verbunden, dass rituelle Praktiken höherer Kasten übernommen wurden, wie das Vegetariertum. Heute gibt es – vor allem im städtischen Raum – sehr viele Berufe, die sich nicht in den traditionellen Jatis wiederfinden, sodass diese auch ihre Rolle verlieren, die berufliche Laufbahn des Einzelnen vorzubestimmen.

Auch die indischen Regierungen versuchen, eine Verbesserung der Lage der unteren sozialen Gruppen zu unterstützen. So wurde in der indischen Verfassung „Unberührbarkeit" abgeschafft und Kastendiskriminierungen wurden gesetzlich unter Strafe gestellt. Um die Lage der „Scheduled castes" (SC), „Scheduled tribes" (ST) und „Other Backward Classes" (OBC) zu verbessern, wurde eine Politik der „Reservierungen" eingeschlagen. Es wurden Quoten definiert, die den unteren Gruppen einen Zugang zu Bildungsinstitutionen und öffentlichen Stellen ermöglichen sollen. Zum Beispiel sind nach den seit 2016 gültigen Quoten von Stellen der Zentralregierung 15 für SC, 7,5 für ST und 27 Prozent für OBC reserviert. Da nicht alle mit dieser Politik einverstanden waren und sind und sich benachteiligt fühlen, legte das Oberste Gericht fest, dass Reservierungsquoten zusammen nicht mehr als 50 Prozent aller Positionen ausmachen dürfen. Manche indische Wissenschaftler kritisieren, dass die Regierung mit der Reservierungspolitik den Fokus nur auf die Kastenunterschiede lege. Hierdurch werden andere Faktoren der Benachteiligung wie Klasse und Geschlecht ausgeblendet. Zudem werde die Bedeutung der Kastendifferenz zementiert, die ja eigentlich abgebaut werden soll.

M 6 Originaltext über soziale Strukturen in Indien

1.10 Methodentraining: Auswerten von Indikatoren und Indizes

Entwicklungsindikator Bildung

1. Beschreiben Sie die Alphabetisierung und ihre Entwicklung in Südasien (M2 – M4).
2. Charakterisieren Sie die Differenzierungen des nationalen Mittels der Alphabetisierungsrate Indiens (M4, M5).
3. Vergleichen Sie die Bildungsindikatoren dreier selbstgewählter Staaten (M3, M6).
4. Entwickeln Sie unter Zuhilfenahme der verschiedenen Bildungsindikatoren eine Rangliste der südasiatischen Staaten bezüglich der Bildung.
5. Erklären Sie die Ermittlung des HDI (M8).
6. Erörtern Sie die Indikatorenauswahl und die Aussagekraft des HDI.

M4   Alphabetisierungsrate in Südasien (über 15 Jahre, 2015) und den indischen Bundesstaaten (über 7 Jahre, 2011)

M1   Provisorische Schule auf einem Dach in Karachi, Pakistan

Alphabetisierung

„Eine Person wird als alphabetisiert bezeichnet, wenn sie eine kurze, einfache Aussage zu ihrem alltäglichen Leben mit Verständnis sowohl lesen als auch schreiben kann." (OECD-Definition)

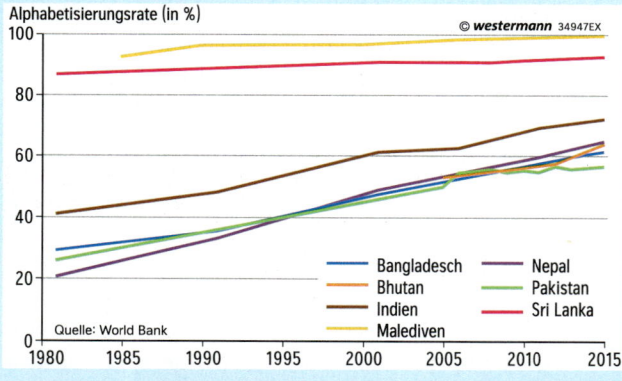

M2   Entwicklung der Alphabetisierung (über 15 Jahre) in südasiatischen Staaten 1981 – 2011

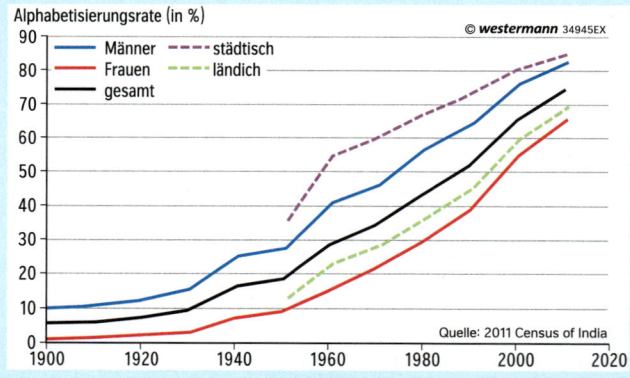

M5   Entwicklung der Alphabetisierung (über 7 Jahre) in Indien 1901 – 2011

	Alphabetisierungsrate (in %)			Nettoeinschulungsrate (in %)			Schüler-Lehrer-Verhältnis (Primarstufe)	Anteil der Lernenden auf Privatschulen		Öffentliche Ausgaben für den Bildungsbereich (Anteil in % des BIP)
	15 Jahre und älter	15 – 24 Jahre	25 – 65 Jahre	Primarstufe[1]	Sekundarstufe[2]	Tertiärausbildung[3]		Primarstufe	Sekundarstufe	
Bangladesch	61,5	83,0	k.A.	90,0	52,6	13,4	40,2	42	94	2,0
Bhutan	63,9	92,0	57,4	85,6	62,8	10,9	26,7	3	10	6,0
Indien	72,2	89,7	68,9	92,3	68,9	23,9	32,3	k.A.	k.A.	3,8
Malediven	99,3	99,8	99,5	96,1	47,9	12,8	12,0	3	k.A.	5,2
Nepal	64,7	90,0	57,5	94,5	59,7	15,8	23,9	15	k.A.	4,7
Pakistan	56,4	73,7	51,6	73,0	41,2	10,4	46,5	34	31	2,5
Sri Lanka	92,6	98,8	92,8	97,2	85,4	20,7	23,7	3	7	1,6
Deutschland	k.A.	k.A.	k.A.	98,5	k.A.	61,0	11,6	4	9	5,0

[1] in der Regel Klasse 1 – 6 [2] in der Regel Klasse 7 bis 11/13 [3] Fach- u. Hochschulausbildung Quelle: World Bank nach UNESCO

M3   Bildungsindikatoren in den südasiatischen Staaten 2013 und 2014

 100800-274-01
schueler.diercke.de   100800-275-04
schueler.diercke.de

Was ist ein Indikator und wie werte ich ihn aus?

Um einen mehr oder minder abstrakten Sachverhalt (z.B. Bildung, Gesundheit, Wirtschaftskraft) beschreiben, vergleichen und in seiner Entwicklung beobachten zu können, verwendet man in der Wissenschaft *messbare* Größen, sogenannte Indikatoren (Alphabetisierung, Lebenserwartung, Bruttonationaleinkommen), die man mit statistischen Verfahren erheben kann. Bei der Arbeit mit Indikatoren gilt es zunächst einmal, genau zu verstehen, was ein Indikator überhaupt aussagt. Dies ist manchmal nicht ganz einfach, wie etwa der Bildungsindikator *Nettoeinschulungsrate* verdeutlicht. Mit Schultüte und *Ein*schulung hat er nur bedingt etwas zu tun. Er gibt eigentlich die altersgruppenspezifische *Be*schulungsrate an, also den Anteil der Schülerinnen und Schüler einer bestimmten Altersgruppe, die eine Bildungseinrichtung einer Bildungsstufe (siehe M2) besuchen, bezogen auf alle Menschen der entsprechenden Altersstufe.

Was ist ein Index oder Score?

In der Geographie und anderen Wissenschaften kann hiermit versucht werden, ein komplexes Phänomen (menschliche Entwicklung, Gleichstellung, Armut, soziale Ungleichheit, politische Teilhabe uvm.) zu „messen" und mit Zahlen darzustellen, um soziale Gruppen oder Räume (Staaten, Landkreise etc.) miteinander vergleichen (Rangliste) oder Entwicklungen im Laufe der Zeit beobachten zu können. Dabei werden meist verschiedene messbare Einzelindikatoren kombiniert, um – oft mit einem komplizierten mathematischen Verfahren – einen Wert auf einer Skala mit einem Minimal- und einem Maximalwert zu bestimmen.

Wie gehe ich kritisch mit Indikatoren und Indizes um?

Man sollte immer hinterfragen, ob Indikatoren wirklich geeignet sind, um einen Sachverhalt zu beleuchten (Sagt die Schulbesuchsdauer etwas über Bildung aus?). Auch wenn keine genauen Aussagen darüber vorliegen, schadet es nicht, auch das Zustandekommen der Werte kritisch zu betrachten. Oft sind es Schätzungen oder Fortschreibungen einmal gemessener Daten. Bei Indizes sollte die Auswahl und Gewichtung seiner Indikatoren analysiert werden. So fehlt beim HDI zum Beispiel eine ökologische Komponente, die wirtschaftliche Komponente wird zudem sehr hoch gewichtet. Veränderungen bei der Auswahl der Indikatoren eines Index lassen eine Vergleichbarkeit über die Jahre nicht mehr zu.

	Beispiel	Rolle
Abstraktum/ theoretisches Konstrukt	Bildungswesen	Benennt einen (gesellschaftlich) bedeutsamen Bereich, der zahlreiche verschiedene Aspekte aufweist und nicht direkt beobachtbar ist.
Operationalisierung Quantifizierung		Bestimmt (mehrere) Einzelaspekte, Variablen, die für das Phänomen als bedeutsam angesehen werden und die beobachtbar sind. Legt Regeln zur Messbarmachung über Indikatoren fest.
Indikator	Bildungsindikator („Schüler-Lehrer-Verhältnis")	Repräsentiert einen (bedeutsamen, repräsentativen) Aspekt des Phänomens; Indikatoren ermöglichen Zeitreihenvergleiche; mehrere Indikatoren ermöglichen qualitativen Vergleich verschiedener Fälle (zeitlich u./od. räumlich) und ggf. (quantitative) Hinweise auf Zusammenhänge (Korrelationen)
Bildung mehrdimensionale (quantitativer) Indizes		Fasst die Werte verschiedener (quantitativer) Indikatoren zu einer Maßzahl zusammen; gewichtet die Indikatoren gegebenenfalls, um ihrer unterschiedlichen Bedeutung gerecht zu werden.
Index	Bildungsindex („Bildungs-ungleichheits-index")	Ermöglicht mehrdimensionalen quantitativen Vergleich durch Zusammenfassung diverser quantitativer, Indikatoren zu einer Indexzahl, ermöglicht Ranking (z.B. „HDI-Rank") – aber Verlust an Aussagekraft in Bezug auf die einzelnen eingehenden Aspekte.

Quelle: Eigener Entwurf   © *westermann* 34973EX

M8   Vom Abstraktum zum Index

M6   Schulbesuch von Jungen und Mädchen 1999 und 2012

Bruttoeinschulungsrate
Primärschule / Sekundarschule
Bangladesch k.A. k.A.
Bhutan, Indien, Nepal, Pakistan k.A. k.A.
140 120 100 80 60 40 20 0 0 20 40 60 80 100
1999 2012
Junge / Mädchen
Quelle: UNESCO © *westermann* 34944EX

Bruttoeinschulungsrate

Anteil der Schülerinnen und Schüler in einer Bildungsstufe unabhängig vom Alter bezogen auf die Gesamtzahl der Altersgruppe, die der relevanten Altersgruppe dieser Stufe entspricht. Der Wert kann wegen zu frühen oder späten Schuleintritts oder von Klassenwiederholungen 100 Prozent übersteigen.

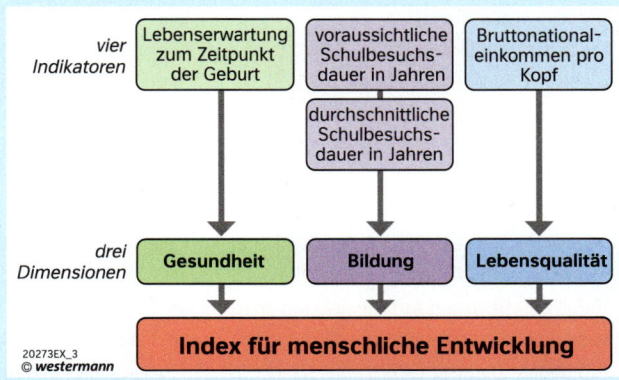

20273EX_3
© *westermann*

M9   Indikatoren des Human Development Index

Land	HDI 2015 (Rang)	HDI 1990	Lebenserwartung (in Jahren)	Vorraussichtliche Schulbesuchsdauer	Durchschnittliche Schulbesuchsdauer	Bruttonationaleinkommen/Ew. (in US-$)
Bangladesch	0,579 (139)	0,386	72,0	10,2 Jahre	5,2 Jahre	3341
Bhutan	0,607 (132)	-	69,9	12,5 Jahre	3,1 Jahre	7081
Indien	0,624 (131)	0,428	68,3	11,7 Jahre	6,3 Jahre	5663
Malediven	0,701 (105)	-	77,0	12,7 Jahre	6,2 Jahre	10383
Nepal	0,558 (144)	0,384	70,0	12,2 Jahre	4,1 Jahre	2337
Pakistan	0,550 (147)	0,399	66,4	8,1 Jahre	5,1 Jahre	5031
Sri Lanka	0,766 (66)	0,620	75,0	14,0 Jahre	10,8 Jahre	10789
Deutschland	0,926 (4)	0,801	81,1	17,1 Jahre	13,2 Jahre	45000

M7   Human Development Index und seine Einzelindikatoren 2015 (Quelle: UNDP: Human Development Report 2016)

Zusammenfassung

Teilung und Konflikt

Die Staaten Südasiens, unter denen Indien schon aufgrund seiner Größe und Bevölkerungszahl, aber auch aufgrund seiner Wirtschaftskraft, dominant heraussticht, verbindet eine gemeinsame koloniale Erfahrung. Die Teilung Britisch-Indiens bei Erlangen der Unabhängigkeit, wie später auch die Teilung Pakistans, war nicht nur mit Vertreibung und Tod von Millionen von Menschen verbunden. Sie legte auch den Grundstein für bis in die Gegenwart ungelöste Konflikte, die zum Teil gewaltsam ausgetragen werden. Indien und Pakistan, die Hauptkontrahenten, sind hochgerüstet und haben eigene Atomwaffen entwickelt. Diese Konflikte behindern eine intensive regionale Zusammenarbeit, beispielsweise im Rahmen der SAARC, die aufgrund der zahlreichen auch grenzüberschreitenden Probleme wünschenswert wäre.

Naturraum und Naturrisiken

Die Großlandschaften Südasiens schließen Hochgebirge wie den Himalaya, Tiefländer wie die Becken von Indus und Ganges, Hochländer wie das Dekkan-Plateau, Randgebirge und Küstenebenen sowie Atolle auf den Malediven ein. Der Monsun ist für alle Staaten kennzeichnend und Voraussetzung für die landwirtschaftliche Nutzung des Raumes. Doch die jährlichen Monsun-Niederschläge variieren in Menge, zeitlicher und räumlicher Verteilung. Dies ist mit der Gefahr von Dürren einerseits und Flutschäden andererseits verbunden. Morphologische Struktur, Klima und Hydrologie schließen auch darüber hinaus Risiken ein, die bei einer stark verwundbaren Bevölkerung nicht selten zu Katastrophen führen, hervorgerufen durch Erdbeben, Tsunamis, Zyklone oder Überschwemmungen. Durch Vorbereitungs- und Schutzmaßnahmen können jedoch die Opferzahlen reduziert werden.

Bevölkerungsstruktur und -wachstum

Die Länder Südasiens sind durch eine junge Bevölkerung gekennzeichnet – trotz steigender Lebenserwartung. Dieser Umstand ergibt sich aus den noch immer relativ hohen Geburtenraten, auch wenn die Fruchtbarkeitsziffern in den letzten Jahrzehnten stark gesunken sind. Als Konsequenz dürfte die Bevölkerung in den kommenden Jahrzehnten in den meisten Ländern weiterhin beträchtlich wachsen, was diese vor die Herausforderung stellt, die Menschen mit Arbeitsplätzen und Nahrung zu versorgen. Die Regierungen betreiben daher schon seit Jahrzehnten eine Bevölkerungspolitik, die auf Geburtenbeschränkung und Familienplanung abzielt – mit mehr oder minder großem Erfolg.

Gesellschaftliche Strukturen

Die Gesellschaft Indiens ist durch Kastenstrukturen gekennzeichnet, die mit dem Hinduismus, der Religion der Mehrheit der Bevölkerung, in Verbindung gebracht werden. Sie verbinden religiöse und berufliche Hierarchien und begründen soziale Praktiken wie die (offiziell abgeschaffte) „Unberührbarkeit", durch die ein beträchtlicher Teil der Bevölkerung diskriminiert wurde und wird. Vor allem im städtischen Bereich überlagern heute andere Kriterien sozialer Differenzierung den Kastenaspekt: Hierarchien auf der Grundlage von Besitz, Einkommen oder Bildung – Klassen und Schichten -, die jedoch auch schon in der Vergangenheit eine Rolle spielten. Diese Aspekte sind miteinander verbunden, auch bei der familiären Weitergabe der sozialen Stellung von einer Generation zur nächsten. Die indische Regierung versucht seit Jahrzehnten, durch Reservierungen von Arbeits- und Ausbildungsplätzen für sozial benachteiligte niedrige Kasten und Schichten, deren gesellschaftliche Stellung zu verbessern.

Weiterführende Literatur und Internetlinks

Diercke Regionalatlas Südasien
- Indien – Föderalismus (S. 2)
- Kaschmir-Konflikt (S. 2)
- Südasien – politische Übersicht (S. 3)
- Indischer Monsun – Wechsel der jahreszeitlichen Niederschläge (S. 4)
- Bangladesch – Überschwemmungen und Monsunregen (S. 6)
- Pakistan – Überschwemmungen 2010 (S. 8)
- Südasien – Bevölkerungsdichte (S. 11)
- Südasien – Bevölkerungsentwicklung (S. 11)
- Südasien – Geschlechterverteilung (S. 11)
- Südasien – Bildung (S. 11)
- Indischer Ozean – geostrategische Funktion und Entwicklungen (S. 24)

Geographische Rundschau
- Deltaregionen Asiens 7-8/2016
- Indien 2015 1/2015
- Himalaya: Mensch und Umwelt 4/2012

Informationen zur politischen Bildung
- Indien – Band 296

F. Stang: Indien
Darmstadt: WBG 2002

Rüdiger Glaser, Klaus Kremb: Asien
Darmstadt: WBG 2007

SAARC (South Asian Association for Regional Cooperation)
- www.saarc-sec.org

Indische Botschaft
- www.indianembassy.de

Informationsportal zu Südasien (Südasien-Informationsnetz)
- www.suedasien.info

Länderinformationen des BMZ
- www.bmz.de/de/laender_regionen/asien

Länderinformationsportal der GIZ
- www.liportal.de

Frontline
(englischsprachige Zeitschrift)
- www.frontline.in

Giga Focus Asien
- www.giga-hamburg.de

Statistiken zu Naturkatastrophen
NatCatService Munich Re
- www.munichre.com/de/reinsurance/business/non-life/natcatservice/index.html

Weltrisikobericht/Weltrisikoindex
- http://weltrisikobericht.de/

Census Indien
(Bevölkerungsinformationen zu Indien)
- www.censusindia.net

UN World Population Prospects 2017
- https://esa.un.org/unpd/wpp

Deutsche Stiftung Weltbevölkerung
- www.dsw.org

UN Development Programme (UNDP)
(Daten zum HDI)
http://hdr.undp.org/en/data

UNESCO
(Bildungsdaten)
- http://uis.unesco.org

2 LANDWIRTSCHAFT UND WASSER

Landarbeiter im Reisfeld während des Monsuns in der Nähe von Palakkad, Kerala (Indien)

2.1 Südasiatische Agrarwirtschaft

Südasien weist ganz unterschiedliche Nutzungsbedingungen für Ackerbau auf. Zum einen variiert das Wasserangebot infolge des Monsuns: Es nimmt in Richtung Nordwesten ab, ebenso im Regenschatten der Gebirge. Zum anderen beeinflussen verschiedene Böden die Anbaubedingungen: Tiefgründig in den Tiefländern und Deltas der Flüsse, karg auf den steinigen Hoch- und Bergländern. Aber auch die Temperaturen, die mit der Höhe abnehmen, schaffen in den Gebirgen verschiedene Nutzungszonen: So gedeihen am Fuße tropische Früchte wie Mango, in höheren Lagen wie in Kaschmir können Früchte der gemäßigten Zone, zum Beispiel Äpfel, geerntet werden. Solche höheren Lagen sind wichtige Anbaugebiete von Sonderkulturen wie etwa das berühmte Teeanbaugebiet von Darjeeling.

Trockenheit lässt Anbau zu, wenn bewässert werden kann (Kap. 2.6 – 2.8). Dies gilt für die Täler in den Binnenlagen der Hochgebirge, aber auch für die Flusstiefländer, beispielsweise am Indus. In anderen Gebieten, in denen Regenfeldbau möglich ist, bietet eine zusätzliche Bewässerung mit Wasser aus Sammelbecken oder Brunnen die Möglichkeit, das Anbaurisiko zu minimieren.

Entwicklungsprobleme der Landwirtschaft

Trotz vielerorts guter naturräumlicher Bedingungen ist die Produktivität der südasiatischen Landwirtschaft im weltweiten Vergleich relativ gering (M1). Liegt dies an der beträchtlichen Variabilität der natürlichen Bedingungen, zum Beispiel der Monsunniederschläge (siehe auch Kap. 1.4)? Welche Rolle spielen dabei auch die Agrarsozialstrukturen (Kap. 2.2) und welche die Marktverflechtungen (Kap. 2.3 – 2.5)? Aber ist landwirtschaftliche Entwicklung lediglich an Produktivitätssteigerungen festzumachen?

Kommerzialisierung der Landwirtschaft

In Folge von Intensivierung und Globalisierung kam es zu tiefgreifenden Veränderungen der südasiatischen Landwirtschaft. War sie früher vor allem auf die Deckung des Eigenbedarfs ausgerichtet, werden heute oftmals Nahrungsmittel für den einheimischen Markt oder den Export angebaut sowie Industriefrüchte, beispielsweise Baumwolle. Die Produktion verlangt einen hohen finanziellen Input: Gekauftes Saatgut, chemischer Dünger, Herbizide und Pestizide, Traktoren und gegebenenfalls Pumpen zur Bewässerung sind Investitionen und Betriebskosten, die einen erheblichen Teil des Erlöses aufzehren. Kleinbauern, die einen Großteil der Landwirte ausmachen, überschulden sich besonders in Dürrejahren schnell. So ist der Bauer nicht nur abhängig von natürlichen Voraussetzungen, sondern auch von den Marktbedingungen und dem wirtschaftspolitischen Umfeld. Vor diesem Hintergrund stehen die Länder vor der Entscheidung, ob die Erwirtschaftung von Devisen durch Export landwirtschaftlicher Produkte oder die Ernährungssicherheit der einheimischen Bevölkerung im Vordergrund ihrer Agarpolitik stehen soll. Welche Auswirkungen hat die liberale Wirtschaftspolitik für die Bauern (Kap. 2.4)? Wie funktioniert ihre Einbindung in den Markt? Können sie unter diesen Bedingungen bestehen (Kap.2.5)?

	Ertrag (in kg/ha)
Südasien	3003
Südost-asien	4286
Ostasien	5862
Südamerika	4482
West-europa	7812
Welt	3907

Quelle: FAO

M1 Durchschnittliche Getreideerträge in ausgewählten Großregionen

Reis ist die Hauptnahrung im südlichen und östlichen Indien und nach Anbaufläche und Erntemenge das wichtigste Anbauprodukt des Landes. […] Der Reis benötigt ein heißes und feuchtes Klima. Er wächst am besten in stehendem Wasser, sodass starke Monsunniederschläge optimale Bedingungen schaffen. [Im Bewässerungsfeldbau] sind in ganzjährig feuchtwarmen Regionen mehrere Ernten möglich. Wegen seiner Frostempfindlichkeit gedeiht der Reis in Nordindien nur als Sommerfrucht. Demgegenüber dominiert in Tamil Nadu, bedingt durch die Niederschläge des Nordost-Monsuns, der Winteranbau. […] Weizen ist die zweitwichtigste Anbaufrucht. Im indischen Nordwesten ist Weizen das Hauptnahrungsmittel. […] Der zunehmende Genuss von Weißbrot in den Städten hat die Nachfrage nach Hartweizen ansteigen lassen. […] Kühle Winter schützen das Saatgut vor dem Austrocknen. Während der Reifeperiode sind höhere Temperaturen günstig. Die wichtigsten Anbaugebiete haben unter 1000 mm Niederschlag. […] Hirsen […] gelten als das Getreide der armen Leute und dienen vornehmlich der Selbstversorgung. Ihr Nährwert ist hoch […] und ihr Stroh wird als Viehfutter genutzt. […] Darüber hinaus erlaubt die kurze Vegetationsperiode nicht nur ein Vordringen in Trockengebiete, sondern auch eine Aussaat in Jahren mit verspätetem Monsunbeginn, der den Regenfeldbau mit anderen Feldfrüchten nicht mehr zulässt.
Quelle: Stang, F.: Indien. Darmstadt: WBG 2002, S. 179 – 182

M3 Quellentext zum Getreideanbau in Indien

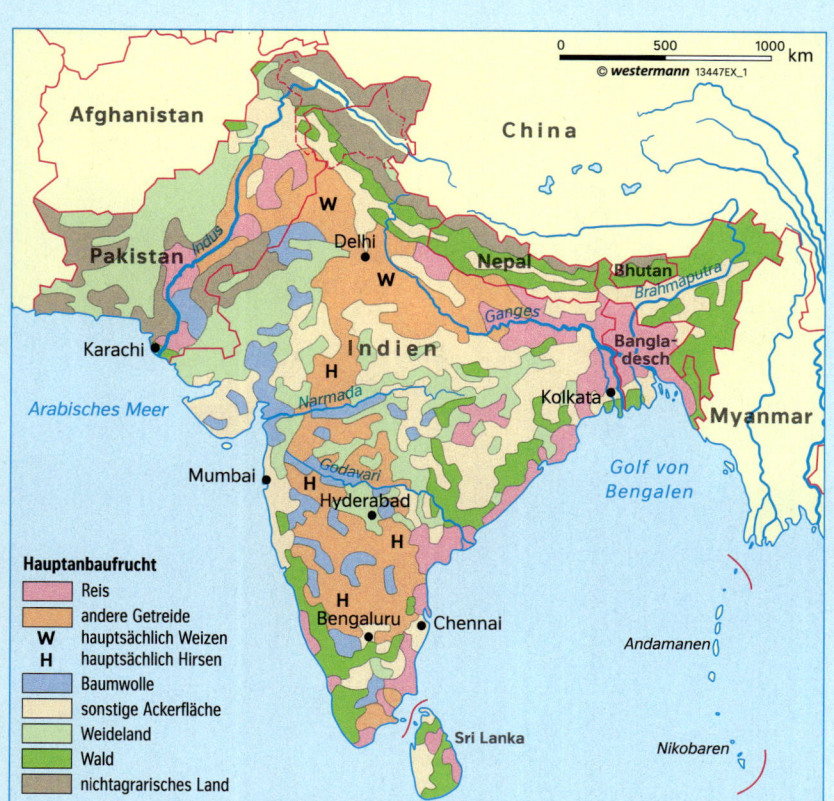

M2 Agrarzonen in Südasien

Hauptanbaufrucht
- Reis
- andere Getreide
- W hauptsächlich Weizen
- H hauptsächlich Hirsen
- Baumwolle
- sonstige Ackerfläche
- Weideland
- Wald
- nichtagrarisches Land

Agrarsaison	Jahreszeit	Hauptfrüchte
Kharif	Monsunzeit	Reis/Zuckerrohr/Jute
Ravi	Winter	Weizen/Hirse/Ölsaaten
Boro	Herbst	Reis u./od. Gemüse

M4 Der Fruchtkalender

M 5 Reisanbau in Südindien   M 8 Anbau von Weizen und Gerste in Kaschmir   M 9 Teeplantage in Kerala

Charakteristika	Jhum-Landwirtschaft	Flächenintensiver Subsistenzanbau	Flächenextensiver kommerzieller Anbau	Plantagen
Art und Verbreitung	Brandrodungsfeldbau, v.a. üblich bei der Stammesbevölkerung im Nordosten, Gefahr der Bodenerosion	Traditioneller Pflugbau, weitest verbreiteter Anbautyp in Südasien	Moderner Pflugbau, beschränkt auf einzelne Gebiete Südasiens	Monokulturen unter optimalen natürlichen Bedingungen, Entstehung in der Kolonialzeit
Anbaufläche	temporäre Parzellen	kleine Felder	größere Flächen	großflächige Güter
Erträge	geringe Erträge	geringe Pro-Kopf-Erträge, ggf. hohe Erträge pro Fläche	hoher Pro-Kopf-Ertrag	hoher Pro-Kopf-Ertrag
Input	physische Arbeit	geringer Kapitaleinsatz für künstliche Düngung, Pestizide, Mechanisierung	hoher Kapitaleinsatz (Hochertragssorten, Düngung, Pestizide, Mechanisierung)	hoher Kapitaleinsatz, sehr arbeitsintensiv
Bewässerung	keine	traditionelle Methoden	moderne Methoden (Pumpen etc.)	traditionelle und/oder moderne Methoden
Produktionsziel	Subsistenz	Anbau für eigenen Bedarf, Verkauf von Überschüssen	Marktanbau	kommerzieller Cash-Crop-Anbau, Pflanzungen für externe Märkte
Vermarktung	keine	lokaler und/oder regionaler Verkauf	organisierte Lagerung und Vermarktung	sehr gute organisierte internationale Vermarktung
Hauptfrucht	Reis	Reis, Weizen	Weizen, Baumwolle, Zuckerrohr	Tee, Kaffee, Kautschuk

M 6 Formen der Landwirtschaft in Südasien

	Landwirtschaftliche Nutzfläche (in 1000 ha)[1]	Ackerland (in 1000 ha)	Dauerkulturen (in 1000 ha)	Wiesen u. Weiden (in 1000 ha)	Bewässerte Fläche (in 1000 ha)	Kunstdüngerverbrauch (in kg pro ha)	Anteil der in der Landwirtschaft Beschäftigten (in %)[2]	Anteil der Landwirtschaft am BIP (in %)
Bangladesch	9099 (69,9 %)	7669	830	600	5500	279,2	38,7	16,1
Bhutan	526 (13,8 %)	100	12	413	33	15,1	56,7	17,7
Indien	179600 (60,4 %)	156360	13000	10240	70400	165,1	49,7	18,0
Malediven	8 (26,7 %)	4	3	1	k.A.	207,4	8,0	3,5
Nepal	4121 (28,7 %)	2114	212	1795[3]	1369	67,4	66,5	33,8
Pakistan	36252 (47,0 %)	30440	812	5000	20200	134,4	43,7	24,9
Sri Lanka	2740 (43,7 %)	1300	1000	440	630	245,2	31,5	8,6
Deutschland	16725 (47,9 %)	11871	203	4651	700	217,7	1,4	0,8

Quelle: FAO, World Bank [1](in Klammern: Anteil der LNF an Landesfläche) [2]diverse Jahre 2010–2014 [3]davon 1766000 ha Naturweiden

M 7 Kenndaten der Landwirtschaft in Südasien 2014

1. Nennen Sie die Hauptanbaugebiete der wichtigsten Getreide und Marktfrüchte (M 2, Atlas).
2. Vergleichen Sie die Landwirtschaft in den südasiatischen Staaten anhand der Indikatoren in M 7.
3. Erläutern Sie die wesentlichen Unterschiede der verschiedenen Anbauformen (M 6).

 100800-164-05 schueler.diercke.de   100800-176-01 schueler.diercke.de   100800-262-01 schueler.diercke.de   100800-262-02 schueler.diercke.de

2.2 Besitzstrukturen und Agrarreformen

Die Agrarstruktur eines Raumes ist nicht nur gekennzeichnet durch das, was die Landwirtschaft produziert, sondern auch unter welchen sozialen Bedingungen gewirtschaftet wird. Die Besitzverhältnisse und Betriebsgrößen sind entscheidende Aspekte. Während ein deutscher Agrarbetrieb durchschnittlich etwa 60 ha groß ist, müssen indische Bauern im Durchschnitt mit 1,15 ha auskommen (Bangladesch: 0,39 ha, Pakistan: 2,6 ha). Zwei Drittel der Betriebe sind kleiner als 1 ha. Zur Veränderung einer als ungerecht empfundenen Agrarsozialstruktur wurden in Südasien in der Vergangenheit mehrfach Agrarreformen unterschiedlicher Art durchgeführt.

1. Lokalisieren Sie die in M3 skizzierten „typischen" Betriebe (Atlas, M1, S. 93) und berechnen Sie die den Haushalten zur Verfügung stehenden Erntemengen.
2. Ordnen Sie die als „typisch" gekennzeichneten Betriebe in die Betriebsgrößenstruktur ein (M3, M4).
Ⓩ 3. Die Betriebsgröße eines Agrarbetriebs sagt noch nichts über seine Produktivität aus. Erklären Sie diese Aussage (M3).
4. Charakterisieren Sie die Grundbesitzverhältnisse zum Zeitpunkt der Unabhängigkeit Britisch-Indiens (M1).
5. Erläutern Sie die Entwicklung der Betriebsgrößenstruktur in Indien und die Bedeutung sozialer Kategorien (M4, Kap. 1.9).
Ⓩ 6. Vergleichen Sie die Betriebsgrößenstruktur der landwirtschaftlichen Betriebe in Pakistan und Indien (M4, M6).
7. Erläutern Sie die Motive und mögliche Maßnahmen von Agrarreformen (M1, M5, M7, M8).
8. Beurteilen Sie die Agrarreformmaßnahmen in Indien und Pakistan vor dem Hintergrund der heutigen Situation (M4–M8).

Erbteilung

Der Grundbesitz wird im Erbfall wie anderes Erbe auch nach den Regeln der jeweiligen Religionsgemeinschaft oder lokalem Gewohnheitsrecht aufgeteilt. Häufig bleibt der Boden in den Händen männlicher Nachkommen, selbst wenn Töchter theoretisch erbberechtigt sind. Mit der Aufteilung ist in der Regel auch eine weitere Parzellierung verbunden, um unterschiedliche Bodengüte und ähnliches berücksichtigen zu können.

Bei der Größe und Diversität Indiens sowie den verschiedenen politischen, wirtschaftlichen und sozialen Einflüssen aus der Geschichte verschiedener Herrscher und auswärtiger Eroberer ist es nicht verwunderlich, dass Landbesitz- und Verwaltungspraktiken zum Zeitpunkt der Unabhängigkeit beträchtlich über den Subkontinent hin variierten. Allen gemein war, dass Bodenpolitik von dem Bemühen der Herrscher geprägt war, Grundabgaben oder Steuern von denen einzuziehen, die das Land bearbeiteten. [...] So war zur Zeit der Unabhängigkeit die Agrarstruktur bestimmt durch parasitäre, renten-hungrige Intermediäre [Zwischenpächter], unterschiedliche Landabgaben- und Besitzsysteme quer durch die Regionen, eine kleine Zahl von Landbesitzern, die einen großen Teil des Landes kontrollierten, eine hohe Dichte von Pächtern, viele davon mit unsicheren Pachtverhältnissen und durch ausbeuterische Produktionsbedingungen.
Quelle: Deshpande, R.S.: Current land policy issues in India. Land reform – land settlement and cooperatives – special edition 2003/3, S. 155–174 (Übers. G. S.)

M1   Quellentext zur kolonialen Grundbesitzstruktur

M2   Hof in Westbengalen

[1.] *Ein typischer armer Teilpächter-Haushalt mit fünf Familienmitgliedern [...] bestellt 0,4 ha Bewässerungsland in Westbengalen, Indien. Eine zweite Ernte von bewässertem Reis und eine kurze Gemüsefrucht folgen dem Kharif- (Monsun-) Reis. Moderne Reissorten werden in beiden Jahreszeiten umgepflanzt und ergeben Erträge zwischen 1,9 und 2,4 t/ha. Hiervon behält der Teilpächter ein Drittel, da der Landeigentümer den Boden sowie seine Zugbüffel und Inputs einschließlich Dünger (ca. 150 kg/ha an Nährstoffen und Chemikalien für vier Spritzungen im Jahr) stellt. Der Haushalt verfügt über zwei Ziegen und einige Enten und Hühner und plant, mit einem Verwandten einen Milchbüffel zu kaufen. Beide Erwachsene arbeiten ca. 120 Tage im Jahr auf großen Höfen in der Nähe und in einer örtlichen Fabrik. Der Haushalt hat ein sehr geringes Jahreseinkommen und ist verwundbar, was niedrige Erträge oder Arbeitseinkommen aufgrund von Krankheit oder Arbeitsplatzmangel anbetrifft.*
[2.] *Ein typischer armer Bauernhaushalt bei Regenanbau mit sechs Familienmitgliedern bestellt 3 ha Land in Madhya Pradesh, Indien. Die Feldfrüchte schließen 1 ha Sorghum [Hirse] in der Nachregenzeit mit einem Ertrag von 1,3 t/ha, ca. 0,5 ha Kichererbsen mit 0,85 t/ha, 0,2 ha Straucherbsen mit 0,5 t/ha, 0,3 ha Erdnüsse mit 0,6 t/ha und 0,2 ha Raps mit 0,7 t/ha ein. Der Haushalt besitzt zwei Rinder, einige Ziegen und Geflügel. Er hat ein gemeinsames Jahreseinkommen nahe der internationalen Armutsgrenze und ist verwundbar in Bezug auf Missernten.*
Quelle: Dixon, J., Gulliver, A. & Gibbon, D.: Farming Systems and Poverty. Rom-Washington, D.C.: FAO-World Bank 2001, S. 187, 202 (Übers. G. S.)

M3   Quellentexte zu Kleinbetrieben in verschiedenen Anbausystemen

Charakteristika von Klein- und Kleinstbetrieben:

- hoher Flächenanteil genutzt für Nahrungsmittelproduktion für den eigenen Bedarf,
- (lageabhängig) geringe Vermarktungsmöglichkeiten für die angebauten Produkte (auch oft zu geringe Qualität),
- breite Anbaupalette, manuelle Arbeit im Vordergrund, Mechanisierung kaum fortgeschritten,
- wenig Risikobereitschaft,
- andauernde Geldknappheit, kaum Zugang zu Bankkrediten.

Teilpacht

Verpachtung von Boden gegen einen Ernteanteil, den der Pächter nach der Ernte an den Grundeigentümer abzuführen hat. Dieser Anteil richtet sich danach, ob der Eigentümer noch weitere Produktionsfaktoren (Saatgut, Zugtiere, Wasser, Düngemittel) zur Verfügung stellt.

Betriebsgrößenstruktur: Anzahl der Betriebe

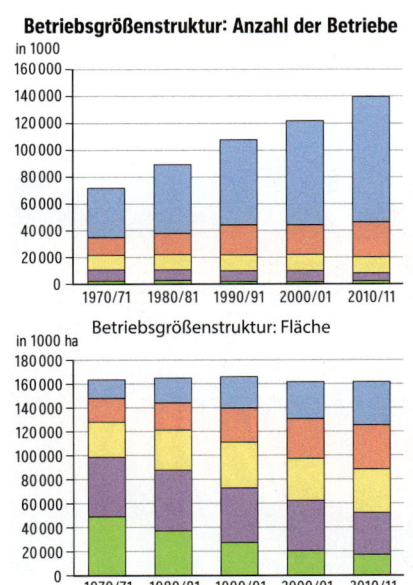

in 1000

Betriebsgrößenstruktur: Fläche

in 1000 ha

- <1ha
- 1 bis <2ha
- 2 bis <4ha
- 4 bis <10ha
- >10ha

Quelle: Agriculture Census 2010-11, Ministry of Agriculture, Govt. of India 2014

Betriebsgrößenstruktur nach sozialen Kategorien

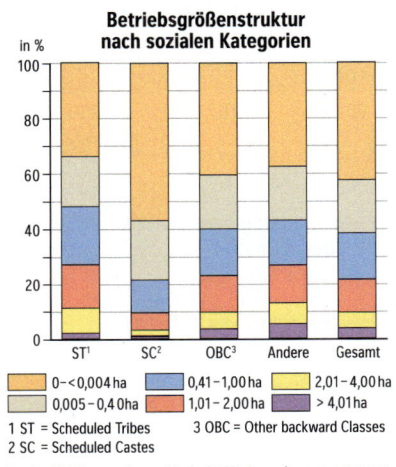

in %

- 0–<0,004 ha
- 0,005–0,40 ha
- 0,41–1,00 ha
- 1,01–2,00 ha
- 2,01–4,00 ha
- > 4,01 ha

1 ST = Scheduled Tribes
2 SC = Scheduled Castes
3 OBC = Other backward Classes

Quelle: NSS Report Govt. of India 2006 © *westermann* 36244EX

M 4 Indien: Betriebsgrößenstruktur in Größenklassen nach Anzahl und bewirtschafteter Fläche 1970 – 2010 und nach sozialen Gruppen 2004

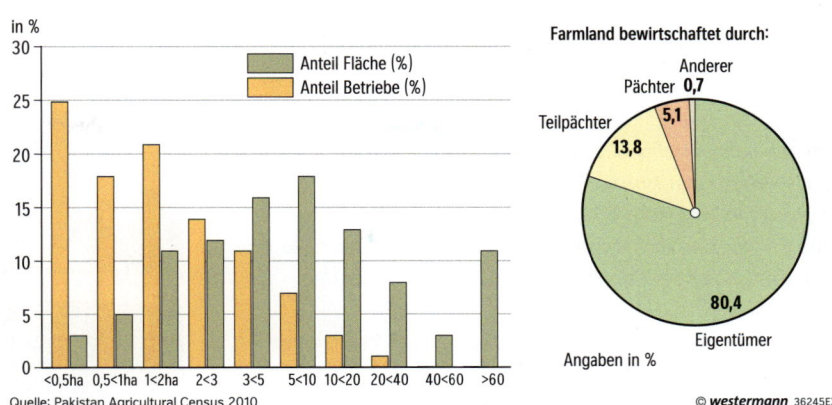

in %

- Anteil Fläche (%)
- Anteil Betriebe (%)

Quelle: Pakistan Agricultural Census 2010

Farmland bewirtschaftet durch:

- Anderer 0,7
- Pächter 5,1
- Teilpächter 13,8
- Eigentümer 80,4

Angaben in %

© *westermann* 36245EX

M 6 Pakistan: Anteil der Betriebe und der bewirtschafteten Fläche nach Betriebsgrößenklassen sowie bewirtschaftete Fläche nach Eigentumsverhältnissen 2010 (in %)

Inhalt der Gesetzgebung	Land	Jahr/Name
Rechtliche Regelung von Besitz- und (Teil-) Pachtverhältnissen (zur Absicherung der Position des Bodenbewirtschafters gegenüber dem Grundherrn)	Pakistan	1887 „Punjab Tenancy Act" 1950–1952 Gesetze in Punjab und Sindh, 1952–1959 in NWFP (Pakistan), 1958 und 1972 Teil umfassender Landreformgesetzgebung
	Indien	In den 1950er-Jahren in zahlreichen Bundesstaaten
	Bangladesch	1984 „Land Reform Ordinance"
	Nepal	1957 „Lands Act"
	Sri Lanka	1935 "Land Development Ordinance", 1958 "Paddy Lands Bill"
Ausschaltung von Zwischengliedern (Zwischenpächtern) zwischen Grundeigentümer und Landwirt	Indien	1950er-Jahre: in zahlreichen Bundesstaaten
Bodenbesitzreform: Umverteilung von Anteilen des Besitzes von Großeigentümern an Pächter, Kleineigentümer und Landlose	Pakistan	1959, 1972, 1977 umfassende Landreformgesetze mit Begrenzung des zulässigen Eigentums (1972: 150 acres bewässert, 300 acres unbew.) und Umverteilung
	Indien	Begrenzung des Eigentums in diversen indischen Bundesstaaten, meist in den 1960er- und 1970er-Jahren, Westbengalen 1981, 1986
	Sri Lanka	1972 „Land Reform Law"
Zusammenlegung von Streubesitz (Bodenarrondierung, „Flurbereinigung")	Indien	1950er- bis 1970er-Jahre: Einführung gesetzlicher Möglichkeiten zu zwangsweiser Zusammenlegung in einzelnen indischen Bundesstaaten

M 7 Regelungsbereiche von Agrarreformgesetzen in Südasien

Tausende Morgen von Land, das Dalits von Regierungsseite vor der Unabhängigkeit auf ihre Bitte hin zugeteilt worden war, wurde illegaler Weise über die Jahre hinweg von Grundeigentümern, die Kasten angehörten, und anderen angeeignet. Forscher haben gezeigt, dass von den viel gepriesenen Landreformen, besonders von den Begrenzungen der Besitzgrößen, in erster Linie die Pächter und ein kleiner Teil marginalisierter Bauern profitiert haben. Landarbeiter, die meisten von ihnen Dalits, wurden im Stich gelassen. [...] Sogar wenn es ihnen gelang, Land zu erhalten, haben sie mit der Feindseligkeit der Kastenhindus zu kämpfen, die fürchten, dass ihnen die Arbeitskräfte verlorengehen, wenn man Dalits Land gibt. Die dominante Gruppe der Kastenhindus setzt grausame und illegale Hürden, wenn Dalits versuchen, ihnen zugewiesenes Land in Besitz zu nehmen und mit dem Anbau zu beginnen. Frustriert geben dann viele Dalits das Land zurück und gehen wieder als Landarbeiter zu ihren alten Herren. [...] Die Kasten angehörenden Grundbesitzer nutzten die Situation aus, indem sie ihre finanzielle Kraft und ihren sozialen Status einsetzen.
Quelle: Viswanathan, S.: A land struggle. Frontline 17/2008 (Übers. G. S.)

M 5 Quellentext zur Auswirkung der Agrarreformen in Indien

Die drei Landreformen in der pakistanischen Geschichte, 1959, 1972 und 1977, haben sämtlich ihre festgelegten Ziele überwiegend nicht erreicht. Das gemeinsame Hindernis all dieser Reformen war, dass sie Schwellenwert-Reformen waren, die nicht garantierten, dass landlose Pächter oder Teilpächter profitierten, sondern nur, dass die größten Grundeigentümer ihren Besitz verkleinerten. Durch den auf das Individuum, nicht den Haushalt, bezogenen Schwellenwert war der Umverteilungseffekt zudem immer gering, einfach, weil es viel mehr landlose Bauern gab, denen Boden zugewiesen werden sollte, als Land, das umverteilt werden konnte. 1959 [...] wurde weniger als 1,3 Prozent des gesamten Bodens erfasst. [...] Viele Grundeigentümer vermieden eine Umverteilung völlig, indem sie Ausnahmen oder „Geschenke" beanspruchten und viele übertrugen auch ganz offiziell Boden an andere Familienangehörige. [...] [Auch 1972] gab es zahlreiche Methoden, die Reform zu unterlaufen, einschließlich des Verbergens und der Aktenfälschung.
Quelle: Shahrukh Rafi Khan et al.: The case for land and agrarian reforms in Pakistan. Islamabad: SDRI 2001 (Übers. G. S.)

M 8 Quellentext zur Auswirkung der Agrarreformen in Pakistan

2.3 Grüne Revolution

Seit Mitte der 1960er-Jahre erlebte Südasien nicht nur ein enormes Bevölkerungswachstum, sondern auch eine beträchtliche Steigerung der Agrarproduktion. Diese ist mit Maßnahmen verbunden, die unter der Bezeichnung „Grüne Revolution" in die Geschichte eingingen. So beeindruckend die Statistiken auch wirken, die Grüne Revolution und ihre Folgen sind umstritten.

1. Fassen Sie die wesentlichen Maßnahmen der Grünen Revolution zusammen (M2, M6 – M8).
2. Vergleichen Sie die Entwicklung der Bevölkerung und die der Getreideproduktion (M1).
3. a) Erläutern Sie die Entwicklung der Produktivität, der Bewässerungswirtschaft und des Düngereinsatzes in Indien, Pakistan und Bangladesch (M1, M4, M5).
   b) Vergleichen Sie die Erfolge der drei Länder durch die Grünen Revolution (M1, M4).
4. Beurteilen Sie die Entwicklung der Nahrungssicherheit in Indien (M1, M3).
5. Die Erfolge der Grünen Revolution werden kontrovers diskutiert. Fassen Sie die Standpunkte der drei Autoren zusammen (M7). Welche Aspekte werden thematisiert? Was sind die jeweils dominierenden Gesichtspunkte? Wie unterscheiden sich die Bewertungen?
6. „Trotz andauerndem Bevölkerungswachstum ist eine Produktivitätssteigerung um jeden Preis keine gute Lösung." Nehmen Sie Stellung zu dieser Aussage.

M2   Traktoreinsatz auf einem Feld bei Daola, Haryana (Indien)

	1967	1990	2013
Produktion	76666	162680	240926
Import	10650	897	113
Eigenverbrauch	86420	162180	216517
Export	6	443	24547

Quelle: FAO

M3   Produktion, Import, Export und Eigenverbrauch von Getreide in Indien 1967, 1989, 2013 (in 1000 t)

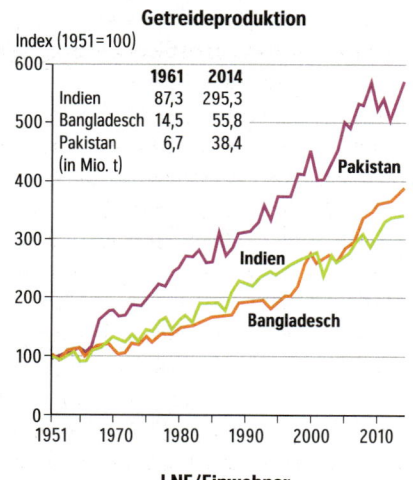

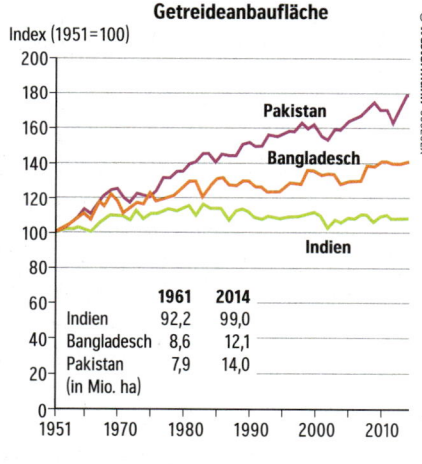

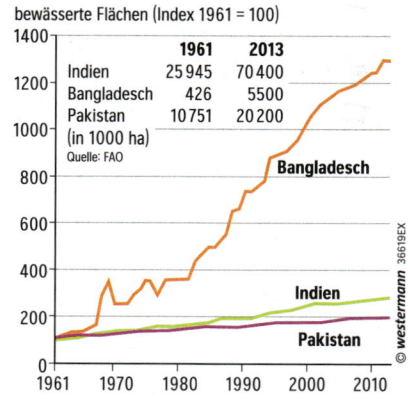

M4   Bewässerungsland in Indien, Bangladesch und Pakistan 1961 – 2014

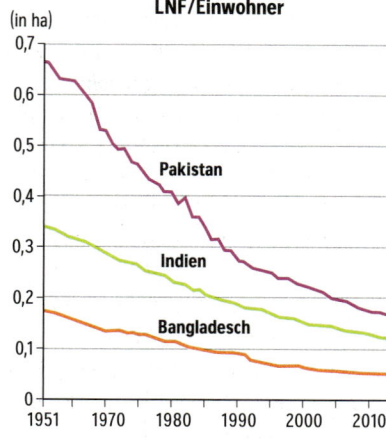

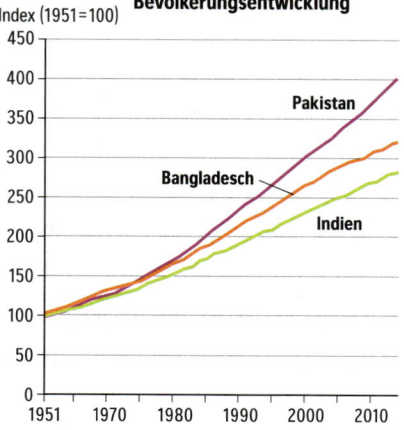

M1   Entwicklung der Getreideproduktion, der Getreideanbauflächen, der Bevölkerung und Agrarfläche pro Einwohner in Indien, Bangladesch und Pakistan 1961 – 2014

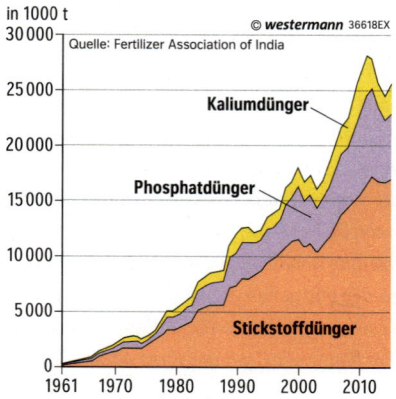

M5   Düngemittelverbrauch in Indien 1961 – 2014

M 6   Düngereinsatz bei Alleppey, Kerala (Indien)

M 8   Verkaufsstelle für Saatgut, Pestizide und Dünger

Die erste Grüne Revolution in den [späten 1960er- und frühen 1970er-Jahren] bot Bauern neue Varietäten von Feldfrüchten an, die es ihnen ermöglichten, ihre Erträge zu steigern – zum Beispiel viel mehr Weizen und Reis pro Hektar anzubauen. [...] Die Ford- und Rockefeller-Stiftungen halfen zusammen mit bilateralen Entwicklungshilfeorganisationen wie USAID, internationale landwirtschaftliche Forschungszentren einzurichten und zu finanzieren, die die Grüne Revolution in verschiedenen Teilen der Welt vorwärts trieben. Es waren Zentren wie das Internationale Reisfor-schungszentrum (IRRI) auf den Philippinen und das Internationale Zentrum für die Verbesserung von Mais und Weizen (CIMMYT) in Mexiko, die die neue Varietäten züchteten und die Technologien entwickelten, die sie begleiteten. [...] Die Prognose einer massiven Hungersnot in Indien in den 1960er-Jahren war der Aufruf zum Handeln. Vor der Grünen Revolution waren etwa zwei Drittel der ländlichen Bevölkerung Indiens hungrig und arm, und die Nation hing von US-Getreidespenden ab. Die Grüne Revolution brachte Indien der Selbstversorgung nahe [...]. Der Hunger war abgewendet. [...]
Zwischen 1970 und 1995 erhöhten die neuen Hochertragssorten in Verbindung mit künstlicher Düngung und Bewässerung die Getrei-deproduktion in Asien um mehr als das Doppelte. Hierbei stieg die Nutzfläche um nur sechs Prozent. Während die Bevölkerung Asiens um fast 60 Prozent wuchs, stieg die Verfügbarkeit von Getreide pro Kopf der Bevölkerung um fast ein Drittel. Dies senkte die Lebensmittelpreise für jedermann, einschließlich der städtischen und ländlichen Armen. Das war wichtig, da die Armen den größten Teil ihres Einkommens für Lebensmittel ausgeben. [...] Die Grüne Revolution verstärkte auch die Beschäftigung in der ländlichen außerlandwirtschaftlichen Wirtschaft beträchtlich, und die landwirtschaftlichen Löhne stiegen allgemein.

Gordon Conway, *britischer Agrarökologe und Präsident der Rockefeller Foundation, Rede 12.3.2003*

Die letzten drei Jahrzehnte haben unser Ernährungssystem zerstört. [...] Grüne Revolution ist ein irreführender Name für ein auf Chemie basieren-des Landwirtschaftsmodell, das in Indien 1965 eingeführt wurde. Nach dem Zweiten Weltkrieg suchten die Chemieunternehmen und Fabriken verzweifelt nach neuen Märkten, auf denen sie synthetische Düngemittel verkaufen konnten. Sie wurden in Sprengstofffabriken hergestellt, die während des Krieges aufgebaut worden waren. Einheimische Varietäten der Feldfrüchte verschmähten diese Kunstdünger, sodass kleinwüchsige Varietäten entworfen wurden, die die [Agro-]Chemie akzeptierten – und davon abhängig waren. Mitte der 1960er-Jahre waren diese neuen Saatgut-Chemie-Pakete fertig, um in die Länder des globalen Südens unter der Marke „Grüne Revolution" exportiert zu werden.
[Die allgemein verbreitete Darstellung] schreibt der Grünen Revolution zu, Indien aus dem Hunger geführt zu haben [...]. Aber es gab 1965 keine Hungersnot in Indien. In den Städten waren infolge einer landesweiten Dürre die Nahrungsmittelpreise gestiegen, und das Land musste Getreide importieren. Aber mit der Strategie, Chemie in der Landwirtschaft zu fördern, schufen die US-Regierung und die Weltbank die Bedingung, dass die USA nur Nahrungsgetreide nach Indien schicken würde, wenn das Land auch Saatgut und [Agrar-]Chemie importieren würde.
Es gibt eine riesige Kluft zwischen den Erzählungen der Grünen Revolution als Erfolgsgeschichte und den Realitäten im Punjab. Reduziert darauf, ein Land von Reis und Weizen zu sein, begann der Staat, als Ergebnis der industriellen Landwirtschaft, weniger Arten von Nahrungsmitteln mit ge-ringerem Nahrungswert zu produzieren. [...] Während die Grüne Revolution im Punjab desertifizierte Böden, erschöpfte Aquifere, eine verschwindende Biodiversität, verschuldete Bauern und einen „Krebs-Zug" zurückgelassen hat, in dem die Opfer von Pestizid-bedingten Krebsleiden nach Rajasthan zur kostenlosen Behandlung fahren, wird dieses nicht-nachhaltige Modell in die östlichen Staaten Indiens und auch nach Afrika exportiert.

Vandana Shiva, *indische Naturwissenschaftlerin und Globalisierungskritikerin (2017)*

Zusammenfassend denke ich, dass die Grüne Revolution der 1960er- und 1970er-Jahre uns auf dreierlei Weise geholfen hat. Erstens gab sie unserer Landwirtschaft Selbstbewußtsein. Diese hatte bis dahin einen niedrigen sozialen Status. Nun wurden die Agrarwissenschaftler sozial anerkannt, sie konnten aufrecht stehen. Und in den 1960er-Jahren be-gannen auch unsere Medien unsere Erfolge wahrzunehmen. Zweitens war die Selbstversorgung mit Nahrungsmitteln ein Beitrag zur staatlichen Eigenständigkeit. Der dritte bedeutende Erfolg der Grünen Revolution lag auf dem Gebiet der ländlichen Infrastruktur. Landstraßen wurden gebaut und die Elektrifizierung begann. [...]
Aber die Grüne Revolution wurde zu einer Revolution der Gier [greed revolution]. Schon 1968 warnte ich [...], dass wir, wenn wir Boden und Grundwasser übernutzen und auf großen Flächen nur eine genetische Sorte anbauen, auf eine Ära landwirtschaftlicher Katastrophen, nicht des Fortschritts, zusteuern. In einigen Gebieten trat genau dies ein. Die Grüne Revolution führte zu einer exzessiven Nutzung von Pestiziden und einem unangemessenen und unausgewogenen Einsatz von Düngern. [...] Wir brauchen jetzt eine Immergrüne Revolution. Wir haben keine andere Option, als mehr auf weniger Land mit weniger Wasser zu produzieren. Wir müssen sicherstellen, dass die Landwirtschaft, die eine Hauptsäule unseres Systems der Lebenssicherung und der Umweltsicherung ist, in einer Weise betrieben wird, dass sie mehr produzieren kann, aber auf nachhaltige Weise. Wir müssen mehr produzieren, aber auf eine andere Art. Das bezeichne ich als nachhaltige Entwicklung der Produktivität.

M.S. Swaminathan, *indischer Agrarwissenschaftler (1999)*

M 7   **Quellentexte zur Grünen Revolution** (Übers. G.S.)

2.4 Globalisierung der Landwirtschaft

Die Liberalisierung der Wirtschaft und die zunehmenden globalen Verflechtungen haben in der Landwirtschaft Südasiens beträchtliche Auswirkungen. Aber nicht nur der Weltmarkt ist dafür verantwortlich. Eine wachsende Stadtbevölkerung und eine zunehmende Mittelschicht mit steigenden Ansprüchen müssen versorgt werden. So sind neue Formen der Einbindung der Agrarbetriebe in den Wirtschaftskreislauf entstanden. Produktionsbedingungen verändern sich mit Folgen für die ländliche Umwelt wie für die bäuerlichen Familien. Der Finanzbedarf steigt. Die mit Verschuldung in Verbindung gebrachte beträchtliche Zahl von Selbstmorden von Bauern erfährt in der Öffentlichkeit starke Beachtung. Die meisten Bauern finden jedoch andere Wege aus diesem Dilemma.

1. Benennen Sie aktuelle Entwicklungen im Bereich der indischen Landwirtschaft (M1, M2).
2. Analysieren Sie die Folgen der Liberalisierung und Globalisierung für die indische Landwirtschaft auf der Makroebene (M1, M6).
3. Charakterisieren Sie jeweils Vor- und Nachteile von Agrobusiness-Unternehmen und Kleinbauern bei der Vertragslandwirtschaft (M3).
4. a) Erläutern Sie die Nachteile der traditionellen Vertriebsstrukturen für die indischen Kleinbauern (M4, M5, M7).
   b) Beurteilen Sie ihre Chancen durch moderne Vertriebsstrukturen und die Zusammenarbeit mit Einzelhandelskonzernen.
5. Erörtern Sie die Entwicklungen infolge einer verstärkten Cash-Crop-Produktion am Beispiel Keralas (M2).
(Z) 6. Nehmen Sie Stellung zur These, das gehäufte Auftreten von Selbstmorden unter Kleinbauern sei ein Phänomen der Globalisierung.

Liberalisierung
Beseitigung von gesetzlichen Vorschriften, die den Wettbewerb behindern oder den freien Zutritt zu Märkten oder Kapital erschweren, Abbau staatlicher Vorschriften (Deregulierung)

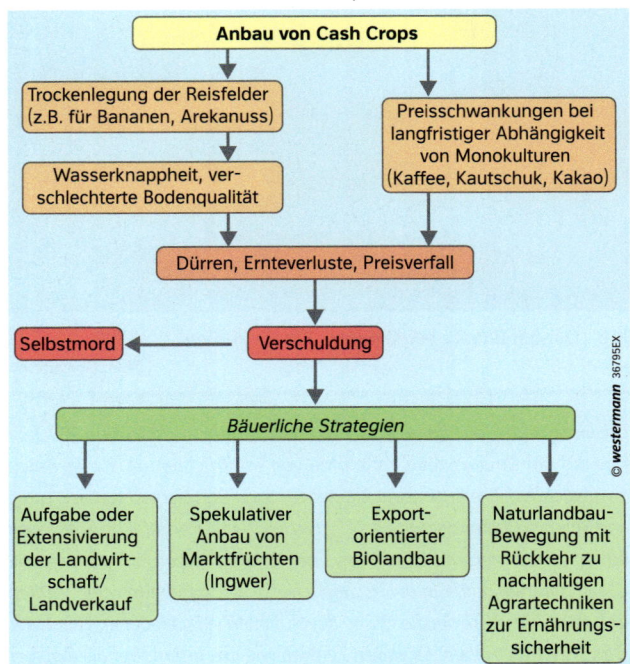

Bauernselbstmorde: In Indien wurden 2015 12600 Bauernselbstmorde (92% Männer) registriert, 1/3 davon in Maharashtra (Baumwollanbau). Betroffen sind v.a. verschuldete Kleinbauern mit Marktfruchtanbau und hohen Input-Kosten nach Missernten oder bei fallenden Preisen. In Kerala ging die Zahl von 1035 Bauern (2001) auf 210 (2015) zurück.

Spekulativer Ingweranbau: Kurzfristig gewinnbringender Ingweranbau besitzt negative Auswirkungen auf Bodenfruchtbarkeit und Grundwasser und wurde daher in Kerala verboten; Bauern verlegten ihn daher saisonal auf Pachtland in Karnataka. Auch dort Absenken des Grundwasserspiegels, Verschlechterung der Bodenqualität, starker Einsatz von Agrochemie.

Exportorientierter Biolandanbau: von NGOs und einigen Bundesstaatsregierungen propagierter Bio-Anbau von Cash Crops wie Gewürzen, Nüssen, Kokosnuss, Gemüse für den Export und Produkte für lokale Märkte durch Klein- bis Mittelbauern in Kooperativen.

Naturlandbau-Bewegung (Zero Budget Natural Farming): Bäuerliche Graswurzelbewegung zur Autonomie von Markt und Staat; Set von ökologischen Anbaumethoden mit biologischer Düngung und Pflanzenschutz bei reduzierten Produktionskosten; in Südindien als Antwort auf neoliberale marktgebundene Landwirtschaft entwickelt und v.a. dort weit verbreitet, v.a. unter mittleren, wirtschaftlich unabhängigen Bauern; Vertrieb über normalen Handel, lokale Netze oder als Bio-Produkte.

M2 Cash-Crop-Produktion und ihre Folgen in Nord-Kerala

In den letzten dreißig Jahren hat sich in der Erzeugung, Verteilung, Vermarktung und im Konsum von Nahrungsmitteln ein grundlegender Wandel vollzogen. Gleichzeitig veränderte sich auch das Investitionsverhalten in der Agrar- und Nahrungsmittelwirtschaft: Erstens bauten seit den 1980er-Jahren – vor allem auf Druck des Internationalen Währungsfonds und der Weltbank – viele Länder die Subventionierung der Agrar- und Nahrungsmittelwirtschaft (Preisstützung, Betriebsmittelbeihilfen, staatliche Landwirtschaftskredite) ab. Zweitens war in den vergangenen zehn Jahren eine weltweite Zunahme der Spekulationen mit Nahrungsmitteln zu beobachten. Drittens stiegen in jüngster Zeit die ausländischen Direktinvestitionen (ADI) im Globalen Süden in die Agrarwirtschaft, in landwirtschaftliche Ressourcen, wie Boden und Wasser und in Teilsektoren, wie Zulieferbranchen, landwirtschaftliche Dienstleistungen, Nahrungsmittelverarbeitung, Groß- und Einzelhandel drastisch an. In diesem Zusammenhang wird darüber diskutiert, ob ADI in die Agrar- und Nahrungsmittelwirtschaft eine Chance oder eine Bedrohung für Ernährungssicherheit und Ernährungssouveränität in den Zielländern darstellen.

In Indien begann die schrittweise Liberalisierung ausländischer Direktinvestitionen im Jahre 1991. Seit Mitte der 1990er-Jahre sind die

ADI in Indien stark angestiegen [...]. Zwischen 2000 und 2013 wurden insgesamt 195 Mrd. US-$ aus dem Ausland in Indien investiert; davon 4,3 Mrd. US-$ in die Agrar- und Nahrungsmittelwirtschaft. Auch wenn die ausländischen Investitionen in den Agrar- und Nahrungsmittelsektor in den letzten Jahren nominal gestiegen sind, ist ihr Anteil mit 2,2 Prozent am Gesamtvolumen relativ gering. Innerhalb des Sektors sind die meisten Investitionen in die Nahrungsmittelverarbeitung und in den landwirtschaftlichen Dienstleistungsbereich getätigt worden. Häufig sind Investitionen in die Nahrungsmittelverarbeitung nicht nur auf den heimischen Markt, sondern auch auf den Exportmarkt gerichtet. [...] Zwischen April 2000 und September 2015 sind offiziell 6,55 Mrd. US-$ ausländische Investitionen in die indische nahrungsmittelverarbeitende Industrie geflossen. [...] Darüber hinaus wurden seit 2001 insgesamt sechzig sogenannte Agri-Export Zones in zwanzig indischen Bundesstaaten eingerichtet, in denen Lebensmittel speziell für den Export produziert sowie verarbeitet und verpackt werden sollen.

Quelle: Franz, M. & Müller, P.: Ausländische Direktinvestitionen und ihr möglicher Einfluss auf die Ernährungssicherheit – die Beispiele nahrungsmittelverarbeitende Industrie und Bodenressourcen in Indien. In: Schlitz, N. & Poerting, J. (Hrsg.): Geographien Südasiens 2016, S. 1–3

M1 Quellentext zu ausländischen Direktinvestitionen in der Agrarwirtschaft

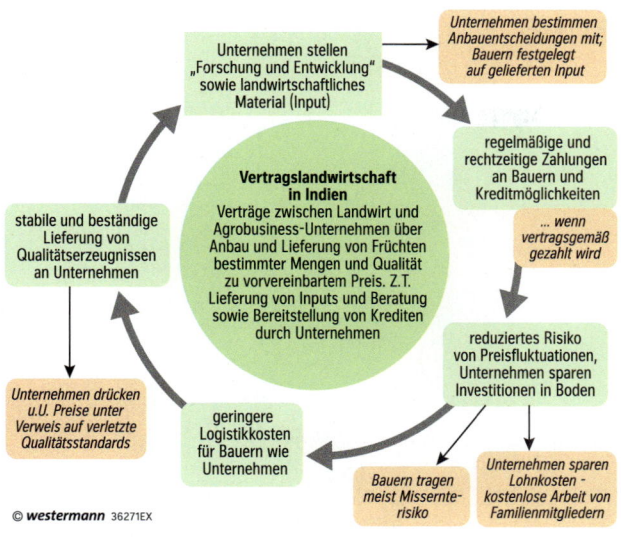

© **westermann** 36271EX

M 3   Aspekte der Vertragslandwirtschaft

Vertragslandwirtschaft

Vertraglich geregelte Zusammenarbeit zwischen Landwirt und Abnehmer im Rahmen vertikaler Integration, wobei Ware, Lieferzeitpunkt, Menge, Qualität und meist der Preis im Vorfeld vereinbart werden. Zum Teil stellt der Abnehmer landwirtschaftlichen Input zur Verfügung, den der Landwirt verwenden muss, aber auch Kredite und Beratungsdienstleistungen. Dieser bleibt im Besitz des Bodens und muss die notwendigen Arbeiten ausführen.

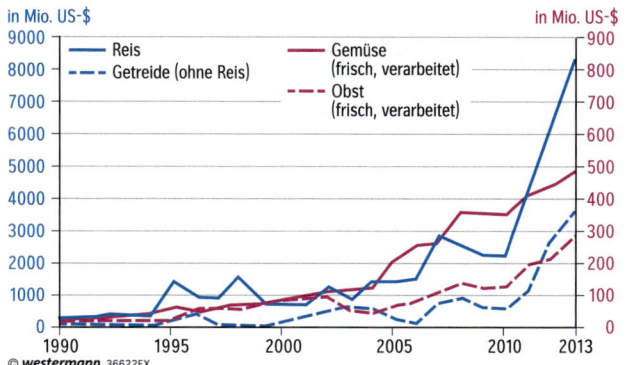

© **westermann** 36622EX

M 6   Export ausgewählter Agrarprodukte in Indien 1990 – 2013

Seit der Öffnung Indiens für die Weltwirtschaft ab dem Jahr 1991 finden auch hier Transformationen im Bereich der Produktion und des Handels mit Nahrungsmitteln statt. Bauern aus bisher eher isolierten Produktionssystemen geraten mit der Globalisierung des Handels und der Wirtschaft in einen Wettbewerbs- und Anpassungsdruck, in dem Kleinbauern in besonderem Maße benachteiligt sind. Während sich auf der Makro-Ebene die Gesetzgebung zusehends zugunsten der neu im Markt agierenden transnationalen Unternehmen aus dem Bereich des Einzelhandels, der weiterverarbeitenden und der agro-chemischen Industrie ändert, gestaltet sich die Lebenswirklichkeit der indischen Kleinbauern neu.

In Indien werden nahezu alle Nahrungsmittel noch immer in traditionellen Strukturen gehandelt. Diese sind im Gegensatz zu den etwa aus Europa bekannten Formaten großer Handelsketten sehr kleinteilig und häufig in Familienstrukturen organisiert. Die sogenannten Kirana-Läden sowie die Straßenhändler wirtschaften mit sehr geringen finanziellen Mitteln und nutzen meist andere Händler oder staatliche Großmärkte zur Beschaffung ihrer Produkte. Traditionelle Handelsstrukturen werden häufig aufgrund ihrer Unwirtschaftlichkeit kritisiert. Diese entsteht nicht zuletzt durch eine große Anzahl an Mittelsmännern (Intermediäre) entlang der Wertschöpfungskette zwischen den Produzenten und den Endkonsumenten (M5). [...] Vor allem für Indiens Kleinbauern ist das traditionelle Handelssystem in vielerlei Hinsicht entwicklungshemmend, da sie sich in vielschichtigen Abhängigkeitsverhältnissen und dadurch in einer allgemein sehr schwachen Position befinden. [...] [Die] starke Fragmentierung schwächt die Marktposition der Bauern durch sehr kleine zu handelnde Mengen enorm. Außerdem ist die Versorgung großer Märkte wie Mumbai durch kleinbäuerliche Landwirtschaft hinsichtlich der notwendigen Stetigkeit

in Qualität und Warenfluss eine Herausforderung und die Transaktionskosten in der Kooperation mit Kleinbauern sind hoch. [...]

Die Aktivitäten des modernen Einzelhandels und der weiterverarbeitenden Industrie werden vor diesem Hintergrund häufig mit positiven Entwicklungschancen für Kleinbauern in Verbindung gebracht. Dahinter steht der Gedanke, dass Bauern über die direkte Zusammenarbeit mit Unternehmen Abnahmegarantien für ihre Produkte und Vorteile wie Erleichterungen beim Transport und die Übernahme eines Teils der Anbaurisiken erzielen können. Zudem ermöglicht eine derartige Zusammenarbeit Bauern häufig den Zugang zu technologischem Wissen. Der indische Staat erleichterte die direkte Kooperation zwischen Bauern und privaten Unternehmen im Jahr 2003 [...]. Seitdem ist es privaten Unternehmen [...] erlaubt, eigene Märkte aufzubauen und direkt mit Bauern zu handeln. Die Aktivitäten des Privatsektors sind als Folge dieser geänderten Gesetzgebung vor allem im gartenbaulichen Sektor sprunghaft angestiegen. [...] Für Bauern ergeben sich hierdurch einerseits Chancen durch weitere Absatzmöglichkeiten, andererseits stehen sie auch vor den größten Hindernissen, da beim Bedienen moderner Märkte anspruchsvollere Qualitätsstandards angelegt werden. [...] Trotz potentiell guter neuer Absatzmöglichkeiten tragen auch nach diesem Modell die Bauern alleine die Anbau- und Marktrisiken, während ein Großteil des Wertgewinns von den Akteuren weit jenseits des Feldes abgeschöpft wird.
Quelle: Trebbin, A.: Gemüsebauern in Maharashtra. Geographische Rundschau 5/2011, S. 36 – 41

M 4   Quellentext zu neuen Vertriebsstrukturen in der indischen Landwirtschaft

Akteur	Verkaufspreis	Gewinn	Wertverluste*
Produzent	2,47 Rs		20 %
Transporteur	2,60 Rs	0,13 Rs	8 %
Agent/Makler	3,20 Rs	0,60 Rs	
Großhändler I	4,00 Rs	0,80 Rs	10 %
Großhändler II	4,80 Rs	0,80 Rs	
Einzelhändler	8,20 Rs	3,30 Rs	10 %

Quelle: Bayer Crop Science, World Bank   * v.a. Verluste während des Transportes, aufgrund fehlender Kühl- und Lagermöglichkeiten

M 5   Produzenten, Intermediäre und Händler: Gewinnspannen und Verluste an Ware am Beispiel eines Kilos Tomaten

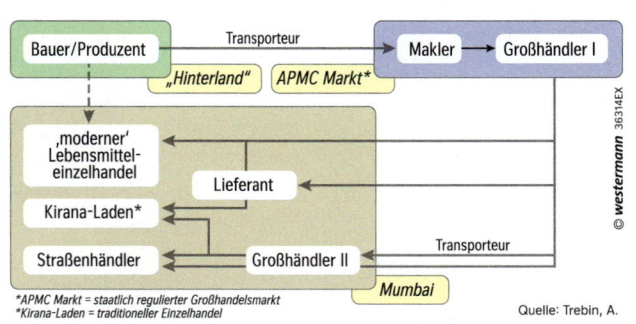

*APMC Markt = staatlich regulierter Großhandelsmarkt
*Kirana-Laden = traditioneller Einzelhandel

Quelle: Trebin, A.

M 7   Vermarktungswege von Gemüse in West-Maharashtra mit dem Zielmarkt Mumbai

2.5 Plantagenwirtschaft auf Sri Lanka

In verschiedenen Ländern des indischen Subkontinents richteten die Kolonialherren Pflanzungen ein, deren Dauerkulturen auf den Bedarf des Mutterlandes ausgerichtet waren. Diese Plantagenwirtschaft war im Lauf der Geschichte technologischen, politischen und ökonomischen Veränderungen unterworfen, spielt aber bei der Einbindung in den Weltmarkt auch heute eine wichtige Rolle. Das Beispiel Sri Lanka verdeutlicht die Einbindung wie die Funktionsweise solcher Plantagenunternehmen.

1. Charakterisieren Sie die Betriebsgrößenstruktur auf Sri Lanka (M 2).
2. Analysieren Sie die Rolle der Plantagenwirtschaft in der Landwirtschaft und bei der Produktion wichtiger landwirtschaftlicher Exportprodukte (M 1, M 3 – M 5)
3. Charakterisieren Sie die Struktur eines Plantagen betreibenden Unternehmens (M 8) im Kontext der Entwicklung des Plantagensektors auf Sri Lanka (M 1).
4. Erläutern Sie die wirtschaftliche Einbindung des Plantagensektors am Beispiel der Teeplantagen (M 9, M 11).
5. Beurteilen Sie die Arbeitsbedingungen auf den Teeplantagen auch vor dem Hintergrund der Preis- und Kostenstruktur im Teeanbau (M 10, M 11).

M 4   Sri Lanka: Landwirtschaft

Jahr	Ereignis
1769	Gründung von Zimt-Plantagen auf Ceylon durch Holländer
Ab frühem 19. Jh.	Kaffeeanbau, etwas später Experimente mit Tee, seit 1840 Anwerbung indischer Tamilen zur Arbeit auf Plantagen im Hochland
1867	Erste Teeplantage
1870er-Jahre	Pilz-Befall („Kaffee-Rost") zerstört Kaffeepflanzungen, Umstellung auf Teeanbau
1876	Kautschuk wird auf Ceylon eingeführt
1968	Erste Ölpalmenpflanzung
1971-72	Verstaatlichung der 502 privaten Plantagen in Hand von Sri Lankern und Ausländern; staatliche Gesellschaften übernehmen den Plantagensektor.
1992	Wegen dauerhafter Verluste der Staatsunternehmen Re-Privatisierung des Managements des Plantagensektors; langfristige Verpachtung (53 Jahre) eines Großteils der Plantagen an 23 Plantagengesellschaften mit staatlicher Beteiligung. 33 Plantagen bleiben unter Verwaltung der staatlichen Gesellschaften.
Nach 1992	Zahlreiche Umstrukturierungen der Firmenstrukturen. Staatliche Plantagen aufgrund andauernder Verluste später z.T. ebenfalls privatisiert oder aufgelöst.

M 1   Entwicklung des Plantagensektors auf Sri Lanka

	Anbaufläche		Produktion (in t)	Export	
	(in ha)	Anteil der Plantagen[1]		(in t)	(in Mio. Rs.)[2]
Tee	203 000	56 %	328 800	307 000	182 054
Kautschuk	137 000	57 %	88 600	10 400	3 548
Kokosnuss	395 000	18 %	122 000[a]	68 000[2]	30 123
Kakao	2 517	28 %	457	93	33
Zimt	32 342	5 %	17 707	13 828	19 099
Kardamom	2 801	63 %	91	120	147
Nelken	7 643	4 %	5 253	5 529	6 444
Pfeffer	32 527	6 %	28 177	17 027	20 215

Quelle: Economic and Social Statistics of Sri Lanka 2017   [1]100 Rs. = 0,55 Euro
[1]Plantagensektor = Betriebe >8 ha
[2]bereits vorverarbeitete Produkte (getrocknet, Öl etc.)

M 5   Dauerkulturen in Sri Lanka: Anbau und Export 2015

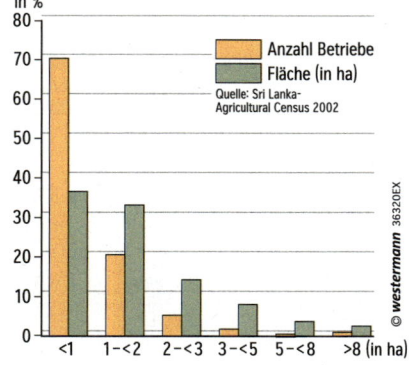

M 2   Sri Lanka: Größenstruktur kleinbäuerlicher Betriebe 2002

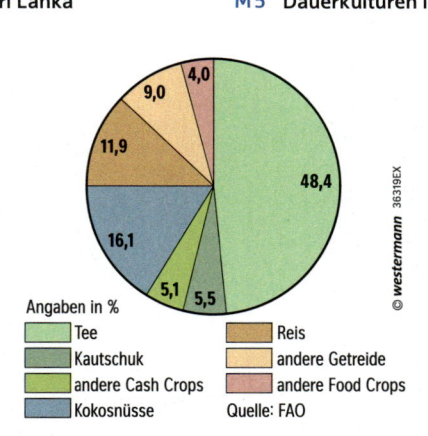

M 3   Sri Lanka: Anbauflächen im Plantagenbereich 2013

M 6   Teefabrik in Sri Lanka

M 7   Pflückerinnen auf einer Teeplantage auf Sri Lanka

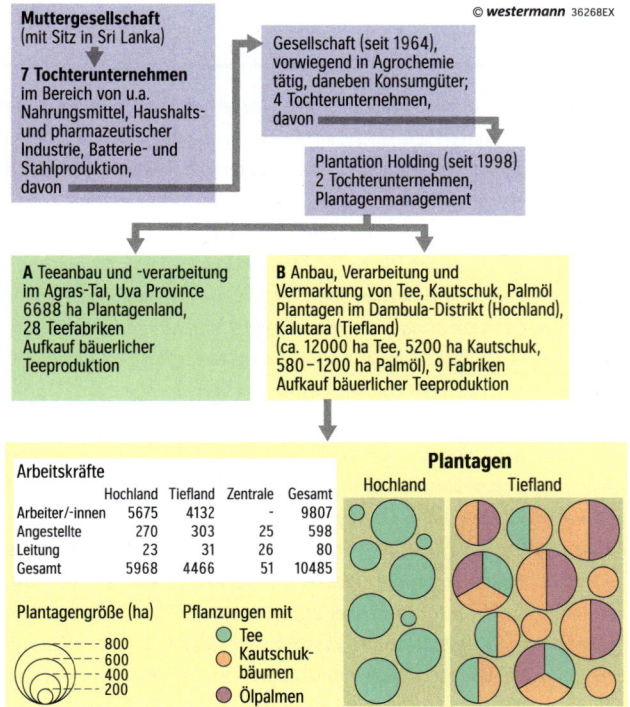

© **westermann** 36268EX

Muttergesellschaft
(mit Sitz in Sri Lanka)

7 Tochterunternehmen
im Bereich von u.a.
Nahrungsmittel, Haushalts-
und pharmazeutischer
Industrie, Batterie- und
Stahlproduktion,
davon

Gesellschaft (seit 1964),
vorwiegend in Agrochemie
tätig, daneben Konsumgüter;
4 Tochterunternehmen,
davon

Plantation Holding (seit 1998)
2 Tochterunternehmen,
Plantagenmanagement

A Teeanbau und -verarbeitung
im Agras-Tal, Uva Province
6688 ha Plantagenland,
28 Teefabriken
Aufkauf bäuerlicher
Teeproduktion

B Anbau, Verarbeitung und
Vermarktung von Tee, Kautschuk, Palmöl
Plantagen im Dambula-Distrikt (Hochland),
Kalutara (Tiefland)
(ca. 12000 ha Tee, 5200 ha Kautschuk,
580–1200 ha Palmöl), 9 Fabriken
Aufkauf bäuerlicher Teeproduktion

Arbeitskräfte

	Hochland	Tiefland	Zentrale	Gesamt
Arbeiter/-innen	5675	4132	-	9807
Angestellte	270	303	25	598
Leitung	23	31	26	80
Gesamt	5968	4466	51	10485

Plantagengröße (ha)
800
600
400
200

Pflanzungen mit
● Tee
● Kautschuk-
bäumen
● Ölpalmen

Plantagen
Hochland   Tiefland

M 8   Struktur eines Plantagenunternehmens in Sri Lanka

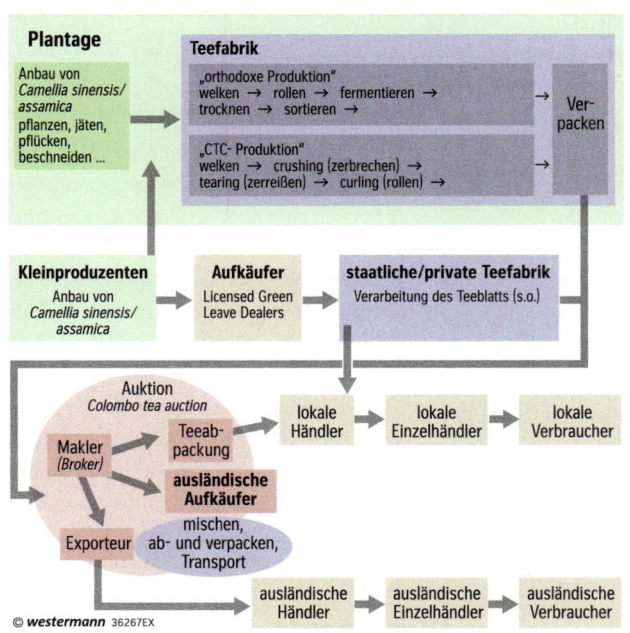

Plantage
Anbau von
*Camellia sinensis/
assamica*
pflanzen, jäten,
pflücken,
beschneiden ...

Teefabrik
„orthodoxe Produktion"
welken → rollen → fermentieren →
trocknen → sortieren →

„CTC- Produktion"
welken → crushing (zerbrechen) →
tearing (zerreißen) → curling (rollen) →

→ Ver-
packen

Kleinproduzenten
Anbau von
*Camellia sinensis/
assamica*

Aufkäufer
Licensed Green
Leave Dealers

staatliche/private Teefabrik
Verarbeitung des Teeblatts (s.o.)

Auktion
Colombo tea auction

Makler
(Broker)

Teeab-
packung

**ausländische
Aufkäufer**
mischen,
ab- und verpacken,
Transport

Exporteur

lokale
Händler → lokale
Einzelhändler → lokale
Verbraucher

ausländische
Händler → ausländische
Einzelhändler → ausländische
Verbraucher

© **westermann** 36267EX

M 9   Teeproduktion und -vermarktung

Sie ist 38 Jahre alt, sieht mit ihrem eingefallenen Gesicht aber aus, als sei sie schon 50. Balasingham Prameela rupft Teeblätter von einem Strauch und schmeißt sie in einen Sack, der an ihrer Stirn befestigt ist. Solange, bis der Sack so viel wiegt, wie sie selbst. Seit 23 Jahren macht sie das, sieben Tage pro Woche, von 6 Uhr morgens, bis es am Nachmittag zu heiß wird unter der sengenden Sonne. [... Die] Behausungen sind heute so beschämend wie zu Kolonialzeiten: Hütten mit Lehmfußböden und löchrigen Dächern, in denen jede Familie nur einen Raum hat. Offene Kanalisation und halb verfallenen Toiletten stinken, es gibt weder Strom noch fließend Wasser. [...] 400 Rupien, umgerechnet 2,50 Euro, bekommt Prameela pro Tag, abhängig von der Pflückmenge. Das sei so üblich auf Sri Lankas Plantagen, sagt sie. „Meine einzige Sorge ist, dass ich nicht genug verdiene, um meine Kinder zur Schule zu schicken." Wie berechtigt ihre Sorge ist, sieht man in den heruntergekommenen Plantagensiedlungen. Viele Kinder müssen Feuerholz herbeischleppen oder Wasser von einem weit entfernten, verdreckten Bach holen. [...] Wollen Familien die Plantage verlassen und sich eine bessere Arbeit suchen, sagen die Besitzer unmissverständlich: Dann verliert ihr euer Haus. Also bleiben die meisten. Ihnen fiele die Jobsuche ohnehin schwer. Sie sind überwiegend Tamilen, sprechen also Tamilisch und nicht das vorherrschende Singhalesisch. Rund 800000 Plantagenarbeiter gibt es heute auf der Insel, und sie alle stammen von Indern ab. Als die britischen Kolonialherren auf der Insel regierten, führten sie Tee ein und brachten, als es nicht ausreichend lokale Arbeitskräfte gab, Menschen aus Südindien in die Kolonie. Dort mussten die Migranten in Schuldknechtschaft arbeiten. Seit 1948 ist Sri Lanka unabhängig. Aber in den Teeplantagen hat sich kaum etwas geändert.

Quelle: David, A., Fiedler, D.: Teepflücker auf Sri Lanka. Schuften wie zur Sklavenzeit. Spiegel online, 25.3.2016

M 10   Quellentext zur Arbeit auf den Teeplantagen

Anteil am Verkaufspreis		Anteil an den Produktionskosten	
Einzelhändler	53 %	Arbeit (Löhne, Zusatz-leistungen)	67 %
Großhänd-ler/Mischer	33 %	Material (Brennstoffe, Dünger, Chemikalien, Verpackungsmaterial etc.)	15 %
Fabrik	7 %	Angestellte & Management	9 %
Händler/Auf-käufer	6 %	Dienstleistungen (Medizin, Wohlfahrt, Versicherung, Elektrizität, Steuern)	5 %
Tee-Makler	1 %		
Teepflücker/Produzent	<1 %	Verschiedenes	4 %

Quelle: Rajadurai, R.: Regional Plantation Companies & Quality of life of RPC workers

M 11   Preis- und Kostenstruktur im Teeanbau

2.6 Reisanbau auf Sri Lanka

Reis ist das Grundnahrungsmittel in weiten Teilen Süd- und Ostasiens. Das Beispiel Sri Lankas, das bei der Reisversorgung weitgehende Autarkie anstrebt, zeigt, wie sehr die Erreichung dieses Ziels von der Verfügbarkeit der Ressource Wasser abhängig ist. Schon in vorchristlicher Zeit wurden daher Speicherseen angelegt, um die direkte Abhängigkeit vom Monsunregen zu reduzieren, eine Praxis, die in großem Maßstab bis heute wichtig bleibt.

1. Beschreiben Sie die Grundzüge des Reisanbaus in Sri Lanka (M1, M5).
2. Erklären Sie Rolle des Monsuns für den Reisanbau in Sri Lanka (M1, M7, Kap 1.3, 1.4).
3. Verschiedene Formen der Wasserversorgung differenzieren den Reisanbau auf Sri Lanka.
   a) Erläutern Sie die regionalen Muster des Reisanbaus vor dem Hintergrund der Wasserversorgung (M4, M6).
   b) Vergleichen Sie Erntefläche und Ertrag (M10).
4. Lokalisieren Sie Anuradhapura (M2, M3) und verschiedene Wasserreservoire in der Umgebung (Google Earth).
5. Charakterisieren Sie das dörfliche Bewässerungssystem (M2).
6. Erläutern Sie die Saisonalität des Reisanbaus (M1, M8, M9, M10 vor dem Hintergrund von M6, M7).
7. Analysieren Sie die Reisproduktion sowie die Reisimporte/-exporte vor dem Hintergrund der angestrebten Autarkie (M11, M8).

M3 Tanks und Reisfelder bei Anuradhapura

In Sri Lanka wurde eine Vielzahl von Stauseen gebaut, in erster Linie um Reisfelder zu bewässern. Sie sind weithin über die Gebiete mit geringem Niederschlag verteilt. [...] Diese Reservoire machen etwa 74,8 Prozent der Wasseroberfläche des Landes aus. Aufgrund ihrer Kapazität und Funktion können vier Typen unterschieden werden: a) große Stauseen, b) Stauseen mittlerer Größenordnung, c) kleine, mehrjährige Wasserspeicher und d) kleine Speicher, die nicht ganzjährig Wasser führen. [...] Letztere hängen vollständig vom Monsunniederschlag ab. Sie sind nicht willkürlich verteilt, sondern kaskadenförmig organisiert. Traditionell wird zu Beginn jeder Saison eine Versammlung der [Dorf-] Gemeinschaft abgehalten, um die Kontrolle und Verteilung des Speicherwassers zu diskutieren. Hierbei werden die landwirtschaftlichen Aktivitäten geplant und kollektive Entscheidungen getroffen, die nicht von einer oder wenigen Einzelpersonen geändert werden können. Bauern, denen ein Stück Land im Bewässerungsgebiet des Reservoirs gehört, [...] haben Zugang zu Wasser für den Reisanbau [...]. Die Wassermenge, die der einzelne Bauer erhält, hängt von der Zeit ab, die es braucht, sein Stück Land zu bewässern. Denn das Wasser wird durch einen einzigen ungeschützten Kanal zugeführt, der den Block von den oberen zu den unteren Feldern durchquert.
Quelle: Kularatne, M.G.: Optimal allocation of water in village irrigation systems of Sri Lanka. 2011 (Übers. G. S.)

M4 Quellentext zur Bewässerung im Reisanbau

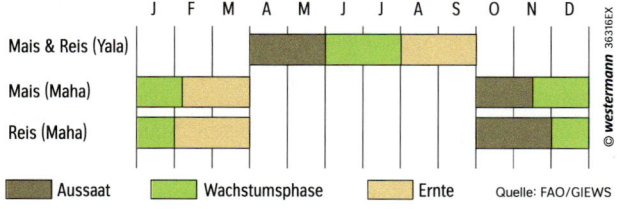

M1 Anbaukalender

Der Anbaukalender Sri Lankas gliedert sich in zwei Jahreszeiten, Yala (etwa April bis September), und Maha, die Zeit des Nordost-Monsuns (etwa Oktober bis März). Hierbei kann das Land, wenn das Wasser ausreicht, zwei Ernten im Jahr erbringen. Für zwei Reisernten reicht es in der Regel aber nur auf einem Teil der Anbaufläche.

Der Anbau von Hochlandfrüchten auf Reisland wird von den Bauern schon lange praktiziert. Er hat sich entwickelt als Anpassung an Wasserknappheit. Während der Yala-Saison reicht das Wasser nicht für einen Reisanbau auf der gesamten Fläche des Reislandes, da er mehr Wasser benötigt als Hochlandfrüchte. [...] So werden auf Reisland mit guter Entwässerung Gewürze, Hülsenfrüchte und Gemüse oder Semi-Dauerkulturen wie Bananen angebaut. Die schlecht entwässerten Reisböden werden mit Reis bestellt oder bleiben in der Yala-Saison brach, je nach Wasserverfügbarkeit.
Quelle: Kendaragama, K.M.A. & Bandara, T.M.J.: Changes in Land use pattern in Paddy Lands. Plant Genetic Resources Center 2000 (Übers. G. S.)

M2 Dörfliches Bewässerungssystem bei Anuradhapura, Nördliche Zentralprovinz

M5 Quellentext

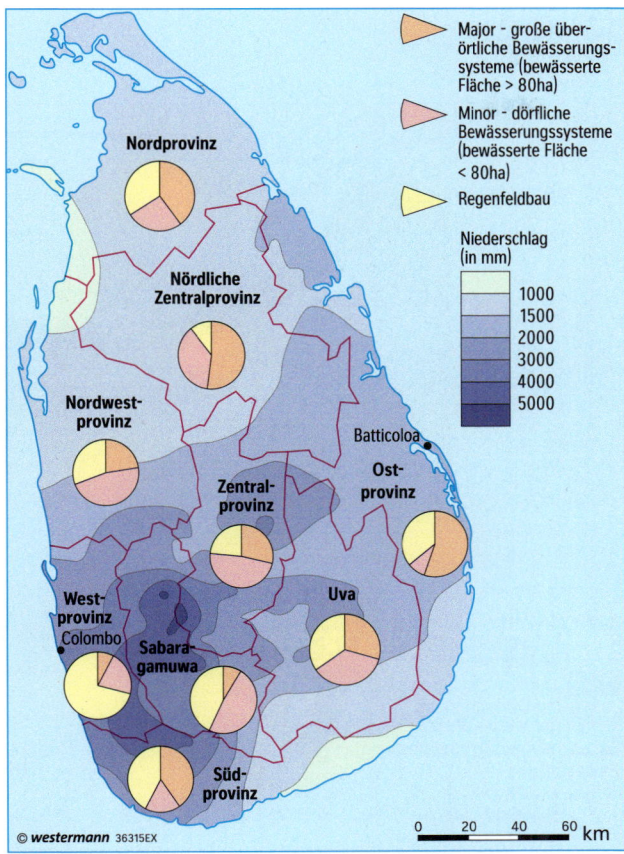

M 6   Niederschlagsverteilung und Reisanbau nach Bewässerungssystem

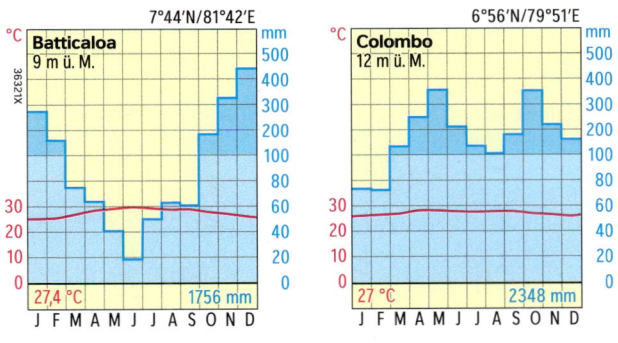

M 7   Klimadiagramme

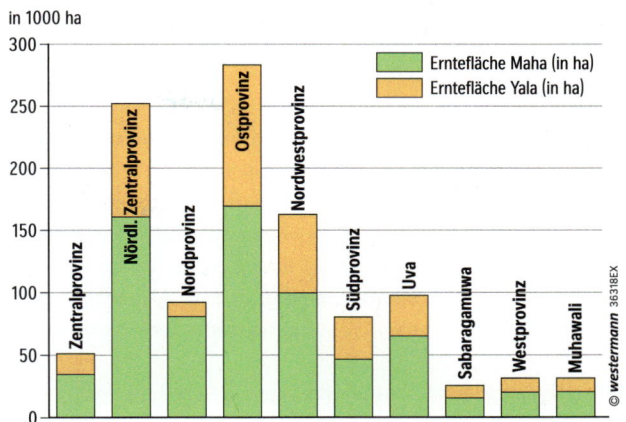

M 9   Sri Lanka: Reis-Anbauflächen nach Provinzen 2015/2016

Bewässerungs-system	Erntefläche (in 1000 ha)		Ertrag (in kg/ha)	
	Maha 2015/2016	Yala 2016	Maha 2015/2016	Yala 2016
Mayor[1]	340	263	4878	4715
Minor[2]	201	88	4280	3945
Regenfeldbau	200	29	3522	3092
Gesamt	741	380	4349	4417

Quelle: Economic and Social Statistics of Sri Lanka
[1] Bewässerungsfläche: >80 ha, Quelle: größerer Stausee, Verteilung: unter staatliche Kontrolle
[2] Bewässerungsfläche: < 80 ha, Quelle: Tank, kleinerer Speicher, Verteilung: unter provinzieller Kontrolle

M 10   Sri Lanka: Ernteflächen und Ertrag im Reisanbau 2015/16

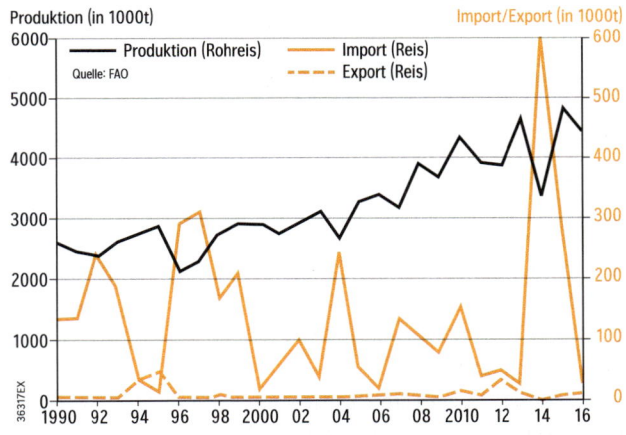

M 11   Sri Lanka: Produktion und Import/Export von Reis 1990 – 2016

Der größte Teil der weitgehend bewässerten Maha-Reisfrucht von 2017, die normalerweise 65 Prozent der Jahresproduktion ausmacht, wurde bis Ende Dezember [2016] ausgebracht. Der unterdurchschnittliche Niederschlag seit Beginn der Saison im Oktober zusammen mit der geringen Verfügbarkeit von Bewässerungswasser führte zu bedeutenden Einschnitten bei der bestellten Fläche, was die Ertragsaussichten weiter schmälert. Die letzten offiziellen Schätzungen deuten auf [...] eine Reduktion der bestellten Fläche um 50 Prozent gegenüber 2016 hin. [...] Wegen der derzeit niedrigen Wasserstände in den wichtigsten Stauseen bereitet auch die bewässerte Yala-Zweitfrucht Sorgen, die im April ausgebracht werden muss, wenn der Regen in den kommenden Wochen nicht zunimmt. [...] Die gesamten Getreideimporte 2017 werden voraussichtlich gegenüber dem bereits hohen Niveau des vergangenen Jahres weiter steigen. [...] Der Inlandspreis für Reis [...] stieg vier Monate in Folge und erreichte im Dezember 2016 Rekordniveau. [...] Rekordpreise bei Reis [...] belasten die Nahrungssicherheit der am stärksten verwundbaren Teile der Bevölkerung.
Quelle: FAO : GIEWS Country Brief Sri Lanka, 17.1.2017 (Übers. G. S.)

M 8   Quellentext zur Maha-Saison 2016/2017

M 12   Setzen von Reispflanzen auf einem Feld bei Habarana (Nördliche Zentralprovinz)

2.7 Bewässerungssysteme in Südasien

Monsunregen, im Norden Südasiens auch winterliche Frontalniederschläge der Westwinddrift, liefern das für den Anbau notwendige Wasser. In weiten Bereichen des Subkontinents kommt die Landwirtschaft aber nicht mit den Regenfällen aus, sondern ist aus verschiedenen Gründen auf traditionelle oder moderne Formen der Bewässerung angewiesen. Infolge dessen wurde Südasien zur weltweit am intensivsten bewässerten Region. Etwa 70 Prozent der indischen Agrarproduktion werden mit Hilfe von Bewässerung erwirtschaftet.

1. Beschreiben Sie die Wasserentnahme in Südasien (M2).
2. a) Erklären Sie die Bedeutung der Variabilität der Monsunniederschläge für die südasiatische Landwirtschaft (Kap. 1.4).
   b) Nennen Sie Regionen, in denen Regenfeldbau möglich ist.
3. Fassen Sie die Vorteile der Bewässerungslandwirtschaft zusammen (M1).
4. Erläutern Sie die verschiedenen Bewässerungssysteme in Südasien und die Unterschiede bei der Verwendung von Grund- oder Oberflächenwasser (M5 – M7, M9, M10, M11).
   b) Analysieren Sie die Bewässerungsinfrastruktur im Punjab und ihre Entwicklung (M8, Atlas).
5. a) Vergleichen Sie die Bewässerung und die Rolle der Bewässerungssysteme in Indien und Pakistan (M2, M4).
   b) Begründen Sie die räumliche Verteilung der Bewässerungssysteme. Beziehen Sie auch die Informationen zur Bewässerung auf Sri Lanka (M3, Kap. 2.6) ein.
6. Erörtern Sie den Einsatz moderner Bewässerungssysteme.

M3   Bewässerung mit Oberflächenwasser in Südasien

Begrenzender Aspekt	Bei Regenfeldbau	Bei Bewässerung
Mangel an Niederschlägen	Niederschläge liegen unterhalb des Wasserbedarfs der Nutzpflanzen. → kein Anbau möglich	Bewässerung ermöglicht Anbau.
Saisonale Verteilung von Niederschlägen	Vegetationszeit der Nutzpflanzen fällt gegebenenfalls (teilweise) in Trockenzeit. → Wassermangel während Teil der Vegetationsperiode	Bewässerung als Ausgleich saisonaler Engpässe, Erntesicherung; zum Teil Intensivierung → mehrere Ernten im Jahr möglich
Variationen der Niederschlagsmenge und -verteilung	Dürrerisiko → Gefahr von Missernten	Bewässerung sichert Erträge.
Unterschiedlicher Wasserbedarf der Nutzpflanzen*	Regenmenge reicht für Pflanzen mit hohem Bedarf wie Reis oder Zuckerrohr nicht aus.	Bewässerung ermöglicht Anbau profitablerer Feldfrüchte.
Wasserangebot beeinflusst Ertragshöhe	gegebenenfalls vergleichsweise geringe Erträge	Intensivierung: Erhöhung des Wasserangebots als Bedingung für Outputsteigerung (auch im Kontext der Grünen Revolution)

* Innerhalb der Vegetationsperiode variiert der Wasserbedarf (als Ausgleich der Evapotranspiration der Pflanze) mit dem Entwicklungsstadium. Bedarfsunterschiede innerhalb einer Art bedingt durch Wetterverhältnisse, Anbauweise usw.; zwischen den Arten: auch aufgrund der jeweiligen Länge der Vegetationsperiode.

M1   Wasser als begrenzender Anbaufaktor

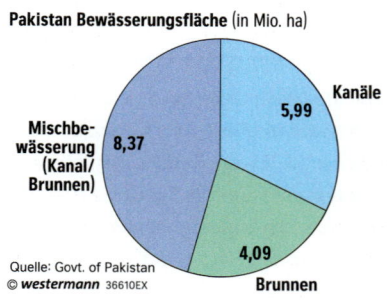

Quelle: Govt. of Pakistan
© **westermann** 36610EX

M4   Bewässerungssysteme

	Wasserentnahme				Bewässerungsfläche			
	(in Mrd. m³)	pro Kopf (in m³/Ew./Jahr)	Landwirtschaft	Industrie	Haushalte	(in 1000 ha)	mit Oberflächenwasser	mit Grundwasser	Anteil an kultivierter Fläche[2]
Bangladesch	35,9	231,0	87,8 %	2,1 %	10,1 %	5050	21,0 %	79,0 %	58,4 %
Indien	761,0	602,3	90,4 %	2,2 %	7,4 %	70400	36,3 %	63,7 %	41,4 %
Pakistan	183,5	1034,0	94,0 %	0,8 %	5,2 %	19990	38,2 %	20,7 %[1]	65,9 %
Sri Lanka	13,0	653,6	87,3 %	6,4 %	6,3 %	570	98,8 %	1,2 %	28,5 %
Deutschland	33,0	410,5	2,9 %	83,3 %	13,8 %	639	17,9 %	82,1 %	5,3 %

Quelle: FAO Aquastat 2016   [1] Rest gemischt   [2] Ackerland, Dauerkulturen

M2   Wasserentnahme und Bewässerungsfläche in ausgewählten südasiatischen Staaten

M 5 Stauteich (Tank) zur Bewässerung in Nargund (Karnataka)

M 9 Traditioneller Brunnen mit Schöpfwerk bei Uidapur (Rajasthan)

M 6 Kanal in Gujarat (Narmada-Kanalsystem)

M 10 Motorpumpe zur Reisfeldbewässerung

Wasserge-winnung	Oberflächenwasser			Grundwasser		
Typ	traditionelle Kanalbewässerung	Kanalbewässerung	Tanks, Bassins, Ponds (trad.)	Qanate (traditionell)	traditioneller Brunnen	Rohrbrunnen/Tiefbrunnen
Funktion	Kanal wird vom Wasserlauf abgeleitet, über einen Hauptkanal zur Flur geführt und dort verteilt.	Abgeleitet aus Stausee/Wehr wird das Wasser über ein Kanalsystem großflächig verteilt.	Speicher von Regenwasser während Monsun; Verteilung über Kanalsystem	Grundwasser wird durch einen Stollen angezapft, der mit geringerem Gefälle als die Erdoberfläche über dem Grundwasserniveau an die Oberfläche führt (nur in Belutschistan).	Gegrabene Brunnen; Wasser wird mit menschlicher oder tierischer Kraft an die Oberfläche gebracht.	Brunnenbohrung auf einen Grundwasserleiter unterschiedlicher Tiefe; Hand-, Diesel- od. elektrische Pumpen zum Transport an Oberfläche (od. artesische Brunnen)
Besitz	privat/gemeinschaftl./staatlich	staatlich	Dorfgemeinschaften	Lokal: Grundherren/Gemeinschaften	privat/kommunal	meist privat

M 7 Bewässerungssysteme in Südasien

Die Entwicklung der Kanalbewässerung [in der Indus-Ebene] *begann 1859. Zu Beginn des 20. Jahrhunderts wurde offensichtlich, dass die Wasserressourcen der einzelnen Flüsse nicht dem potenziell bewässerbaren Land entsprachen.* [...] *Das Triple Canal Project, das von 1907 bis 1915 umgesetzt wurde, bot eine innovative Lösung. Das Projekt verband die Flüsse Jhelum, Chenab und Ravi und gestattete es, überschüssiges Jhelum- und Chenab-Wasser in den Ravi zu transferieren.* [...] [Es folgten weitere Ausbauten]. *Als Ergebnis dieser umfangreichen Maßnahmen besitzt Pakistan heute das größte zusammenhängende Bewässerungssystem der Welt. Es umfasst 14,87 Mio. ha* [2008] *und umschließt den Indus und seine Nebenflüsse einschließlich dreier großer Stauseen (Tarbela, Mangla, Chashma), 23 Wehre und Abzweigungen, zwölf Kanalverbindungen zwischen Flüssen und 45, insgesamt 60 800 km lange* [Haupt-]*Kanäle. Dazu* [kommen Verteilerkanäle unterschiedlicher Ordnung], *von insgesamt noch einmal 1,6 Mio. km Länge, die 90 000 Verbraucherkanäle in den Farmen versorgen. Im Indus-System wird das Flusswasser von Wehren in Hauptkanäle abgezweigt und durchfließt in Folge Zweigkanäle, Verteilerkanäle und untergeordnete Kanäle. Über 107 000 Wasserläufe ermöglichen den Zufluss zu den Farmen, die von Auslässen (moghas) aus den Zuleitungskanälen versorgt werden.*
Quelle: Irrigation in Southern and Eastern Asia. AQUASTAT Survey 2011. FAO Water Reports 37, Rome 2012 S. 383 – 386 (Übers. G. S.)

M 8 Quellentext zum Indus Basin Irrigation System in Pakistan

Tanks sind Stauteiche unterschiedlichster Größenordnung und zum Teil hohen Alters. Die durch sie bewässerte Fläche variiert zwischen wenigen Hektar und weit über 1000 ha. Häufig wird ein Erd-Steinwall (bund) quer zur saisonalen Abflusslinie errichtet. Sind mehrere Tanks vernetzt, speist der Überlauf des einen Tanks den nachfolgenden [Tankgruppe]. *Die Tanks werden durch Niederschläge gespeist. Das Tankwasser kann über ein komplexes Kanalnetz unterschiedlicher Hierarchien fast zeitgleich auf möglichst alle Parzellen im ayicut (der zu bewässernden Fläche) geführt werden. Der eigentliche Zweck eines Tanks ist, Bewässerungswasser zum Anbau von Reis bereitzustellen. Doch durch die Verwendung von bewässerungsintensivem Hochertragsreis* [...] *reicht die verfügbare Wassermenge eines Tanks heute oftmals nicht mehr für die gesamte Fläche. Tanks sind ökologisch gut an die semiariden Bedingungen angepasst. Insbesondere durch ihr Zusammenspiel mit den offenen Schachtbrunnen wirken sie in Dürrejahren puffernd. Ist in einem defizitären Jahr nicht genügend Bewässerungswasser im Tank, sind durch Versickerung trotz allem die Schachtbrunnen im Einzugsgebiet bzw. im Bewässerungsgebiet mit Wasser gefüllt. Neben der Bewässerung haben Tanks ein breites Nutzungsspektrum: Fischerei und Entenzucht, Trinkwasser für Menschen (meist historisch) und für Weidetiere,* [...] *und häufig auch Bedeutung als religiöser Ort (Tempel) oder zur Erholung.*
Quelle: Hennig, T.: Zukunftshoffnung Bewässerung? Praxis Geographie 6/2007, S. 36

M 11 Quellentext zur Tankbewässerung in Indien

2.8 Bewässerungsverfahren und ihre Probleme

Während das Bewässerungssystem dafür verantwortlich ist, Wasser zum Acker zu leiten, stellt sich dort die nächste Frage. Mit welchem Verfahren sollen die Pflanzen bewässert und eventuell überschüssiges Wasser abgeleitet werden? Die Konsequenzen davon betreffen nicht nur die Höhe des Wasserverbrauchs (durch Verdunstung und Versickerung) und die Versalzungsgefahr der Böden. Auch die Kosten gilt es zu bedenken.

1. Erklären Sie das Problem der Versalzung bei der Bewässerung in trockenen Gebieten (M5).
2. a) Vergleichen Sie die verschiedenen Formen der Wasserzuleitung und Bewässerung (M1 – M4, M7).
   b) Begründen Sie die Versalzungsgefahr der verschiedenen Bewässerungsverfahren (M3).
3. Erläutern Sie die Auswirkungen von Wasserverbrauch und Salztoleranz für den Anbau (M9).
4. a) Erläutern Sie die Folgen der Bewässerung für die Landwirtschaft insbesondere am Beispiel des Indus-Tieflands (Punjab, M6, M8, M10, Atlas).
   b) Beurteilen Sie die wirtschaftlichen und sozialen Folgen.
5. Erörtern Sie moderne, oft kostspielige Bewässerungsverfahren (M3) und wassersparende Konzepte (M12).
6. „Die Optimierung der Bewässerungstechnik wird über die Zukunft Südasien entscheiden." Nehmen Sie Stellung.

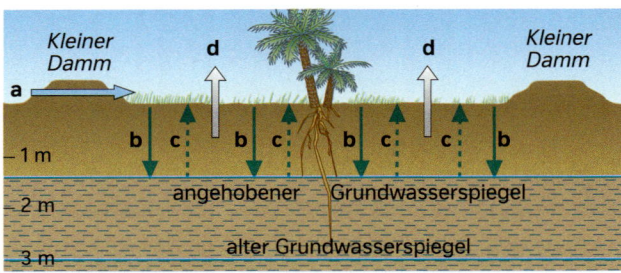
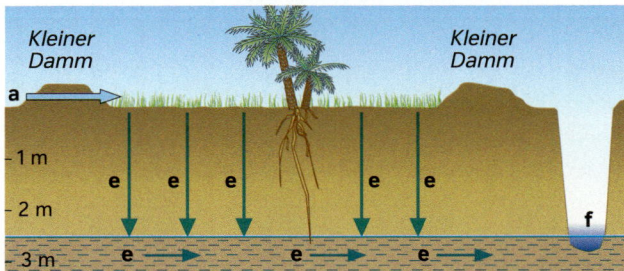
© **westermann** 7381EX_9

a Wasser wird auf das Feld geleitet.
b Wasser versickert und hebt den Grundwasserspiegel.
c Wasser steigt in kleinsten Hohlräumen des Bodens an die Bodenoberfläche.
d Wasser verdunstet. Zurück bleiben mittransportierte Stoffe wie zum Beispiel das Salz.
e Wasser versickert bis in größere Tiefe und fließt zum Entwässerungsgraben.
f Salzhaltiges Wasser sammelt sich im Entwässerungsgraben und fließt ab.

M5 Versalzung bei Bewässerung in ariden Regionen und ihre Verhinderung durch Drainagegräben

Schwerkraft	Hebevorrichtung	Pumpenbewässerung
Flur unterhalb eines (Erd-)Kanals wird über ein Verteilersystem bewässert.	Wasser wird mit menschlicher oder tierischer Kraft (z.T. auch mechanisch durch Wasserkraft) auf das Niveau der über dem Wasserspiegel liegenden Flur gehoben.	Wasser wird mittels Pumpe aus Flusslauf oder Kanal zur Flur transportiert.

M1 Formen der Wasserzuleitung

	Von Versalzung betroffene LNF	
	Gesamt (in 1000 ha)	in % der LNF
Bangladesch	100	3
Indien	3300	5
Pakistan	7003	37

Quelle: FAO Water Report 2012 LNF = landwirtschaftliche Nutzfläche

M6 Versalzung in Südasien

M2 Furchenbewässerung

M4 Beregnung

M7 Tröpfchenbewässerung

	Beckenbewässerung/ Überstaubewässerung	Furchenbewässerung	Rieselbewässerung	Beregnung	Tropfbewässerung
Methode	Zuführung durch offenen Feldkanal; Überflutung von planierten, eingedämmten Becken, Bodendurchfeuchtung bei stehendem Wasser	Zuführung durch offenen Feldkanal; Wasser wird durch Furchen zwischen bepflanzten Dämmen geleitet.	Zuführung durch offenen Feldkanal; Wasser rinnt bei geneigten Flächen über das Feld; Überschusswasser wird über Drainagekanal abgeleitet.	Sprinkleranlagen beregnen das Feld, Zuführung des Wassers unter Druck in (meist mobilen) Rohr- oder Schlauchsystemen.	Zuführung von Wasser und gelösten Düngemitteln durch ober-/ unterirdische, perforierte Leitungssysteme, aus denen es tröpfchenweise in den Boden gelangt
	arbeitsintensiv	arbeitsintensiv	arbeitsintensiv	kapitalintensiv	kapitalintensiv
Wasserverbrauch	sehr hoch				sehr gering

M3 Formen der Feldbewässerung

Die Umwandlung von unbestelltem Land in bewässertes Kulturland ist ein schwerwiegender Eingriff in die ökologischen Verhältnisse, der vor allem den Wasserhaushalt verändert. Durch die reichliche Bewässerung steigt der Grundwasserspiegel an. Es kommt dadurch nicht nur zur Versumpfung ausgedehnter Flächen, sondern auch – aufgrund der klimatischen Bedingungen mit hohen Temperaturen, einer entsprechend starken Verdunstung und geringer Niederschläge – zu einer Versalzung großer Areale. [...]
In den 1960er-Jahren gingen [im Punjab] *auf diese Weise pro Jahr rund 400 Quadratkilometer Kulturland verloren – mehr als durch neue Bewässerungsanlagen hinzugewonnen werden konnten. Alarmierend war dies vor allem angesichts der Tatsache, dass die Bevölkerung Pakistans schon damals rasch wuchs, weshalb nutzbarer Boden dringend benötigt wurde, um die Ernährung zu sichern. Außerdem wird im Punjab unter anderem Baumwolle als Grundlage der exportorientierten pakistanischen Textilindustrie angebaut. Diese steuert 56 Prozent zu den Exporten Pakistans bei und ist damit eine wichtige Quelle zur Erwirtschaftung von Devisen. Rein agrikulturelle Gegenmaßnahmen wie die Einführung des Fruchtwechsels oder der Anbau salzresistenter Kulturpflanzen blieben in der Vergangenheit weitgehend wirkungslos. Auch die horizontale Drainage durch Tonröhren und Entwässerungskanäle versagte im Punjab aufgrund des geringen Gefälles der Stromoase. Als eine wirksame Rekultivierungs-*

M 11   Bewässerung im Punjab, Pakistan

maßnahme erwies sich hingegen die – allerdings teure und deshalb auf relativ kleine Areale beschränkte – vertikale Drainage. Durch die Anlage elektrisch betriebener Tiefbrunnen mit einer Tiefe von bis zu 100 Metern konnte der Grundwasserspiegel abgesenkt werden. Dadurch wurde einerseits der kapillare Bodenwasserstrom unterbunden und andererseits das aus der Tiefe heraufgepumpte Wasser zusätzlich zur Bewässerung genutzt.
Quelle: Diercke Handbuch. Braunschweig: Westermann 2015, S. 90

M 8   Quellentext zu den ökologischen Folgen der Bewässerungslandwirtschaft im Punjab, Pakistan

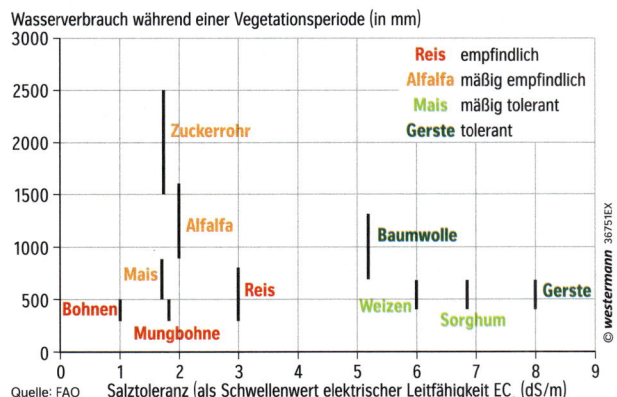

M 9   **Wasserverbrauch und Salztoleranz verschiedener Anbaufrüchte**

Während des letzten Jahrzehnts hat die Zahl privater Rohrbrunnen in Pakistan einen Quantensprung gemacht, v.a. infolge abnehmender Oberflächenwasserzufuhr und dem Auftreten von Trockenheit. Die Verfügbarkeit von Oberflächenwasser im pakistanischen Punjab ist zwischen 1996 und 2001 um 46 Prozent zurückgegangen, wohingegen im selben Zeitraum die Zahl privater Rohrbrunnen um 59 Prozent gestiegen ist. [...] Die Verfügbarkeit frischen Grundwassers bei Bedarf half den Bauern, den Wechselfällen des Oberflächenwasserangebots zu begegnen und sicherere, berechenbarere Erträge zu erzielen. Jedoch hat der Einsatz von Grundwasser schlechter Qualität für die Bewässerung große Mengen von Salz in die Wurzelzone gebracht, was die Versalzungsproblematik verschärfte. Als Ergebnis sind große Flächen des Bewässerungslandes bereits versalzt und viele weitere in Gefahr. In Pakistan wird Grundwasser sowohl allein als auch gemeinsam mit Kanalwasser zur Bewässerung eingesetzt. Der gemeinsame Einsatz von Grund- und Oberflächenwasser erfolgt, um (1.) die verfügbare Wassermenge zu vergrößern und (2.) um die Grundwasserqualität durch Verdünnung zu erhöhen.
Quelle: Qureshi, A.S., Turral, H., Masih, I.: Strategies for the Management of Conjunctive use of Surface Water and Groundwater Resources in Semi-arid Areas. Colombo: International Water Management Institute 2004 (Übers.: G. S.)

M 10   Quellentext zur Bewässerung in Pakistan

„Dem Zuckerrohranbau kommt in Indien eine immer größere Bedeutung zu. [...] Um der boomenden Nachfrage gerecht zu werden, muss der Zuckerrohranbau radikal neu gestaltet werden. Ziel ist es, die Ernteerträge zu steigern und gleichzeitig den Einsatz von Wasser und Düngemitteln zu reduzieren. [...] Im Rahmen [eines] *Projektes nachhaltiger Zuckerrohranbau in Indien werden gemeinsam mit den Bauern eine Reihe von Neuerungen eingeführt, die es ermöglichen, große Wassermengen einzusparen. So werden von den Projekt-Bauern anstelle von Zuckerrohrsamen bereits gekeimte Setzlinge auf ihren Feldern ausgebracht* [Bild]. *Hintergrund: Um die Keimung auf dem Feld anzuregen, werden große Mengen Wassers benötigt. Durch die Zucht der Setzlinge im Gewächshaus lässt sich die zur Bewässerung erforderliche Wassermenge demgegenüber um rund 90 Prozent verringern. Darüber hinaus gehen die Bauern des Projektes auch dazu über, die Setzlinge in einem regelmäßigen Muster und mit deutlich größerem Abstand voneinander auszubringen. Die Pflanzen haben dadurch mehr Kraft, sind gesünder und liefern deutlich höhere Ernteerträge. Außerdem ermöglicht es die neue Anbaumethode auch, Anlagen zur Tröpfchenbewässerung aufzubauen, mit deren Hilfe sich die zum Anbau erforderliche Wassermenge weiter reduzieren lässt.*
Quelle: www.firstclimate-klimaneutral.de/wasser-dienstleistungen/wasserprojekte/nachhaltiger-zuckerrohranbau-in-indien

M 12   Quellentext zu einem Bewässerungsprojekt in Indien

2.9 Konflikte um die Wasserverteilung

Wasser wird global und im besonderen Maße auch in Südasien immer knapper. Einem höheren Verbrauch etwa durch eine wachsende Bevölkerung und dem Ausbau der Landwirtschaft steht eine durch Klimawandel, aber auch durch Umweltprobleme geringere Verfügbarkeit gegenüber. So kommt es um das knappe Gut Wasser zu Konflikten auf lokaler, regionaler, nationaler und auch zwischenstaatlicher Ebene (vgl. 2.10). Ein typisches Beispiel, die Wasserverfügbarkeit zu erhöhen, ist der Bau von Talsperren zum Aufstauen von Flüssen. Diese Großprojekte ziehen weltweit regelmäßig Folgeprobleme nach sich und führen selbst zu Konflikten.

1. Beschreiben Sie zwischenstaatliche und nationale Wasserkonflikte und nennen Sie weltweit Beispiele (M 3).
2. a) Erstellen Sie ein Wirkungsgefüge zur Wasserverknappung (M 1). Beachten Sie verstärkende/abschwächende Faktoren.
   (Z) b) Erläutern Sie zwei selbst gewählte Einflussfaktoren auf die Wasserverknappung im südasiatischen Kontext.
3. Lokalisieren Sie die Naramada und beschreiben Sie den Flussverlauf von der Quelle bis zur Mündung (M 2, Altas).
4. Erläutern Sie das Sardar-Sarovar-Talsperrenprojekt und die Konflikte zwischen den Bundesstaaten und mit den Betroffenen (M 2, M 6, M 8).
5. Erörtern sie die sozialen und ökologischen Folgen
   a) bei Talsperrenprojekten allgemein (M 4)
   b) und beim Sardas-Sarovar-Talsperrenprojekt (M 6).
6. a) Erklären Sie das Interlinking-Rivers-Projekt (M 7, M 9).
   (Z) b) Erörtern Sie das Vorhaben.

Konfliktgegenstand	Konfliktebenen	Lösungswege/ Präventionen
A Wasserverteilung (Konflikt um knappe Ressource)	**Lokal** *A*: zwischen Wassernutzern *B*: meist Staat vs. Anwohner (betroffene Individuen/ Gruppen) – Proteste, Gerichtsverfahren	Lokale Regeln, Gewohnheitsrecht/ dörfl. Schiedsverfahren, Sanktionen/ ggf. örtl. Gerichte Gerichtsurteile, Entschädigungen
B ökonomische und ökologische Folgen von Wasserbaumaßnahmen (Stausee, Kanal, (Schutz-) Damm) für Ober- und Unterlieger	**National** *A, B*: zwischen administrativen Einheiten (z. B. Bundesstaaten) – Gruppenproteste → politischer Streit, Anrufung übergeordneter Stellen und Gerichte	Verhandlungen, Verträge, Entscheidungen von Gerichten oder übergeordneten politischen Entscheidungsträgern
	Zwischenstaatlich *A, B*: diplomatische Konflikte, Sanktionen, ggf. Drohung mit militärischer Auseinandersetzung	Verhandlungen, Abkommen/ggf. internationale Mediation, internationale Schiedsgerichte bei regulierten Fällen

M 3   Wasserkonflikte

Ziele	Probleme
• Ausdehnung der Bewässerungsflächen, • Sicherheit bei der Trinkwasserversorgung, • Hochwasserschutz, • Stromgewinnung durch Wasserkraft, • Schaffung infrastruktureller Voraussetzungen für industrielle Entwicklungsprojekte, • Impulssetzung für Regionalentwicklung durch Schaffung von Arbeitsplätzen und Infrastrukturausbau, • Handel mit Wasser, • Schiffbarmachung.	• Umsiedlung/Vertreibung der ansässigen Bevölkerung, • unzureichende Kompensationsleistungen für die Umgesiedelten (Verarmung), • Zerstörung historischer Zeugnisse, • Zerstörung von Ökosystemen, • Beeinträchtigung der Existenzgrundlage von Unterliegern, politische Konflikte mit Unterliegern, • Verringerung des fruchtbaren Schwemmlands in Flüssen, • Verdrängung von Kleinbauern durch industrielle Landwirtschaft, • diverse ökologische Folgeprobleme (Verschlammung, Erosion, Versalzung der Böden, lokaler Klimawandel), • finanzielle Risiken bei der Finanzierung (Verschuldung), Finanzmangel für andere Vorhaben, • ungerechte Verteilung von Kosten und Nutzen.

Wasserbedarf	Wasserverfügbarkeit
Bevölkerungswachstum (Trinkwasser); Veränderung der Nutzungsgewohnheiten; Urbanisierung; Ausbau/ Intensivierung der Landwirtschaft; Industrialisierung; Effektivere landwirtschaftliche Anbau- und Bewässerungstechniken; Verteuerung von Wasserpreisen; Nahrungsmittelimporte	Klimawandel: globale/regionale Veränderung von Niederschlägen, Abfluss, Verdunstung, Vegetation (Ausbreitung von Wüsten); Erschöpfung endlicher Wasserressourcen (Aquifere); Verschmutzung; defekte Infrastruktur; Rainwater Harvesting (Verfahren zur Sammlung von Regenwasser); Technische Verfahren, zum Beispiel Talsperren, Meerwasserentsalzung, Tiefbrunnen, Abwasseraufbereitung, Wassersparen; Umverteilung von wasserreichen zu wasserarmen Regionen (Kanäle, Pipelines)

M 1   Einflussfaktoren auf den Wasserhaushalt

M 4   Typische Ziele und Probleme von Talsperren-Großprojekten

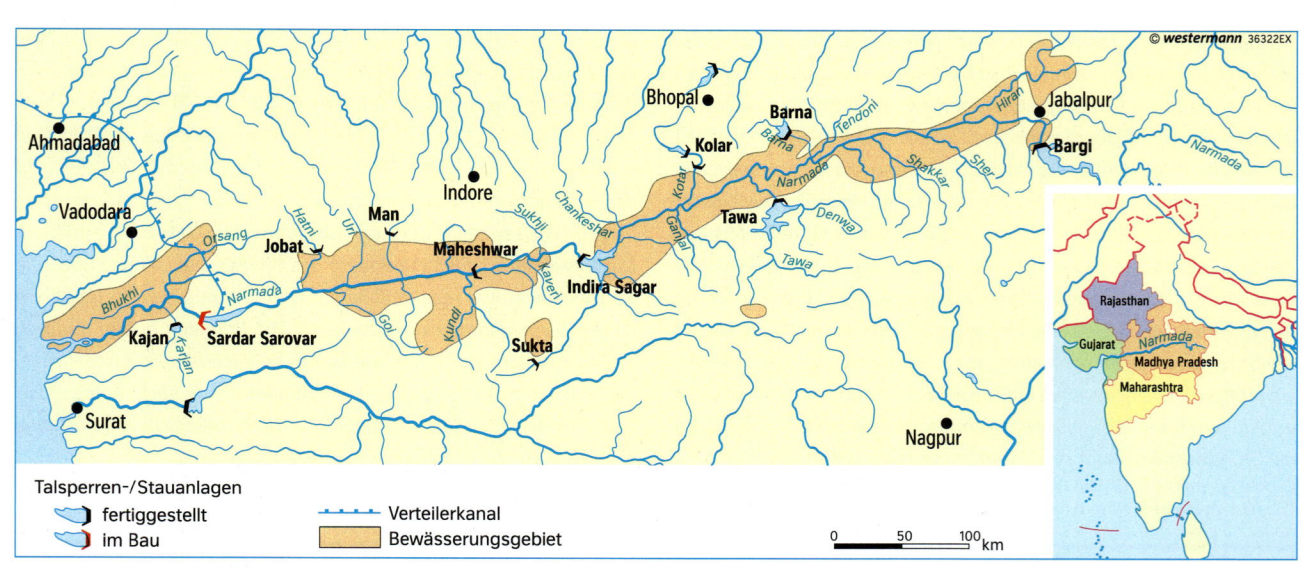

Talsperren-/Stauanlagen
fertiggestellt   Verteilerkanal
im Bau   Bewässerungsgebiet

0   50   100 km

M 2   Wasserbau im Narmada-Einzugsgebiet

M5   Sardar-Sarovar-Talsperre im Bau

Talsperre	Gewichtsstaumauer, Höhe: 163 m, Länge 1210 m, Volumen: 6,82 Mio. m³
Stausee	Fläche: 375 km², Speicherraum: 9500 Mio. m³
Bewässerung	1,845 Mio. ha in G, 246000 ha in R, 37000 ha in M, landwirtschaftliche Produktionserhöhung von 16 Mrd. Rs. jährlich erwartet
Trinkwasser	1,06 Mio m³ für 131 Städte, 9633 Dörfer in G
Hydroenergie	Kraftwerke 1450 MW (2006); Dammerhöhung soll Leistungserhöhung von 3500 GW h bringen Aufteilung: MP 57%, M 27%, G 16%
Hochwasser-schutz	Für 30000 ha, 210 Dörfer, 1 Stadt in G
Umsiedlung	Stausee wird bei voller Höhe 37533 ha Land, 245 Dörfer überfluten.

G = Gujarat, MP = Madhya Pradesh, M = Maharashtra, R = Rajasthan

M8   **Stand des Sardar-Sarovar-Projekts**

Zwischen den ersten Vorschlägen zu Talsperren an der Narmada 1947-48 und dem Schiedsspruch des Narmada Water Disputes Tribunal 1979 kam es zwischen drei, später vier indischen Bundesstaaten zu Konflikten darüber, was wo gebaut werden sollte. Die Regierungen von Gujarat, Madhya Pradesh und Maharashtra, später auch von Rajasthan stritten darüber, welcher Staat wo Talsperen welcher Höhe bauen könne, wie Wasser, das für Bewässerungszwecke verfügbar gemacht würde, zwischen ihnen aufgeteilt werden solle und welchen Anteil am Strom, der von Hydroenergiekraftwerken in Verbindung mit den Stauwerken erzeugt würde, jeder erhielte. [...] Die Auseinandersetzungen zwischen den Staaten zogen sich solange hin aufgrund unterschiedlicher Vorstellungen über die Stauwerkshöhe [der Sardar-Savodar-Talsperre] in Navagam. Gujarat bevorzugte eine höhere Staumauer, um eine möglichst große Wassermenge zu erhalten. Dies würde aber zu größeren Überflutungen in Madhya Pradesh und Maharashtra führen. Daher sprachen sich diese beiden Bundesstaaten für eine niedrige Mauer aus. Als Rajasthan später beteiligt wurde, bevorzugte es auch den Bau einer höheren Staumauer, weil dies die einzige Möglichkeit war, Narmada-Wasser zu erhalten. Die indische Verfassung [...] sieht vor, dass die Zentralregierung eingreifen kann, um Streitigkeiten zu lösen,

die Projekte an Flüssen betreffen, die Bundesstaatsgrenzen überqueren. [...] Der Schiedsspruch des Narmada Water Disputes Tribunals [im Jahre 1979] legte einen Plan vor für den Bau von 30 großen, 125 mittleren und 3000 kleinen Stauwerken an verschiedenen Orten an der Narmada oder einem ihrer 41 Nebenflüsse sowie für einen 532 km langen Kanal von einem am Stauwerk zu schaffenden Stausee durch Gujarat nach Rajasthan.
Quelle: Peterson, M.J.: Narmada Dams Controversy – Case Summary 2010

Die Höhe der Sardar-Sarovar-Talsperre wurde in mehreren Stufen immer weiter angehoben. Das hat jeweils den Rückstau der Talsperre vergrößert und Wohnstätten in weit entfernten Dörfern während der Monsunzeit überflutet. Wie die Narmada Bachao Andolan („Rettet-die-Narmada-Bewegung") dokumentierte, müssen noch 45000 vom Bau betroffene Familien – ca. 225000 Menschen - rehabilitiert werden. Viele Menschen wurden in Umsiedlungsorte verdrängt, haben aber weder neues Land, noch Wasser oder anderes erhalten, worauf sie Anspruch haben. Andere wurden nicht einmal als Geschädigte anerkannt, weil ihre Landrechte nie formal niedergelegt worden waren. [...] Der Stausee wird schätzungsweise 37500 ha Land überfluten, darunter mehr als 13300 ha sehr artenreicher Wälder.
Quelle: Seth, B.L.: Narmada Valley: A Conflict Zone. International Rivers 25.6.2015

M6   **Quellentexte zum Sardar-Sarovar-Projekt** (Übersetzung G.S.)

Quelle: Henning 2008

—— Flüsse mit innerindischen Wasserkonflikten (zwischen Bundesstaaten)
- - - River-Linking-Projekt

M7   **Wasserkonflikte und das Interlinking-Rivers-Projekt**

Nach vier Jahrzehnten der Debatte sind die Pläne Indiens, seine Flüsse zu verbinden, schließlich seit letztem September im Gange. [...] Die Verbindung von Godavari und Krishna ist der erste Teil des riesigen technischen Vorhabens, das 37 Flüsse in Indien durch den Bau von 15000 km Kanälen und Tausenden von Wasserspeichern verbinden sowie 34 Gigawatt Hydroelektrizität [erzeugen] soll. [...] Die Regierung glaubt, dass das nationale River Linking Project gleichzeitig die akuten Probleme des Landes mit Überschwemmungen und Trockenheit dadurch lösen werde, dass es „Überschuss"-Wasser aus Überschwemmungsgebieten in solche mit einem Defizit bringt. Es wurde auch als Lösung des Hungerproblems vorgestellt [...]. Die Regierung macht geltend, das Vorhaben werde zusätzlich 35 Mio. ha Bewässerungsland schaffen. Aber nicht jeder begrüßt den Plan, der zuerst vom Bewässerungsministerium 1980 ins Auge gefasst wurde. Kritiker warnen vor enormen negativen Auswirkungen, von der großmaßstäbigen Vertreibung der Bevölkerung bis zur Überflutung von Wäldern und Nationalparks, der Heimat der bedrohten Tiger.
Quelle: Howard, E.: Linking India's rivers: critics rally to protest 'illegal and unnecessary' plans. The Guardian, 14.1.2016 (Übers. G.S.)

M9   **Quellentext zum Interlinking Rivers Projekt**

2.10 Zwischenstaatliche Wasserkonflikte

Mit der Teilung Britisch-Indiens traten im Punjab die ersten zwischenstaatlichen Wasserkonflikte auf. Heute führt das Wasser des Indus und seiner Nebenflüsse noch immer zu Irritationen zwischen Indien und Pakistan; zudem gibt es zahlreiche weitere „Problemflüsse", an denen mehrere Staaten anliegen. Es gibt aber auch Wege, solche Konflikte bilateral oder international zu regeln, sodass nicht das „Recht des Stärkeren" entscheiden muss.

1. a) Erklären Sie die Doktrinen zur Regelung der zwischenstaatlichen Wasserverteilung (M1).
   b) Analysieren Sie die räumliche Konstellation der Indus-, Ganges- und Brahmaputra-Anlieger. Wer profitiert von seiner Lage bei welchen Doktrinen (M1, Atlas).
2. a) Charakterisieren Sie die Wasserkonflikte zwischen Indien und Pakistan und Indien und Nepal. Beachten Sie die unterschiedliche Flusslage Indiens in beiden Konflikten (M2, Atlas).
   b) Beurteilen Sie die Position Indiens in beiden Konflikten.
3. a) Beschreiben Sie das Flusssystem von Ganges und Brahmaputra (M5).
   b) Erklären Sie das Abflussverhalten im Flusssystem unter natürlichen Bedingungen (M5, M6, M10).
   c) Erläutern Sie die Situation Bangladeschs (M4, M8).
   d) Beurteilen Sie die Rolle Chinas in dem Konflikt (M9).
4. Entwickeln Sie Lösungen des Wasserkonflikts zwischen Indien und Bangladesch (M4, M8) unter Zugrundelegung der verschiedenen völkerrechtlichen Doktrinen (M1).

M3   Überschwemmtes Gehöft in Bangladesch

„Für die Menschen Bangladeschs ist die Wasserteilung der grenzüberschreitenden Flüsse sehr wichtig, weil 54 größere Flüsse von Indien nach Bangladesch fließen. Indien entnimmt aus 43 der gemeinsamen Flüsse Wasser durch künstliche Strukturen. Das ist gegen gute Nachbarschaft. Nur für einen dieser Flüsse wurde ein Übereinkommen über die Wasserverteilung erzielt: 1996 der Gangeswasservertrag für eine Periode von 30 Jahren. […] Wenn Bangladesch in der Trockenzeit Wasser benötigt, bekommt es das nicht, aber wenn es im Sommer zur Monsunzeit kein Wasser braucht, erhält es davon genug, um Häuser, Straßen, Ufer und Uferbefestigungen zu zerstören."

Harun ur-Rashid, Bangladeschs Botschafter bei der UN in Genf

M4   Zitat zum Wasserkonflikt zwischen Indien und Bangladesch

Doktrin	Merkmal
Prinzip der rechtlichen Gemeinschaft	• Unbegrenztes Gemeineigentum aller Flussanlieger
Prinzip der absoluten Souveränität	• Territoriale Souveränität über alle Wasserressourcen auf Staatsgebiet • Alleiniges Nutzungsrecht über Gewässerabschnitt
Prinzip der absoluten Integrität	• Recht auf unbeeinträchtigten Zufluss, • Pflicht des Oberliegers: ungestörte Weiterleitung
Prinzip der beschränkten Souveränität („Helsinki Rules")	• Anerkennung der Interessen und Rechte anderer Anlieger und damit Aufgabe einer Position der absoluten Souveränität • Verpflichtung zur Entschädigung bei Beeinträchtigung der Interessen anderer Staaten • Kosten-Nutzen-Analyse in der Planung mit dem Ziel nachhaltiger Nutzung • Informationspflicht für die Anlieger und offener Datenaustausch • Regelung von Einwänden durch Konsultationsausschüsse und Schiedskommissionen

M1   Völkerrechtliche Doktrinen zur Regelung der zwischenstaatlichen Wasserverteilung von Flussanrainern

Länder	Gegenstand	Problemfelder	Ablauf und Lösung
Indien – Pakistan	• Indische Hydroenergieprojekte am Oberlauf der westlichen Flüsse Jhelum und Chenab: Baglihar (ab 1999), Kishenganga (ab 2007) Ratle (ab 2013) • Sperrwerk zur Regelung des Wasserabflusses am oberen Jhelum (Wular-Wehr) • Unterlauf der östlichen Flüsse (Beas, Ravi, Sutlej)	• Bedenken PAKs, dass Stauwerke und Umleitungen in eigene Rechte eingreifen und Abfluss stören. Angst vor INDs Position, Wasserzufuhr abzuschneiden. • PAK fürchtet negative Auswirkungen auf eigene Vorhaben an Jhelum und Chenab sowie Wasserdrosselung im Konfliktfall. • Das wenige von IND nach PAK gelangende Wasser ist stark verschmutzt – Abwasser.	• Indus Water Treaty 1960 als Grundlage für Schiedsverfahren, die INDs Vorhaben mit Abstrichen genehmigen • Baubeginn 1984, Unterbrechung 1987, Prüfung der Wiederaufnahme 2009, Abbruch bilateraler Verhandlungen 2012 • Seit 1960 kein formaler Konflikt, aber Verschärfung anderer Wasserfragen
Indien – Nepal	• Hydroenergie, Hochwasserschutz, Bewässerung an Gangesnebenflüssen Mahakali/Sharda, Karnali, Gandak, Kosi	• Unterschiedliche Prioritäten: Elektrizität (NPL) vs. Bewässerung (IND); Probleme mit Hochwasserschutz in Grenzgebieten. • Lokaler Widerstand wegen möglicher Umsiedlungsmaßnahmen, • kaum Projektfortschritte, • in NPL verbreitetes Gefühl, von IND übervorteilt zu werden.	• Verträge zu Kosi (1954, 1966), Gandak (1959, 1964) • Mahakali-Vertrag 1996 • *Joint Committeee on the Kosi and Gandak Projects*

M2   Wasserkonflikte zwischen Indien (IND) und Pakistan (PAK) und Indien und Nepal (NEP).

  100800-176-01
schueler.diercke.de   100800-183-07
schueler.diercke.de

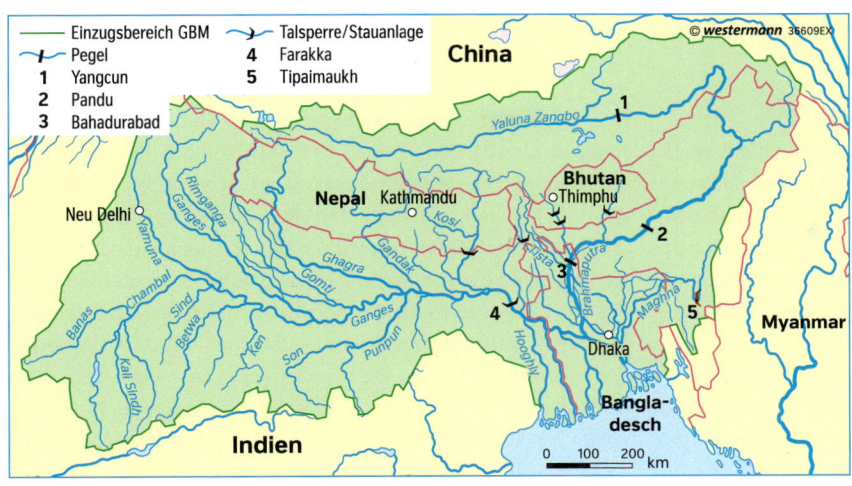

M5 Ganges-Brahmaputra-Meghna-Einzugsbereich

Legende:
- Einzugsbereich GBM
- Pegel
- Talsperre/Stauanlage
- 1 Yangcun
- 2 Pandu
- 3 Bahadurabad
- 4 Farakka
- 5 Tipaimukh

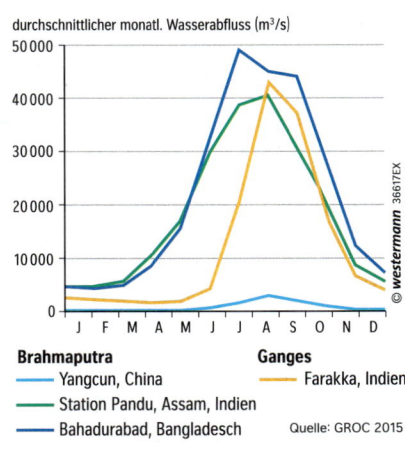

durchschnittlicher monatl. Wasserabfluss (m³/s)

Brahmaputra
- Yangcun, China
- Station Pandu, Assam, Indien
- Bahadurabad, Bangladesch

Ganges
- Farakka, Indien

Quelle: GROC 2015

M 10 Abfluss des Brahmaputra (China, Indien, Bangladesch) und Ganges

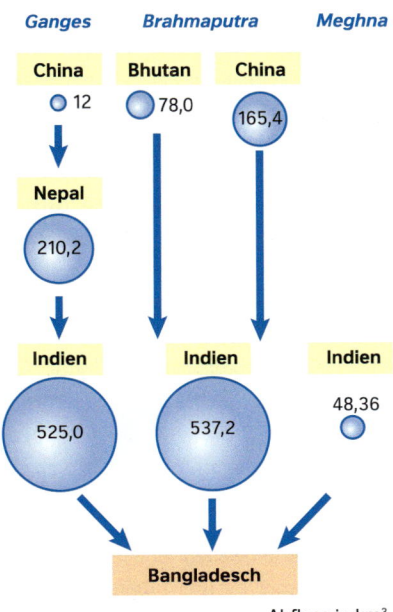

Ganges	Brahmaputra	Meghna
China 12	Bhutan 78,0	China 165,4
Nepal 210,2		
Indien 525,0	Indien 537,2	Indien 48,36

Bangladesch

© westermann 36621EX   Abfluss in km³

M 6 Abfluss von Ganges, Brahmaputra und Meghna

Die wachsende Knappheit an Süßwasser hat Interessenvertreter auf allen Ebenen häufig ermutigt, Hegemonie über große Teile der verfügbaren Menge an Flusswasser zu gewinnen und zu verteidigen, was bestehende Konflikte verschärfte. Während ein solcher Wettbewerb um den Zugang zu Wasser von alarmistischen Autoren als Beginn potenzieller Konflikte gezeichnet wird, deutet die Geschichte aber darauf hin, dass sie häufiger als Plattform für Schritte zur Zusammenarbeit und Kommunikation fungierten. [...] Regionale Kooperation bei grenzüberschreitenden Wasserläufen ist der einzige Weg, einvernehmlich Vorteile für alle Parteien zu erzielen und neue Möglichkeiten für Anlieger zu schaffen, Wasserregime in breiter Übereinstimmung zu entwickeln.
Quelle: Bandyopadhyay, J., Ghosh, N. & Mahanta, C.: IRBM for Brahmaputra Sub-basin. 2016

M 7 Quellentext zu Wasserkonflikten

Seit vielen Jahren ist Wasser eines der umstrittensten bi- und multilateralen Problemfelder zwischen den Ländern Südasiens. Wasserkonflikte haben z.B. Indiens Beziehungen zu dreien seiner Nachbarn angespannt: Bangladesch, Pakistan und Nepal. Der rapide Rückzug der Gletscher des Himalaya, wachsende Auswirkungen des Klimawandels, eine Verschlechterung der Flussökologie und wachsende Verstädterung in der Region haben den Süßwasserfluss in Südasien beeinflusst. Indiens unilateraler Ansatz macht das Aufrechterhalten guter Beziehungen unter den südasiatischen Ländern schwieriger. Im Ergebnis bedürfen die wichtigen grenzüberschreitenden Flüsse einschließlich des Indus, des Ganges und des Brahmaputra, von denen [...] schätzungsweise die Leben von 700 Mio. Menschen abhängen, dringend einer besseren „Wasser-Governance". Wasserteilungskonflikte unter den Ländern der Region haben eine lange und heiße Geschichte. Bangladesch und Indien unterhalten gespannte Beziehungen über Fragen des Wassermanagements, die durch die Umleitung des Ganges, den Farakka-Damm, die geplante Tipaimukh-Talsperre und das Dilemma der Teilung des Tista(Teesta)-Wassers von Indien weiter belastet wurden. Indiens Wasserkraftprojekte und die Zerstörung, die sie der Umwelt zufügen, haben einen weiteren Zankapfel zwischen beiden Ländern geschaffen. Indiens Entscheidung, den Ganges abzuleiten, hat auf Ackerland in Bangladesch zur Versalzung geführt und Fischerei und Schifffahrt negativ beeinflusst. Der Farakka-Damm hindert Süßwasser daran, die Sunderbans zu erreichen, den weltgrößten Mangrovenwald. Die Beziehungen zwischen Indien und Bangladesch sind auch gespannt wegen der geplanten Tipaimukh-Talsperre im [indischen] Bundesstaat Manipur, der, wird er gebaut, 1500 MW Hydroelektrizität erzeugen und den Hochwasserschutz verbessern wird. Der Bau würde jedoch auch zum Austrocknen zweier Flüsse führen, des Surma und des Kusiyara, die große Teile der Bewässerung im nordöstlichen Bangladesch sicherstellen. Die Talsperre hätte zudem nachteilige Auswirkungen auf die Umwelt und die Biodiversität der stromab liegenden Gebiete Bangladeschs.
Quelle: Nesa, M.: A step towards solving the South Asian water crises. 2015 (Übers. G. S.)

M 8 Quellentext zum Wasserkonflikt zwischen Indien und Bangladesch

China soll auf Rang 13 der "wasserarmen Länder" stehen. 80 Prozent seiner Städte haben große Wasserprobleme. Seine ausgetrockneten Nordgebiete besitzen nur 14,5 Prozent der Wasserressourcen des gesamten Landes; deshalb wird geplant, Wasser vom Brahmaputra in den Norden zu leiten. China entwickelt auch fünf Wasserkraftwerke an diesem Fluss, das erste wurde 2014 fertiggestellt. Der Mangel an Datenaustausch zu diesen Projekten schürt Ängste bei den Unterliegern. Bangladesch ist das verwundbarste der drei vom Brahmaputra abhängigen Länder. Es besitzt die wenigsten Wasserressourcen und die größte äußere Abhängigkeit. China weigert sich, formale Übereinkommen zur Wasserverteilung abzuschließen, was der einzige Weg aus dem „Wasserchaos" wäre. Die einzigen Übereinkommen, die Indien mit China abschließen konnten, betreffen den Austausch von wasserbezogenen Daten bei Überschwemmungen, das jüngste wurde 2013 [...] unterzeichnet. Im Laufe der Zeit wird die Situation schwieriger werden, da der Wasserbedarf steigen wird und mehr Talsperren errichtet werden. Daher ist es für Indien und Bangladesch geopolitisch unerlässlich, China so bald wie möglich an den Verhandlungstisch zu bringen.
Quelle: Moudgil, M.: The Improbability of a Water War in South Asia. 2017 (Übers. G. S.)

M 9 Quellentext zur Rolle Chinas

Zusammenfassung

Landwirtschaftliche Strukturen

Die Landwirtschaft beschäftigt in fast allen Ländern Südasiens noch immer einen großen Teil der Bevölkerung. Die Bedingungen für landwirtschaftliche Produktion unterscheiden sich in den Teilräumen: Weizen ist die Hauptfrucht im Nordwesten, Reis im Osten und Hirsen in den kargeren Landesteilen Zentralindiens. Subsistenzanbau spielt eine große Rolle, kommerzieller Anbau auch von Cash Crops wie Baumwolle oder Zuckerrohr konzentriert sich auf Gunstgebiete.

Die Länder Südasiens haben versucht, durch Landreformmaßnahmen eine in weiten Teilen durch Großgrundeigentum und Teilpacht gekennzeichnete Agrarsozialstruktur zu erneuern, vor allem durch Regelungen der Pachtbedingungen und Bodenbesitzreformen. Doch die Maßnahmen waren nur begrenzt wirksam. Bewirtschaftet wird das Land ganz überwiegend von Kleinbetrieben. Auch aufgrund von Erbteilungen wächst der Anteil der kleinbäuerlichen und marginalen Betriebe.

Grüne Revolution und Markteinbindung

Seit den 1960er-Jahren hat eine Transformation des traditionellen Anbaus stattgefunden, hin zum Einsatz von Hochertragssorten, Agrarchemie (chemische Dünger, Pestizide, Herbizide), mechanischer Bodenbearbeitung und verstärkter Bewässerung („Grüne Revolution"). Hierdurch stiegen die Erträge, sodass die südasiatischen Länder trotz wachsender Bevölkerung ihre Pro-Kopf-Versorgung mit Lebensmitteln verbesserten. Auf der anderen Seite war dies mit ökologischen Folgen und kräftig steigenden Produktionskosten verbunden, sodass vor allem einkommensstärkere Bauern profitierten.

Mit der Liberalisierung einhergehende Entwicklungen haben zum einen ausländischem Kapital den Zugang auch zur Landwirtschaft eröffnet, zum anderen zu neuen Vermarktungsmechanismen geführt – auch zwecks Versorgung einer wachsenden, zum Teil einkommensstarken städtischen Bevölkerung. Ein Weg der Markteinbindung ist die Vertragslandwirtschaft, bei der der Landwirt, vertraglich gebunden und auf eigenes Risiko, für einen Abnehmer produziert. Heute versuchen viele Bauern auch durch eine Umorientierung auf ökologischen Landbau den (Rück-)Weg zu einer nachhaltigen Landwirtschaft einzuschlagen.

Plantagen und Nahrungsmittelerzeugung

Die Plantagenwirtschaft ist ein Beispiel für eine Produktion für den Weltmarkt. Neben dem Anbau von Dauerkulturen wie Tee, Kaffee oder Kautschuk erfolgen hierbei auch erste Verarbeitungsschritte. Heute werden die Pflanzungen oftmals von großen, internationalen und sektorell breit aufgestellten Konzernen betrieben.

Auch Kleinbauern betreiben den Anbau von Cash Crops für den internationalen Markt, doch vor allem erzeugen sie noch immer Nahrungsmittel zur Selbstversorgung und für regionale Märkte. Im Falle Sri Lankas ist es das Grundnahrungsmittel Reis, bei dem das Land Selbstversorgung anstrebt. Die Erträge sind abhängig von der Verfügbarkeit von Wasser. Die in weiten Teilen des Landes verbreitete traditionelle Tank-Bewässerung auf der Basis von regenwassergefüllten Teichen ist von der Höhe der Monsunniederschläge abhängig.

Bewässerung

Bewässerung, in Teilen Südasiens Voraussetzung für den Anbau überhaupt, in anderen für Mehrfachernten und Ertragssicherung, wird von alters her mit Tanks und Wasserspeichern, die die Monsunniederschläge sammeln, oder Brunnen praktiziert. Großflächige Bewässerung basiert auf der Ableitung von Oberflächenwasser aus Flüssen oder Stauseen, das über Kanalsysteme, wie im Industiefland, weiträumig verteilt wird. Problematisch ist, dass bei Bewässerung und ungenügender Drainage häufig Staunässe und Versalzung auftritt. Bei höheren Salzkonzentrationen im Boden oder salzhaltigem Irrigationswasser kann zum Teil eine Umstellung auf salztolerantere Pflanzen helfen, aber auch eine verbesserte Bewässerungstechnik. Der zunehmende Einsatz von Rohrbrunnen mit Pumpenbewässerung hat zudem in vielen Gebieten zu einem starken Absenken des Grundwasserspiegels geführt.

Konflikte um Wasser

Um Wasser entbrennen diverse Konflikte, zum einen um die Verteilung dieser begrenzten Ressource, zum anderen um Maßnahmen des Wasserbaus wie die Anlage von Stauseen und Kanalsystemen. Hier sind es vor allem die Betroffenen, die gegen den Verlust ihres Landes protestieren. Aber auch die Unterlieger, bei grenzüberschreitenden Flüssen sind dies auch die Einwohner in Nachbarstaaten, sind von den ökonomischen und ökologischen Folgen solcher Maßnahmen betroffen. Großprojekte werden daher häufig gerichtlich angefochten. Um zwischenstaatliche Konflikte zu lösen, ist eine vertragliche Regelung der Nutzungsrechte wie eine Abstimmung von wasserbaulichen Maßnahmen angezeigt, oft aber nur schwer zu erreichen.

Weiterführende Literatur und Internetlinks

Diercke Regionalatlas Südasien
- Südasien – Vegetation und Bodenbedeckung im März und im September (S. 4/5)
- Bangladesch – Überschwemmungen und Monsunregen (S. 6/7)
- Pakistan Überschwemmungen (S. 8)
- Südasien – Dürregefährdung und Bewässerung (S. 18)
- Südasien – Ernährung (S. 18)
- Anantapur (Südindien) – Bewässerungsprojekte (S. 18)
- Südasien – landwirtschaftliche Entwicklung (S. 19)
- Südasien – Bodendegradierung (S. 19)
- Kamupillai Chatram – Dorfstruktur (S. 19)
- Gorkha (Nepal) – Übernutzung (S. 19)

Geographische Rundschau
- Daniel Münster, Julia Poerting, Juliane Dame: Agrarwirtschaft in Indien: Kleinbauern zwischen Krise und neuen Perspektiven. 1/2015, S. 16 – 22

Daten zur Landwirtschaft
Ernährungs- und Landwirtschaftsorganisation der Vereinten Nationen (FAO)
- http://faostat3.fao.org

Weltagrarbericht
- www.weltagrarbericht.de

Aquastat – Wasserinformationssystem
- www.fao.org/nr/water/aquastat/main

UN Water
- www.unwater.org/statistics

International Rice Research Institute
(Reiszüchtung, Grüne Revolution)
- http://irri.org

International Commission on Large Dams
- www.icold-cigb.net

International Rivers
- www.internationalrivers.org

International Water Law Project
- www.internationalwaterlaw.org/documents/asia.html

3 WIRTSCHAFT UND ENTWICKLUNG

Produktionslinie des „Maxximos", eines leichten Nutzfahrzeuges des indischen Herstellers Mahindra, in einer Fabrik in einer SWZ bei Pune

3.1 Die Entwicklung Südasiens

Was ist Entwicklung?

Entwicklung kann man schlicht verstehen als Veränderung, die in einem Zeitraum erfolgt. Entwicklung als entwicklungspolitischer Begriff beinhaltet aber eine Veränderung zum „Besseren", „Höheren". Dabei wird die Richtung vorgegeben – auch durch die Indikatoren, die zu ihrer „Messung" verwendet werden. In der Vergangenheit war weitgehend nur die wirtschaftliche Entwicklung gemeint, die durch Indikatoren wie das Bruttoinlandsprodukt (BIP) dargestellt wurde. Dieser reine Blick auf wirtschaftliches Wachstum geriet aber in die Kritik. Zum einen wurde hinterfragt, ob in einem Land alle Menschen gleich von einem wachsenden Pro-Kopf-Einkommen (als BIP/Ew.) profitieren? Zum anderen wurde angemerkt, dass zur menschlichen Entwicklung auch andere Aspekte gehören. Der Human Development Index (Kap. 1.10) bezieht daher auch Aspekte wie Bildung und Gesundheit mit ein.

M 1 Arbeiterinnen bei der Kabelmontage bei einem Autozulieferer in Neu-Delhi

M 2 Handwerker bei der Herstellung von Haushaltswaren in Kolkata

Wirtschaftsstruktur

Wirtschaftliche Entwicklung drückt sich auch in einer Veränderung der Wirtschaftsstruktur aus. Hier ist das Verhältnis der Sektoren zueinander angesprochen: Legt man die historischen Abläufe in Europa zugrunde, nimmt zu Beginn der Industrialisierung die Bedeutung des sekundären Sektors auf Kosten des primären zu, später gehen beide zurück, während der tertiäre Sektor wächst. Ist solch ein Strukturwandel auch in Entwicklungsregionen wie Südasien zu beobachten (M 3)? Wie haben Staaten wie Indien versucht, durch gezielte Politik die industrielle Entwicklung voranzutreiben (Kap. 3.2, 3.3)? Gibt es auch Ansätze, Entwicklung von „Unten" zu fördern (Kap. 3.10).

Der sektorale Wandel gibt aber nur ein recht ungenaues Bild wirtschaftlicher Entwicklung. Innerhalb der Sektoren hat sich eine unüberschaubare Vielfalt von Wirtschaftsbereichen entwickelt, die mittels komplizierter Klassifikationssysteme erfasst werden können. Welche Veränderungen traten innerhalb verschiedener Branchen auf (Kap. 3.3 – 3.6)?

Zudem gilt es – insbesondere in Entwicklungsländern – bei der Betrachtung wirtschaftlicher Entwicklungen Folgendes zu beachten: Volkswirtschaftliche Statistiken repräsentieren nur die Daten, die von staatlichen Stellen erfasst werden können. Vieles im Wirtschaftsleben läuft aber ab, ohne dass es von Behörden registriert wird. Aus diesem Grunde wurde eine Unterscheidung getroffen zwischen einem „formellen" Bereich, der sich gut in den Daten wiederspiegelt und einem „informellen", schlecht oder nicht erfassten, für den man weitgehend auf Schätzungen angewiesen ist (Kap. 3.9).

Globalisierung

Wirtschaftliche Entwicklung ist nicht nur abhängig von Prozessen, die innerhalb der Länder ablaufen. Auch in der Vergangenheit waren die einzelnen Nationalstaaten (oder deren Kolonien) durch Warenaustausch verbunden. Heute sind die Volkswirtschaften noch enger verflochten, was mit dem Begriff „Globalisierung" beschrieben wird. Diese bedeutet nicht nur einen Transfer von Waren über Ländergrenzen hinweg, sondern auch von Arbeit und Kapital (z. B. als ausländische Direktinvestitionen, ADI). Die Verbesserung der Kommunikationsstrukturen durch Digitalisierung, aber auch politische Rahmenvorgaben wie eine Öffnung und Liberalisierung, haben wesentlich dazu beigetragen. Wie können Staaten ausländische Investitionen anlocken (Kap. 3.7)? Welche Bedeutung haben Rücküberweisungen von (zeitweise) ausgewanderten Bürgern dieses Staates (Kap. 3.8)?

	Bruttoinlandsprodukt[1] (in %)						Beschäftigte nach Wirtschaftssektor[2] (in %)					
	Landwirtschaft		Industrie		Dienstleistungen		Landwirtschaft		Industrie		Dienstleistungen	
	1985	2016	1985	2016	1985	2016	1985/94	2016	1985/94	2016	1985/94	2016
Bangladesch	34,8	14,8	20,8	28,8	44,4	56,5	57,7	40,6	11,5	19,1	30,8	40,3
Bhutan	43,5	16,4	19,8	42,2	36,8	41,4	k.A.	56,6	k.A.	9,7	k.A.	33,7
Indien	32,0	17,4	30,7	28,8	37,3	53,8	61,9	44,2	15,4	24,5	22,7	31,3
Malediven	k.A.	3,2	k.A.	23,8	k.A.	73,0	25,0	7,7	21,54	22,8	53,6	69,5
Nepal	51,7	33,0	15,1	14,6	33,2	52,4	81,2	72,6	2,7	10,9	16,1	16,5
Pakistan	28,5	25,2	22,5	19,2	49,0	55,6	50,6	42,1	20,1	19,8	29,3	38,1
Sri Lanka	28,1	8,2	26,5	29,6	45,4	62,2	49,3	27,4	18,8	25,9	31,9	46,7

M 3 Anteile des Bruttoinlandsprodukts und der Beschäftigten nach Wirtschaftssektor in Südasien (Quelle: [1]World Bank, [2]UN)

	Top-5-Exportgüter
Bangladesch	Bekleidung (83,2 %), Textilien (4,9 %), Schuhe (2,1 %), Shrimps, Fische (2,0 %), Leder, Lederwaren (1,3 %)
Bhutan	Eisen, Stahl (41,6 %), Elektischer Strom (13,9 %), Anorg. chem. Erzeugnisse (11,0 %), Kupfer (4,1 %), Gewürze (2,9 %)
Indien	Diamanten, Juwelen, Gold (16,1 %), Erdöl- erzeugnisse (10,6 %), Fahrzeuge (7,9 %), Bekleidung (6,9 %), Textilien (6,2 %)
Malediven	Fisch (90,3 %)
Nepal	Textilien (22,3 %), Teppiche (11,1 %), Bekleidung (11,1 %), Gemüse, Früchte (3,2 %), Gewürze (4,3 %)
Pakistan	Textilien (36,8 %), Bekleidung (21,6 %), Reis (8,3 %), Gemüse, Früchte (3,2 %), Zucker (2,0 %)
Sri Lanka	Bekleidung (45,8 %), Tee (12,0 %), Kautschukwaren (5,7 %), Gemüse, Früchte (3,2 %), Textilien (2,9 %)

Quelle: UNCTAD

M 4 Die wichtigsten Exportgüter der südasiatischen Staaten 2016

*Ein Viertel bis ein Drittel der Inder leben noch immer in Armut, mehr als neun Zehntel aller Beschäftigten arbeiten im informellen Sektor. Beim Index der menschlichen Entwicklung rangiert Indien an 136. Stelle von 185 Staaten (UNDP 2013) [...]. Im Vergleich zu seiner Bevölkerung, die bald größer als die Chinas sein dürfte, ist Indiens Anteil am Welthandel noch immer geringer als 1948, wenn auch steigend. An 19. Stelle unter den Exporteuren mit 1,6 Prozent der Weltexporte (China: 11,1%) liegt Indien noch immer hinter Hongkong und Singapur. Bei den Dienstleistungsexporten ist Indien auf Platz 7 vorgerückt. Seine stark defizitäre Handelsbilanz kann aber nur dank der Heimüberweisungen seiner Arbeiter im Ausland schließen. Die Devisenreserven Indiens betragen nur einen Bruchteil der von China. Eine führende Wirtschaftsmacht ist Indien noch nicht. Die Wissenschaft verdankt Indien wichtige Impulse: [...] Vor allem auf den Gebieten der Mathematik und Physik traten indische Wissenschaftler hervor; bis heute wurden sieben Inder mit einem Nobelpreis ausgezeichnet. Abgesehen von den vielen indischen Ärzten und Managern fallen im Ausland vor allem die Software-Ingenieure in den USA auf. [...] In der angewandten Forschung wurden Spitzenleistungen vor allem im Bereich der Rüstungs-, Raumfahrt- und Nuklearindustrie bekannt. Forschung wird vor allem in staatlichen Spezialinstituten und von der privaten Wirtschaft (Arzneimittel) betrieben, weniger an den Universitäten. 26 Prozent aller Inder über 7 Jahre können noch immer nicht lesen und schreiben. Eine Wissensmacht ist Indien damit erst bedingt.
Quelle: Zingel, W.-P.: Indien als (kommende) Weltmacht, Wirtschaftsmacht, Wissensmacht? Geographische Rundschau 1/2015, S. 7*

M 7 Quellentext zu Indien als Wirtschafts- und Wissensmacht

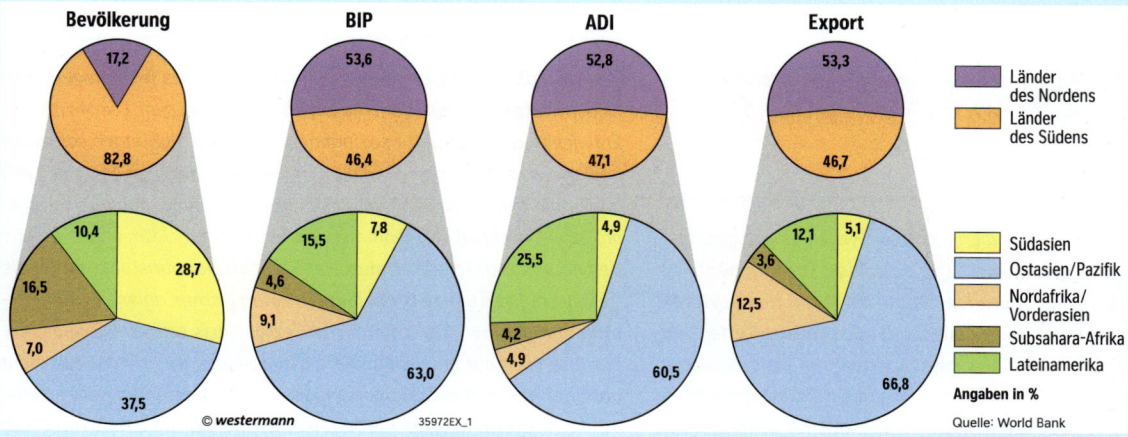

M 5 Anteil der Länder des Südens bzw. der Entwicklungsregionen an Bevölkerung, BIP, ADI und Exporten 2015

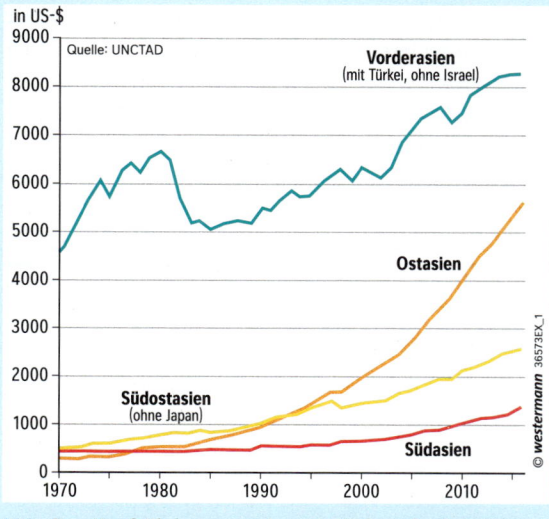

M 6 Pro-Kopf-Einkommen der asiatischen Großräume

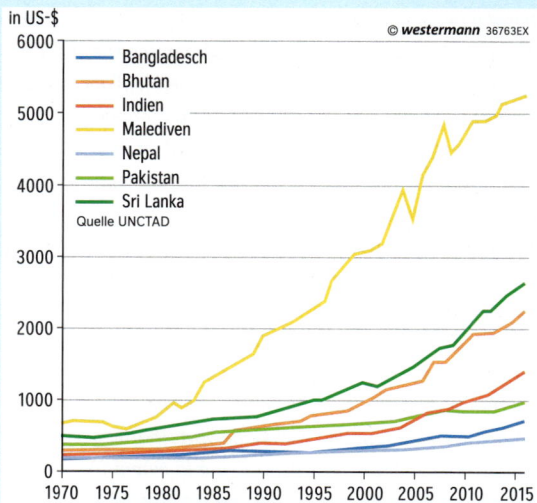

M 8 Pro-Kopf-Einkommen der südasiatischen Länder

1. Stellen Sie den strukturellen Wandel der Wirtschaft in den südasiatischen Staaten dar (M 3).
2. Vergleichen Sie die Exportstruktur der südasiatischen Staaten (M 4).
3. Beurteilen Sie die wirtschaftliche Bedeutung und Entwicklung Südasiens/Indiens in der Weltwirtschaft (M 5 – M 7).

3.2 Von der Entwicklungsplanung zur Liberalisierung

Nach den langen Jahren kolonialer Ausbeutung als Rohstofflieferant durch die Briten und der damit verbundenen Deindustrialisierung des Landes, setzte Indien in den ersten Jahrzehnten nach der Unabhängigkeit wirtschaftspolitisch auf einen eigenen, „dritten" Weg zwischen Kapitalismus und Sozialismus. Diese „Mixed Economy" kombinierte staatliche Planung und demokratische Politik, eine planwirtschaftlich orientierte Wirtschaft und marktwirtschaftliche Elemente. Mithilfe von Fünfjahresplänen mit wechselnden Schwerpunkten sollte eine eigenständige Wirtschaft aufgebaut werden, in der im Inland hergestellte Produkte importierte Güter ersetzen sollten (Importsubstitution). Nach mäßigem Erfolg dieser Strategie schwenkte Indien in den 1990er-Jahren auf eine liberalere Wirtschaftspolitik um.

1. Fassen Sie die Merkmale der *Mixed Economy* zusammen (M1, M3, M5).
2. Erläutern Sie die Gründe für die Abkehr von der Mixed Economy (M4, M6).
3. a) Charaktisieren Sie die Inhalte indischer Fünfjahrespläne (M2).
   Ⓩ b) Vergleichen Sie die Ziele des zweiten und zwölften Fünfjahresplans in Indien (M3, M5, M8).
   c) Erläutern Sie die Veränderungen der Schwerpunkte in den Fünfjahresplänen (M5).
4. Beurteilen Sie den wirtschaftlichen Erfolg der indischen Liberalisierungspolitik (M4, M7, M9, Materialien Kap. 3.1).

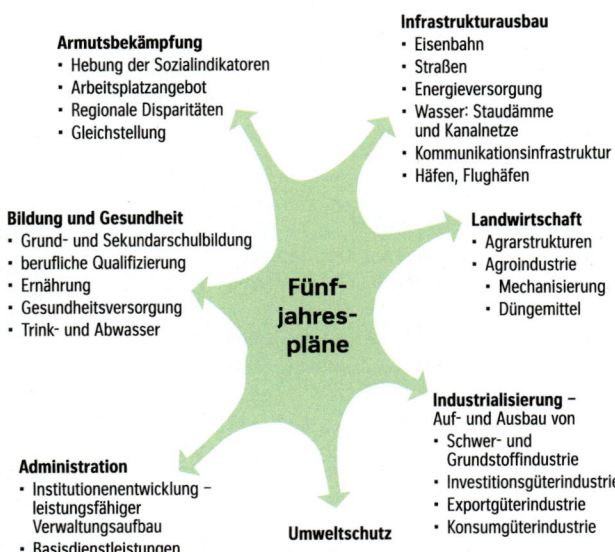

M2   Sektoren und Schwerpunkte indischer Fünfjahrespläne

Für das britische Empire war Indien nicht nur wegen seiner geostrategischen Stellung das „Kronjuwel". Der gewaltige Subkontinent ließ sich auch trefflich als Rohstoffproduzent und als Markt für die Waren des Mutterlandes nutzen. Die indischen Produzenten wurden mit administrativen Mitteln vom Markt gefegt, wo sie mit Unternehmern in Großbritannien konkurrierten. So ruinierte die Kolonialverwaltung systematisch die aufstrebende indische Textilindustrie, während die indische Produktion von Stoffen und Farben als Halbfertigprodukte für die britischen Wettbewerber gefördert wurde. [...] Als Folge entwickelte sich eine aufs Mutterland bezogene periphere Ökonomie. [...] Wie in vielen anderen Ländern wurde die indische Volkswirtschaft während des Zweiten Weltkriegs zentralisiert und auf die Produktion kriegswichtiger Güter ausgerichtet. Diese Struktur kam der sozialistisch-interventionistischen Ideologie der Kongresspartei [nach der Unabhängigkeit 1947] entgegen, die auf Importsubstitution, große Staatskonglomerate und staatliche Eingriffe ins Wirtschaftsgefüge setzte.

Zunächst erzielte die indische Regierung mit dieser Art des Wirtschaftens durchaus Erfolge – sie entwickelte die von den Briten hinterlassene Infrastruktur. Freilich führten die Aussperrung der Weltmarktkonkurrenz, die ständigen Eingriffe der Bürokratie, vor allem die Subventions- und Preiskontrollpraxis zu wachsenden Funktionsstörungen. Die „Herrschaft der Genehmigungsverfahren" wurde zum Albtraum des Unternehmertums in Indien: Ohne Genehmigungen war keine wirtschaftliche Tätigkeit möglich. So blieb die indische Wachstumsrate in einem für Entwicklungsländer niedrigen Korridor von um die drei Prozent. Währenddessen trieben Länder mit ähnlichem Ausgangsniveau, denen sich Indien historisch und kulturell überlegen fühlte, mit weitaus höheren Raten ihre wirtschaftliche Entwicklung voran.

Quelle: Müller, H., Rauch, C.: Indiens Weg zur Wirtschaftsmacht. Aus Politik und Zeitgeschichte 22/2008, S.7–13

M1   Quellentext zur Wirtschaftsentwicklung Indiens

Das Grundkriterium, um die Linien des Fortschritts festzulegen, darf nicht privater Profit, sondern muss sozialer Gewinn sein. Die Muster der Entwicklung und Struktur sozioökonomischer Beziehungen sollten so geplant werden, dass sie nicht nur zu einem erwünschten Ansteigen des Nationaleinkommens und der Beschäftigung führen, sondern auch zu größerer Gleichheit in Einkommen und Vermögen. [...] Um angemessene Bedingungen zu schaffen, muss der Staat als Hauptinstanz, die für die Gesellschaft als ganze spricht und in ihrem Namen agiert, Verantwortung übernehmen. Der öffentliche Sektor muss schnell expandieren. Er muss nicht nur Entwicklungen anstoßen, die der Privatsektor nicht unternehmen will oder kann, er muss auch die dominante Rolle spielen bei der Ausgestaltung der gesamten Investitionsstruktur der Wirtschaft, gleich ob er die Investitionen direkt tätigt oder diese vom Privatsektor vorgenommen werden. Der Privatsektor muss seinen Part spielen im Rahmen eines Gesamtplans, der von der Gesellschaft akzeptiert wurde. Die Ressourcen, die für Investitionen verfügbar sind, werden in letzter Instanz durch soziale Prozesse zu Tage gefördert. Privatunternehmertum, freie Preisgestaltung, privates Management sind alles Mittel um das weiterzubringen, was wirklich soziale Ziele sind. Sie können nur durch ihre sozialen Ergebnisse gerechtfertigt werden.

Quelle: Planning Commission: Second Five Year Plan. 1956-1961. New Delhi: Govt of India, Kap. 2 (Übers. G.S.)

M3   Text aus dem zweiten indischen Fünfjahresplan in Indien

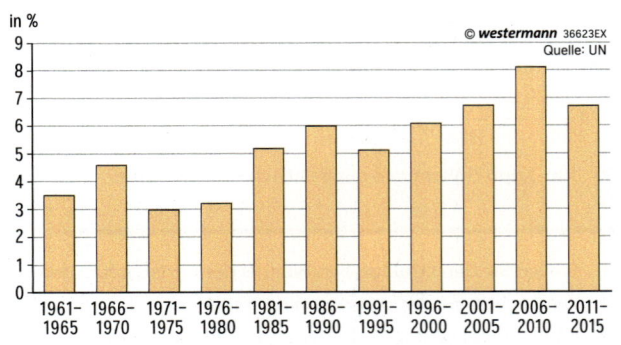

M4   Indien: durchschnittliches Jahreswirtschaftswachstum

Fünfjahresplan	Schwerpunkte
1. Plan: 1951 – 1956	Restrukturierung des Agrarsektors
2. Plan: 1956 – 1961	Schwer- und Grundstoffindustrien, z. B. Eisen und Stahl (mit ausländischer Unterstützung; z.B. Rourkela, vgl. Kap 3.3)
3. Plan: 1961 – 1966	Diversifizierung und Kapazitätsausbau bestehender Industrien; neue Stahlwerke, Elektroindustrie, Maschinen- und Werkzeugbau, Lokomotiven, Textilindustrie (Baumwolle, Jute), Düngemittel
4. Plan: 1969 – 1974	Ausbau der petrochemischen Industrie, Zucker, Jute, landwirtschaftliche Maschinen, Stahllegierungen, Aluminium
5. Plan: 1974 – 1979	Exportorientierte und Konsumgüterindustrie
6. Plan: 1980 – 1985	Elektrische/elektronische Produkte, Kraftfahrzeuge u.a. Konsumgüter
7. Plan: 1985 – 1990	Maximale Kapazitätsausnutzung bestehender Industrien, wachsende Bedeutung elektronischer Industrie
8. Plan: 1992 – 1997	Expansion der Industrie zur Wachstumssteigerung, Verbesserung des Handels und Abbau des Finanzdefizits
9. Plan: 1997 – 2002	Basic Minimum Services (BMS), z. B. Trinkwassersicherheit, Grundschulerziehung, finanzielle Konsolidierung durch verbesserten Steuereinzug und Kontrolle der Regierungsausgaben
10. Plan: 2002 – 2007	Reduktion von Armut und Anhebung der Sozialindikatoren, Schaffung neuer Arbeitsplätze, institution. Reformen
11. Plan: 2007– 2012	Integratives Wachstum, d.h. Armutsbekämpfung durch wirtschaftliches Wachstum auf breiter Basis; Erhöhung der Beschäftigung, Abbau regionaler Disparitäten; Förderung von Bildung, Gleichstellung und Gesundheit, Ausbau der Infrastruktur, Umweltschutz (Wald, Wasser etc.)
12. Plan 2012 – 2017	Inklusives Wirtschaftswachstum, nachhaltige Ressourcennutzung, Kapazitätsentwicklung von Arbeitskräften und Verwaltung, Infrastrukturentwicklung, Banken und Versicherungen, Wissenschaft und Technologie, globale Orientierung

M 5 Schwerpunkte der indischen Fünfjahrespläne

Der mangelnde Erfolg dieser sogenannten Mixed Economy veranlasste Premierminister Rajiv Gandhi Mitte der 1980er-Jahre erstmals zur zaghaften Abkehr vom quasi-sozialistischen Wirtschaftssystem. [...] [Infolge einer Verschuldung aufgrund anwachsender Importe, der Ölkrise 1990/91 und des Wegbrechens der Sowjetunion als wichtigstem Handelspartner] schmolzen die indischen Devisenreserven zusammen. Neu Delhi stand 1991 kurz vor der Zahlungsunfähigkeit. Die Regierung war gezwungen, um Kredite beim Internationalen Währungsfond nachzusuchen. [...] Die 1991 ins Amt gewählte Kongressregierung [...] entschied, die Krise als Chance zu begreifen [...] und das Ruder in der Wirtschaftspolitik herumzureißen. [...] Seit 1991 hat in der Wirtschaftspolitik tatsächlich ein Paradigmenwechsel stattgefunden: So wie in den ersten Jahren der Unabhängigkeit die Mixed Economy nahezu alternativlos von den maßgeblichen politischen Kräften getragen wurde, so haben sich heute [...] alle Parteien mit der Liberalisierung der indischen Wirtschaft abgefunden oder gar angefreundet. [...] Die überbewertete Rupie wurde abgewertet, und schrittweise konvertierbar gemacht. Das einst unangefochtene Genehmigungssystem für Importe wurde abgeschafft, die Zölle wurden drastisch gesenkt. Auch für die Industrie wurde das Lizenzsystem entschlackt und Beschränkungen größtenteils aufgeweicht. Viele Wirtschaftszweige, die vormals Monopol des öffentlichen Sektors waren, wurden für private Unternehmer geöffnet. Außerdem wurden nach chinesischem Vorbild „Sonderwirtschaftszonen" mit günstigen Investitionsbedingungen für Unternehmen geschaffen.
Quelle: Müller, H. und Rauch, C.: Indiens Weg zur Wirtschaftsmacht. Aus Politik und Zeitgeschichte 22/2008, S.7–13

M 6 Quellentext zur wirtschaftlichen Liberalisierung in Indien

Die Erstellung eines Fünfjahresplans (FJP) ist eine Möglichkeit, die Dinge mit Abstand zu betrachten und sich eine Übersicht über das „Große Ganze" zu verschaffen, [...] um dann auf dieser Basis eine Agenda zu entwickeln. 1. Die Strategie des FJPs sollte daraus erwachsen, die komplexen Entwicklungsherausforderungen, denen Indien heute gegenübersteht, zu verstehen und die Veränderungen wahrzunehmen, die in seiner Wirtschaft und der Welt vonstattengehen. [So sind] die wichtigsten Hebel zu erkennen, an denen Regierungshandeln maximale Wirkung erzielen kann. Das Ziel muss dabei sein, die strategischen Ansatzpunkte zu finden, an den einzelne Maßnahmen eine Vielzahl positiver Wirkungen auszulösen vermögen, anstatt zu versuchen, überall nur Fehlerbehebung zu betreiben. 2. Erfolge werden nur dann erzielt werden können, wenn die Regierung zu politischen Strategien und öffentlichen Programmen mit wichtigen Akteuren der Privatwirtschaft zusammenarbeitet. Viel des integrativen Wachstums, das wir anstreben, hängt von Privatinvestitionen ab, die aktuell über 70 Prozent der Gesamtinvestitionen ausmachen. Dies schließt nicht nur Großkonzerne ein, sondern auch Kleinst-, Klein- und mittlere Unternehmen, Bauern und kleine Geschäftsleute. Diese tragen zum BIP bei und schaffen Arbeitsplätze. Die Dynamik dieses Segments und seine Fähigkeit sich flexibel an einen sich wandelnden Markt anzupassen, ist essentiell für integratives Wachstum. Der Plan muss also die Restriktionen thematisieren, unter denen diese privaten Akteure leiden, um insgesamt bessere Resultate zu erzielen.
Quelle: Planning Commission (Government of India): Twelfth Five Year Plan (2012-2017). Vol. 1. New Delhi: Sage 2013, S. 2 (Übers. G.S.)

M 8 Text aus dem zwölften Fünfjahresplan in Indien

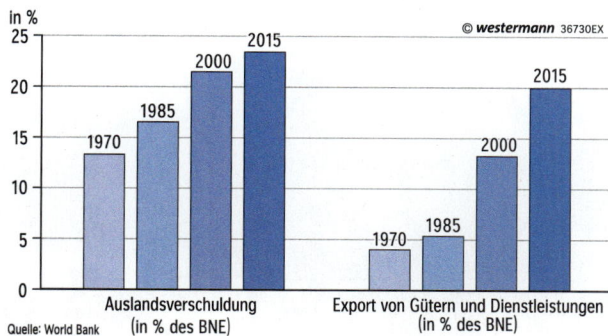

M 7 Indien: Entwicklung der Auslandsverschuldung und Exporte

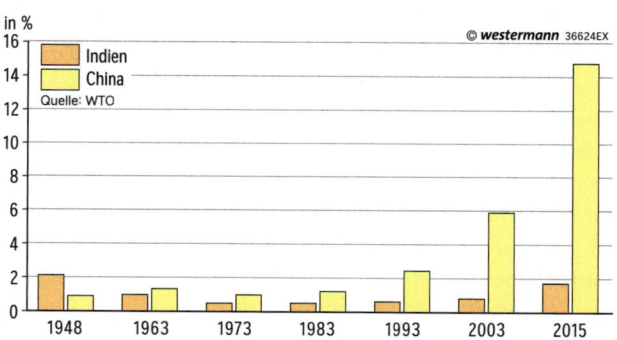

M 9 Anteil Indiens und Chinas an den globalen Exporten 1948 – 2015

3.3 Eisen- und Stahlindustrie in Indien

Im ressourcenreichen Indien begannen bald nach der Unabhängigkeit Planungen für den Aufbau einer eigenen Eisen- und Stahlindustrie als Schlüsselindustrie für eine integrierte wirtschaftliche Entwicklung – unter staatlicher Planung. Beanspruchte man zu Beginn aufgrund fehlender technologischer Kenntnisse noch Hilfe aus dem Ausland, zählt Indien heute zu den weltweit größten Stahlproduzenten. Produziert wird immer noch von der staatlichen Steel Authority of India, einem der größten Unternehmen Indiens. Die privaten Stahlkonzerne wie die Tata Steel, die auch international agieren, haben dem Staatsunternehmen mittlerweile aber den Rang abgelaufen.

1. Stellen Sie die Gründe für die wirtschaftspolitische Fokussierung auf die Eisen- und Stahlindustrie dar (M1).
2. Erklären Sie die Standortwahl des Stahlwerks Rourkela mithilfe der Weberschen Standorttheorie (M3).
3. Analysieren Sie die Entwicklung der indischen Stahlindustrie und ihre globale Bedeutung (M4, M7 – M10).
4. Erläutern Sie die Probleme der indischen Stahlindustrie und Lösungsansätze des 12. Fünfjahresplans(M7, M11).
5. a) Vergleichen Sie die Bedeutung und Entwicklung der indischen und der deutschen Stahlindustrie (M4, M9, M10, M12).
   b) In Bezug auf die Stahlindustrie haben sich die Rollen Deutschlands und Indiens massiv gewandelt. Beurteilen Sie diese Entwicklung als Phänomen der Globalisierung (M4, M12).

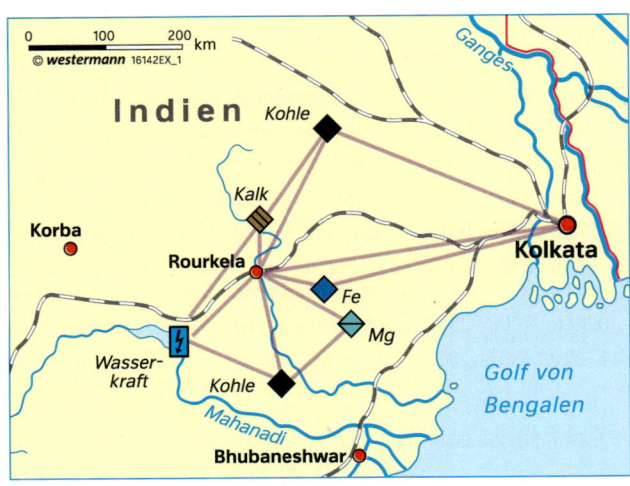

M3 Der Standort Rourkela

Standorttheorie Alfred Webers (1909)

Der deutsche Nationalökonom (1868-1958) versuchte, die räumliche Verteilung der Industrien zu erklären und zu bestimmen. Der optimale Standort einer Produktionsstätte wird hiernach durch die Transportkosten für die eingesetzten Güter wie für diejenigen des Fertigprodukts zum Konsumort bestimmt, sofern Arbeitskosten und Agglommerationsfaktoren außer Acht gelassen werden können. Hierbei ist zu berücksichtigen, in welchem Umfang die Rohstoffe in das Gewicht des Fertigproduktes eingehen.

Die Ausweitung der Eisen- und Stahlindustrie besitzt die höchste Priorität, da – mehr als jedes andere Industrieprodukt – das Niveau der Produktion dieser Materialien die Geschwindigkeit bestimmt, mit der die Wirtschaft als Ganze fortschreitet. Die Bedingungen in Indien sind günstig, die Eisen- und Stahlherstellung zu Kosten sicherzustellen, die im Vergleich zu denen der meisten anderen Länder niedrig sind. Eine Schwermaschinenbauindustrie ist die natürliche Folge der Eisen- und Stahlwerke. Die hohe Priorität, die ihr zugemessen wird, erwächst sowohl hieraus als auch aus der Tatsache, dass sie eine breite Palette industrieller Maschinen und Investitionsgüter im Lande selbst bereitstellt, wie Lokomotiven und Kraftwerke zur Elektrizitätserzeugung. Fehlen die Möglichkeiten zu ihrer Herstellung, bleibt eine sich entwickelnde Wirtschaft abhängig von ausländischen Lieferungen mit den diese begleitenden Schwierigkeiten und Unsicherheiten.
Quelle: Planning Commission: Second Five Year Plan 1956 – 1961. New Delhi: Govt of India 1956 (Übers. G. S.)

M1 Quellentext zur Rolle der Schwerindustrie im zweiten indischen Fünfjahresplan 1956

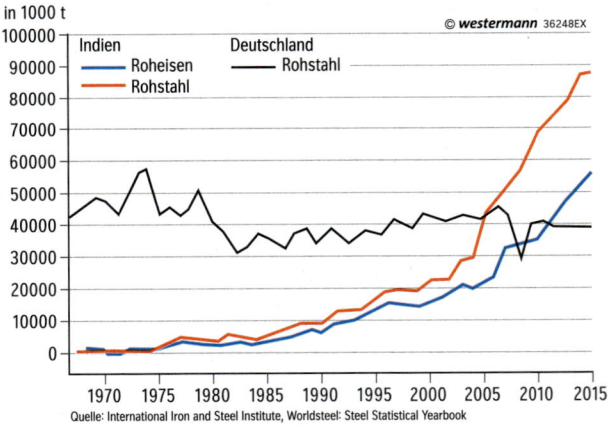

M4 Produktion von Roheisen und Rohstahl in Indien und Deutschland 1967 – 2015

Das Stahlwerk Rourkela, von der Bundesrepublik erbaut und mit fast zwei Milliarden Mark finanziert, wurde jahrelang als das „Stalingrad der deutschen Industrie" verspottet. Heute ist das Hüttenkombinat im indischen Urwald das rentabelste ganz Asiens. Aus der vermeintlichen deutschen Niederlage wurde ein Sieg. Mit einer Million Tonnen Rohstahl hat Rourkela im Geschäftsjahr 1965 rund 18 Prozent mehr erzeugt, als der indische Fünfjahresplan vorschrieb, und die von England und der Sowjet-Union in Indien gebauten Stahlwerke weit hinter sich gelassen.
Quelle: Sieg der Deutschen. Der Spiegel 10.1.1966

M2 Quellentext zur deutschen Beteiligung am Stahlwerk Rourkela

M5 Stahlwerk Rourkela

  100800-166-01 schueler.diercke.de   100800-176-01 schueler.diercke.de

M 6   Abwrackwerft bei Alang

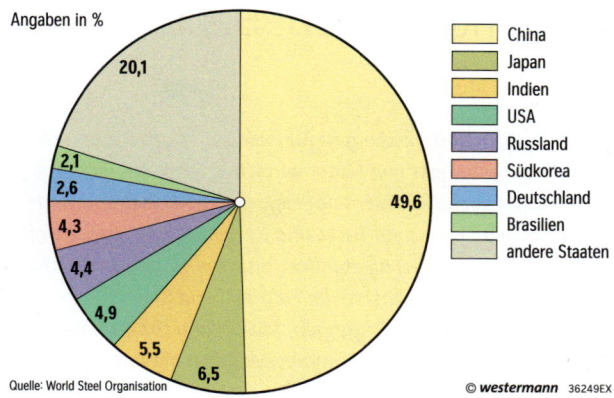

Angaben in %

China
Japan
Indien
USA
Russland
Südkorea
Deutschland
Brasilien
andere Staaten

20,1
2,1
2,6
4,3
4,4
4,9
5,5
6,5
49,6

Quelle: World Steel Organisation

© **westermann** 36249EX

M 10   Weltstahlproduktion 2015

Neben den großen, sehr kapitalintensiven integrierten Werken, deren Stahlproduktion auf der Verhüttung von Eisenerzen beruht, hatten die Engpässe in der Stahlversorgung zur Genehmigung von kleineren privaten Werken (Mini Steel Plants) geführt, die Stahl mittels Elektroöfen aus Schrott gewinnen. Anfang der 1990er-Jahre gab es etwa 200 solcher Unternehmen [...] Seit der Liberalisierung ist ihre Anzahl und Größe gestiegen. Ihre Produktion lag (1999–2000) bei 16 Mio. t, das ist mehr als die der integrierten Hüttenwerke (11,3 Mio. t) [...] Ein Vorteil liegt in den weitaus geringeren Investitionen. Sie sind zudem flexibel genug, um Spezialstähle in kleinen Mengen herzustellen, und können ihre Standorte in der Nähe der Verbrauchszentren wählen. Schwierigkeiten resultieren daraus, dass elektrische Energie nicht kontinuierlich zur Verfügung steht und dass ihre wichtigste Rohstoffgrundlage Schrott ist, der in einem Land wie Indien nur begrenzt zur Verfügung steht und daher zu 60 Prozent eingeführt werden muss. Von Bedeutung ist daher der Import ausgemusterter Schiffe, die auf primitivste Art z.B. in Alang (Gujarat) abgewrackt werden.

Quelle: Stang, F.: Indien. Darmstadt: WBG, 2002, S. 268–269

M 7   Quellentext zur Stahlerzeugung in Indien

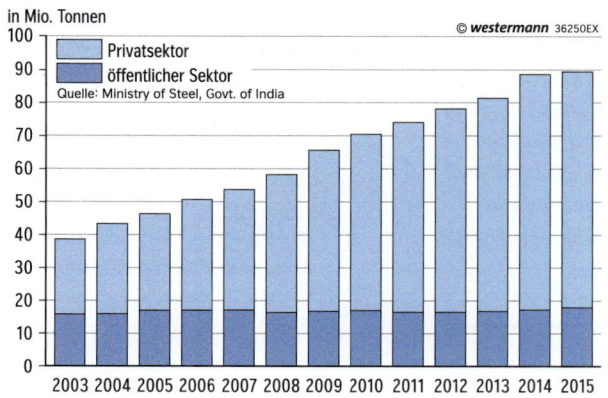

in Mio. Tonnen

Privatsektor
öffentlicher Sektor

Quelle: Ministry of Steel, Govt. of India

© **westermann** 36250EX

M 8   Rohstahlproduktion der indischen Stahlindustrie 2003–2015 nach öffentlichem und privatem Sektor

Rang	Name	Land	Produktionsmenge (in Mio. t)
1	ArcelorMittal*	Luxemburg	95,5
2	China Baowo	China	63,8
3	Hesteel	China	46,2
10	Tata	Indien	24,5
15	ThyssenKrupp	Deutschland	17,2

Quelle: World Steel Association * Hauptanteilseigner ist die indische Mittal-Familie.

M 9   Die größten Stahlhersteller weltweit 2016

Indien [hinkt] anderen wichtigen stahlproduzierenden Ländern hinterher, was die technisch-wirtschaftliche Effizienz der Betriebe betrifft. Daher ist die indische Stahlindustrie global nicht sehr wettbewerbsfähig. [...] Daneben müssen Probleme der Degradation der Umwelt, der vertriebenen Bevölkerung, Flaschenhälse im Transport usw. dringend angesprochen werden. [...] Die Strategien zur Entwicklung des Stahlsektors sollten sich nicht nur auf mengenmäßiges Wachstum konzentrieren, sondern auch auf die Wachstumsqualität. Es ist notwendig, einen annähernd nachhaltigen Entwicklungsrahmen zu entwickeln, der die Erfordernisse nach einem schnellen Wachstum der Stahlindustrie ausbalanciert und auch Anliegen der Umwelt und des Klimawandels berücksichtigt. [...] Bestehende Stahlwerke müssen kurz- und langfristige Aktionspläne entwickeln, um alte und überflüssige Anlagen auszumustern und durch moderne, saubere und grüne Technologien zu ersetzen, die nicht nur höhere Produktivitätsstandards erreichen, sondern auch die Energieverschwendung zügeln.

Quelle: Planning Commission (Govt of India): Twelfth Five Year Plan (2012-2017). Vol. 2, New Delhi: SAGE 2013, S. 112–113 (Übers. G. S.)

M 11   Auszug aus dem 12. Fünfjahresplan 2012–2017

Die Analysten wetten, dass eine Fusion der Stahlsparte [von Thyssen-Krupp] mit dem europäischen Ableger des indischen Rivalen Tata Steel in den nächsten Wochen unter Dach und Fach gebracht werden kann. [...] Geplant ist, ein Gemeinschaftsunternehmen mit den Indern zu gründen. Tata will Stahlwerke in Großbritannien und in den Niederlanden einbringen. Bei Thyssen-Krupp erzeugen und verarbeiten rund 27000 Frauen und Männer in fünf deutschen Werken Eisen und Stahl. Der wichtigste Standort ist Duisburg. Käme das Joint-Venture zustande, wäre das auch eine historische Zäsur. Eine der wichtigsten Firmen in der deutschen Wirtschaftsgeschichte hätte dann sein früheres Kerngeschäft aus dem Konzern herausgelöst. Zugleich würde hinter Arcelor-Mittal der zweitgrößte europäische Stahlkonzern entstehen. [...] Nach Berechnungen der Nord LB liegt die weltweite Auslastung der Stahlwerke mit knapp 70 Prozent „nahe historischer Tiefstände". [...] Branchenkenner gehen [...] davon aus, dass auf Dauer eine sogenannte Konsolidierung – gemeint ist das Schließen von Werken – auch in Europa unumgänglich ist. Übersetzt auf die geplante Hochzeit von Thyssen-Krupp und Tata, kann das nur heißen, dass die beiden Unternehmen Kapazitäten zusammenlegen. [...] Die IG Metall befürchtet, dass der Jobabbau vor allem deutsche Standorte treffen wird.

Quelle: Wenzel, F.-T.: Thyssen und Tata machen ernst. Frankfurter Rundschau, 20./21.5.2017, S. 14

M 12   Quellentext zur Globalisierung der Stahlindustrie

3.4 Bangladesch: Bekleidung für den Weltmarkt

Die Produktion von Textilien und Kleidung ist für viele südasiatische Länder heute ein wichtiger Devisenbringer und Motor wirtschaftlicher Entwicklung. In Bangladesch stammen über 90 Prozent der Exportgüter aus diesem Wirtschaftsbereich. Die bangladeschischen Textil-und Bekleidungshersteller sind in die komplexen Lieferketten global agierender Konzerne eingebunden, die vor allem von den niedrigen Arbeitskosten der Fabriken und Klein(st)unternehmen profitieren. Deren Arbeitsbedingungen, Sozial- und Umweltstandards sind in den letzten Jahren allerdings immer wieder in die Kritik geraten.

1. a) Beschreiben Sie die Produktionsschritte von der Baumwolle bis zur Bekleidung (M2).
   b) Erläutern Sie die globale Warenkette von Bekleidung am Beispiel der Jeans (Atlas, DWA 271-4).
   c) Charakterisieren Sie dabei die Rolle der Bekleidungsindustrie Bangladeschs (M1, M4, M9, Atlas).
2. Erläutern Sie die Struktur der Textil- und Bekleidungsindustrie und den Export von Bekleidung in Bangladesch (M4, M5, M10).
3. Erläutern Sie die Arbeitsbedingungen in den Textilfabriken in Bangladesch (M3, M7, M8, M11).
4. Analysieren Sie die Rolle des Lohnniveaus als Kostenfaktor im globalen Standortwettbewerb (M9, M12).
5. Beurteilen Sie die Folgen für Bangladesch durch das Auftauchen neuer Billiglohnanbieter auf dem Weltmarkt (M9, M12).
6. Nehmen Sie Stellung zu der Aussage: „Maßnahmen der globalen Einzelhändler werden wenig ausrichten, bis die Verbraucher mehr ethisch-produzierte Waren verlangen."

M3 Arbeiterinnen in einer Textilfabrik in Sahbar, Bangladesch

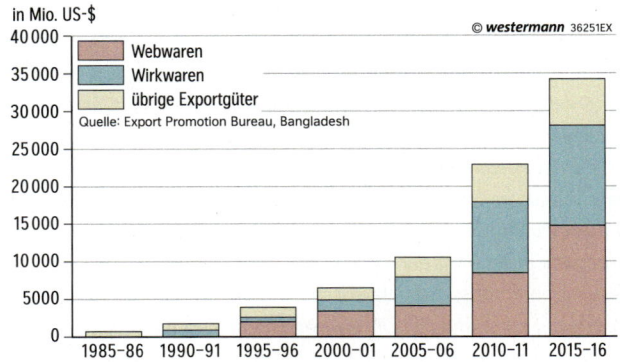

M4 Bangladesch: Anteil von Fertigkleidung am Export

Durch die Globalisierung hat die Lage von Bangladesch in den letzten Jahren noch eine ganz andere Qualität angenommen: Während am Export früher Rohjute- und Jutefertigerzeugnisse sowie Tee und Shrimps zu 80 Prozent beteiligt waren, herrschen heute Textilien, Bekleidung und Lederwaren (Schuhe) mit über 85 Prozent vor: Die Verlagerung zu der auf Niedriglohn basierenden (Massen-) Produktion von Bekleidungsartikeln aller Art setzte Anfang der 1980er-Jahre ein, als die Regierung die ersten Exportproduktionszonen eröffnete. Mit Steuer- (für 10 Jahre) und Zollfreiheit auf alle Importerzeugnisse (Vorprodukte z.B. Garne, Stoffe, Knöpfe etc.; Werkzeuge/Maschinen) sowie einem riesigen Angebot an billigen Arbeitskräften, geräumigen Werkhallen und produktionsdienlicher Infrastruktur versuchte die Regierung, ausländische Unternehmen anzulocken. Im Jahr 2016 gab es in Bangladesch elf EPZ mit mehreren tausend Textilbetrieben und mehreren Millionen Beschäftigten. [...] Als Partner vor Ort fungieren dabei mittelgroße lokale, als „formell" geltende Unternehmen. [...] Sie lagern – aus Kosten- und nicht selten aus Zeitgründen (Just-in-Time-Produktion) – häufig Teile der Fertigung zu „informellen" Kleinst-/Subunternehmern und Heimarbeitern aus.
Quelle: Scholz, F.: Länder des Südens. Diercke Spezial. Braunschweig: Westermann 2017, S. 43 – 44

M1 Quellentext zur Entwicklung der Textil-/Bekleidungsindustrie in Bangladesch

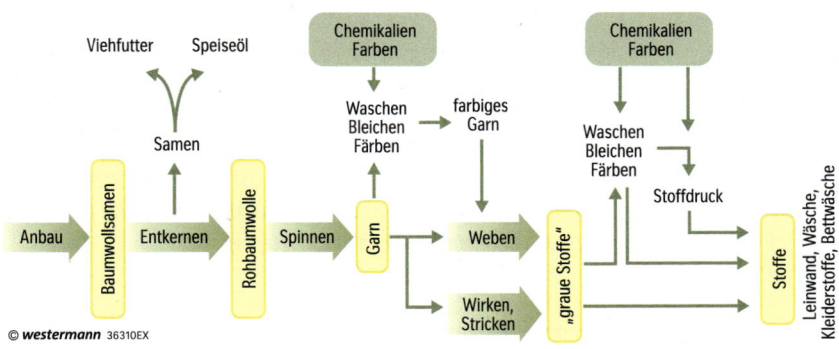

© westermann 36310EX

M2 Vom Baumwollanbau zum Konsumgut

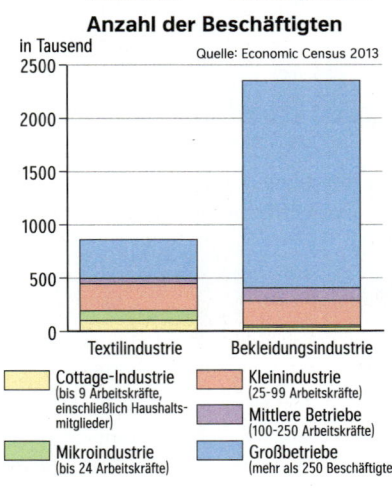

M5 Textil- und Bekleidungsindustrie in Bangladesch 2013

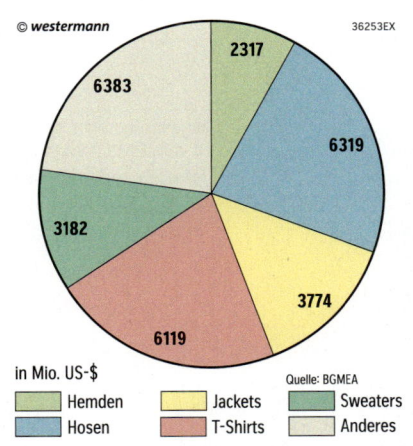

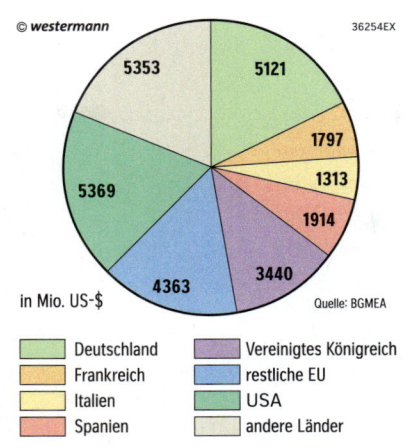

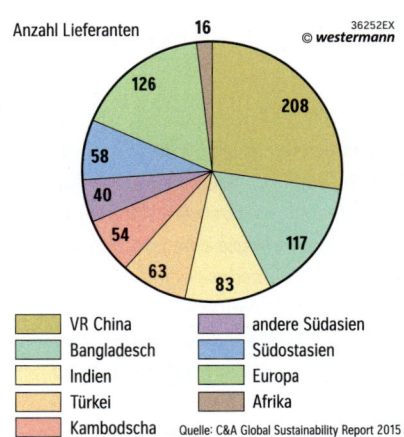

M 6 Bangladesch: Hauptexportartikel der Bekleidungsindustrie 2015/16

M 10 Bangladesch: Zielländer der Bekleidungsexporte 2015/16

M 13 Lieferanten des deutschen Handelskonzerns C&A 2015

M 7 Rettungsarbeiten nach dem Rana-Plaza-Unglück 2013

„Fabrikbesitzer wollen den Profit maximieren. So werden sie bei Sicherheitsfragen an allen Ecken und Enden sparen, bei der Belüftung, den sanitären Einrichtungen. Sie werden Überstunden nicht bezahlen oder Hilfen leisten bei Verletzungen. Sie treiben die Arbeitskräfte unnachgiebig an, weil sie keine Deadlines verpassen und die bereits bezahlte Luftfracht verlieren wollen, was die Rentabilität des Betriebs gefährden kann. Die Arbeiter haben keine Gewerkschaften, sodass sie keine Mitbestimmungsrechte haben. Daran sind zum Teil auch die Marken-Einzelhändler schuld, die Massenbestellungen aufgeben und sagen: ‚Vergrößere deine Produktionslinien, weil es eine große Bestellung ist, und verbessere deine Gewinnspannen.' Schon zwei bis drei Cent können einen Unterschied ausmachen, aber diese Unternehmen wollen nicht die Einhaltung von Arbeiterrechten und Sicherheitsbestimmungen in ihrer Kalkulation berücksichtigen."
Quelle: Human Right Watch: Whoever raises their Dead suffers the most. 2015

M 11 Zitat eines Besitzers einer Bekleidungsfabrik in Bangladesch

In dem Rana-Plaza-Desaster, einem der schlimmsten Industrieunfälle jemals, wurden 1135 Menschen getötet, als ein achtstöckiges Gebäude plötzlich zusammenstürzte. Dieses beherbergte fünf Kleidungsfabriken, die für globale Marken arbeiteten. Der Einsturz des Komplexes [...] befeuerte Forderungen nach größerer Sicherheit [...] und übte Druck aus auf die Unternehmen, die Kleidung aus Bangladesch beziehen. [...] Die meisten europäischen Einzelhändler unterzeichneten eine Übereinkunft zur Feuer- und Gebäudesicherheit in Bangladesch, die mehr als 1600 Fabriken betrifft, die von Händlern wie H&M, Marks & Spencers und Primark genutzt werden. Inspektoren der Übereinkunft arbeiteten Pläne zur Verbesserung von Struktur, Elektrik und Brandschutz für die meisten der Fabriken aus. Aber fast drei Jahre später liegen etwa 70 Prozent dieser Pläne hinter dem Zeitplan [...] zurück.
Chandran, R.: Three years after Rana Plaza disaster, has anything changed? Thomson Reuters Foundation, 22.04.2016 (Übers. G. S.-

Staaten wie Indien, Bangladesch und Sri Lanka waren lange die Superbilligstandorte der Textilindustrie. Jetzt dienen sich der Branche neue Niedriglohnländer an: Äthiopien, Haiti, Kambodscha und Myanmar. Oft verdienen Firmen aus den „alten" Textilstandorten dort mit. Die Chinesen und die Türken sind schon in Äthiopien. Auch Textilfirmen aus Indien und Bangladesch, deren Kleidung auch in Deutschland landet, haben in dem ostafrikanischen Land schon die ersten Pflöcke eingeschlagen. [...] Auch wenn die Textilindustrie wie in Bangladesch auf niedrige Löhne setzt, will man in Äthiopien manches besser machen. „Wir haben in Bangladesch einige üble Lektionen gelernt, die wir nicht wiederholen müssen", sagt H&M-Manager Tobias Fisher.
Billiger als Bangladesch. APA-Meldung 5.4.2017

M 8 Quellentext zum Rana Plaza-Unglück

M 12 Quellentext zur Verlagerung der Bekleidungsindustrie

	Arbeitskosten/ Stunde (in US-$)	Beschäftigte (in Mio.)	durchschnittlicher Monatslohn (in Euro)	monatl. Mindestlebensunterhalt für Familie (in Euro)	Anteil am weltweiten Bekleidungsexport (in %)	Anteil des Bekleidungs- am Gesamtwarenexport (in %)
China	2,65	4,50	180–520	–	37,29	8,0
Bangladesch	0,62	2,75	55–150	129,3	4,83	63,4
Vietnam	0,74	1,11	150–250	163,6	3,99	13,3
Indien	1,12	1,88	78–210	204,4	3,53	4,6
Kambodscha	k.A.	0,51	~80	216,6	1,42	66,0
Pakistan	0,62	1,06	~80	209,9	1,00	20,2
Sri Lanka	k.A.	0,27	55–110	241,4	0,98	43,5

M 9 Daten zur Bekleidungsindustrie und Lebenshaltungskosten ausgewählter asiatischer Länder 2014 (Quelle: ILO, WTO, Werner Int.)

3.5 Die indische IT-Industrie

In den letzten Jahrzehnten entwickelte sich die Informationstechnologie und die damit in Verbindung stehenden Dienstleistungen weltweit zu einem der am rasantesten wachsenden Wirtschaftsbereiche. Auch in Südasien besitzt die IT-Industrie heute eine enorme Bedeutung, gerade in ihren globalen Verflechtungen. Besonders Indien beansprucht einen der führenden Plätze als Standort für weltweite IT-Aktivitäten. Noch profitieren die indischen IT-Unternehmen von bestimmten Wettbewerbsvorteilen. Doch sie müssen sich zunehmend internationaler Konkurrenz erwehren.

1. Beschreiben Sie die räumlichen Schwerpunkte der indischen IT-Industrie (M3).
2. a) Stellen Sie die Struktur und die Entwicklung der indischen IT-Branche dar (M1, M2, M4, M8).
   b) Erläutern Sie die Voraussetzungen für diese Entwicklung (M5).
3. Begründen Sie den hohen Exportanteil des IT-ITeS-Sektors (M2, M4, M7 – M9).
4. Erläutern Sie die sich verändernde Position indischer IT-Unternehmen im Rahmen der globalen Verflechtung (M8, M10).
Ⓩ 5. Vergleichen Sie die indische IT-Industrie mit der ihrer südasiatischen Nachbarn (M9).
6. Beurteilen Sie die Zukunftsfähigkeit der indischen IT-Industrie vor dem Hintergrund der in M8 aufgezeigten Probleme.

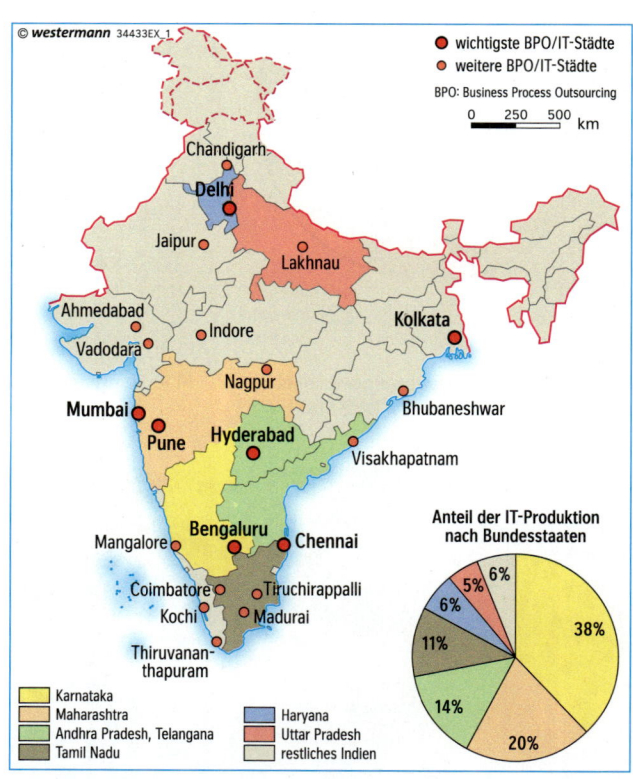

M3 Standorte der indischen IT-Industrie 2015

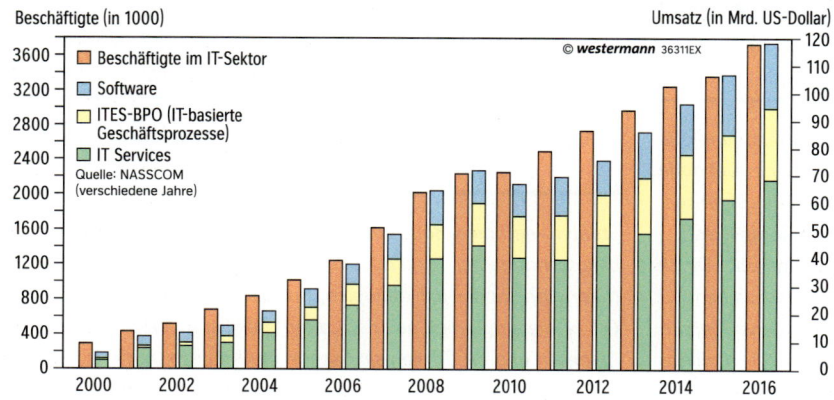

M1 Entwicklung des indischen IT-Sektors 2000 – 2016

	Export (in Mrd. US-$)	Inländ. Markt (in Mrd. US-$)	Gesamt (in Mrd. US-$)
IT-Dienstleistungen	61,0	13,4	74,4
ITeS/BPO	24,4	3,5	27,9
Software	22,4	4,2	26,6
Gesamt-IT	107,8	21,1	128,9
Computer-Hardware	0,4	3,0	3,3

Quelle: Ministry of Electronics and Information Technology

M4 Produktion der IT-ITeS-Branche in Indien 2016

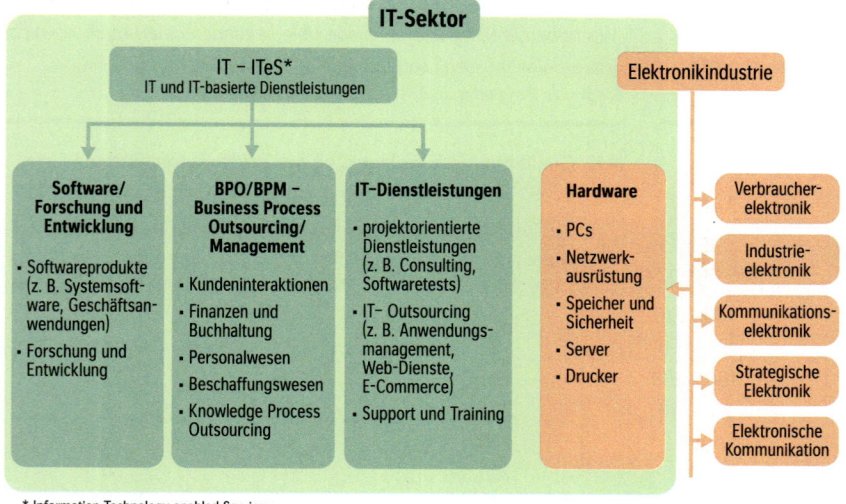

M2 Struktur des IT-Sektors in Indien

* Information Technology enabled Services

- Wirtschaftliche Liberalisierung in den 1990er-Jahren,
- große Anzahl gut ausgebildeter Arbeitskräfte mit guten Englischkenntnissen,
- niedriges Lohnniveau,
- Gründung von Elitehochschulen (z.B. Indian Institute of Technology),
- Förderung der IT und Elektronindustrie als Schlüsselbereich mit zahlreichen Projekten, staatlich geförderte Technologieparks mit Steuerermäßigungen,
- Fachkräftemangel in Industrieländern,
- technische Entwicklungen wie Internet und Mobiltelefonie,
- Initialzündung durch Behebung des Millennium-Bugs und der Euro-Umstellung

M5 Faktoren bei der Entwicklung der IT-Industrie in Indien

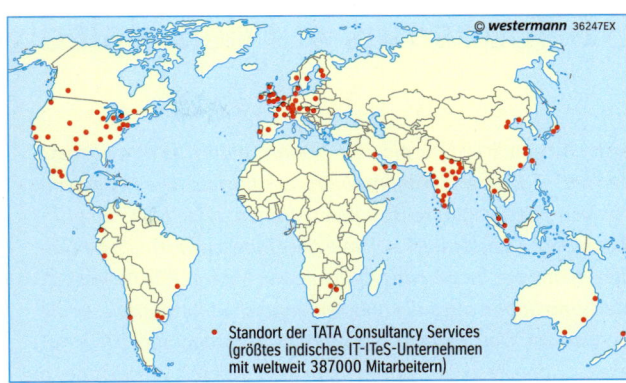

M 6 Großraumbüro in einem indischen IT-Unternehmen

M 10 Weltweite Standorte von TATA Consultancy Services

Standort der TATA Consultancy Services (größtes indisches IT-ITeS-Unternehmen mit weltweit 387000 Mitarbeitern)

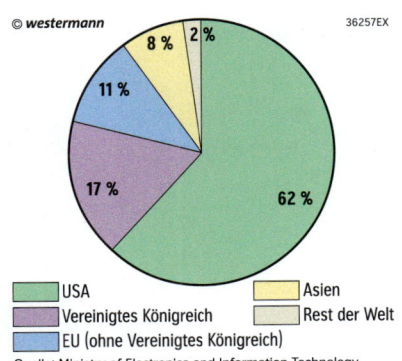

© westermann 36257EX

2 %
8 %
11 %
17 %
62 %

USA
Vereinigtes Königreich
EU (ohne Vereinigtes Königreich)
Asien
Rest der Welt

Quelle: Ministry of Electronics and Information Technology

M 7 Regionale Verteilung der indischen IT-ITeS-Exporte, 2015

	Bangladesch	Indien	Pakistan	Sri Lanka
IT-Gesamtertrag (in Mio. US-$)	600	106 300	2500	k. A.
IT-Exporteinkünfte (in Mio. US-$)	250	87 300	2200	719
Anteil am Export von Dienstleistungen	k. A.	33,7 %	k. A.	11,5 %
Zahl der Beschäftigten	250 000	3 267 000	k. A.	75 100
Frauenanteil in IT-Industrie	13 %	30 %	18 %	29 %
Anteil Internetnutzer in Bevölkerung	14 %	26 %	18 %	30 %
Mittleres Lohnniveau von IT-Tätigkeiten (in US-$ pro Jahr) — IT-Programmierer	7800	10170	8683	8996
Mittleres Lohnniveau von IT-Tätigkeiten (in US-$ pro Jahr) — BPM-Analyst	4200	5451	5374	4104
Mittleres Lohnniveau von IT-Tätigkeiten (in US-$ pro Jahr) — Buchhalter	k.A.	10123	4691	5977

Quellen: Netherlands Trust Funds III Bangladesh, Ministry of Electronics and Information Technology, Pakistan IT & ITES Industry survey 2014, Sri Lankan IT/BPM Industry 2014 Review, World Bank

M 9 Kenndaten des IT-ITeS-Sektors in Südasien 2013/14

In den vergangenen Jahrzehnten hat sich die IT-Industrie in Indien rasant entwickelt. Anfang der 1980er-Jahre erledigten Firmen vor allem arbeitsintensive Aufgaben wie die Kodierung von Software für Kunden in Amerika und Europa. Dafür wurden indischen Ingenieure für eine bestimmte Zeit zu den Auftraggebern entsandt – das Geschäftsmodel wurde als Body Shopping bekannt. Gleichzeitig begannen US-Konzerne wie Texas Instruments oder Citibank aufgrund der niedrigen Lohnkosten eigene Software-Entwicklungszentren in Indien einzurichten.

Die frühen 1990er-Jahre sind geprägt vom Aufbau indischer „Software Fabriken", die Aufträge von großen ausländischen Unternehmen annahmen. Mit der Verbesserung der Telekommunikationsverbindungen und der Einführung internationaler Qualitätsstandards für Software [...] wurden immer mehr Entwicklungsprojekte nach Indien verlagert. Die indische Unternehmen bauten zudem globale Vertriebssysteme auf, die es ihnen ermöglichten, nach Amerika und Europa zu expandieren und die Kunden über dort eingerichteten Außenstellen zielgerichtet und zeitnah zu bedienen [M 10]. Um die Jahrtausendwende kamen neue Geschäftsfelder hinzu, als multinationale Unternehmen damit begannen, Teile ihrer Dienstleistungs- und Entwicklungssparten (Backroom Operations) nach Indien zu verlagern. Angezogen wurden sie von niedrigen Kosten und der großen Zahl verfügbarer Arbeitskräfte. [...] Derzeit dominieren drei Bereiche die indische IT-Industrie – die Entwicklung kundenspezifischer Software und Software-Dienstleistungen; die Auslagerung von Geschäftsprozessen (Business Process Outsourcing, BPO); Forschung und Entwicklung (Research and Development, R&D) sowie Ingenieurdienstleistungen (Engineering Services). Im vierten Bereich – bei der Entwicklung von Produktsoftware – gibt es noch Luft nach oben. [...]
Da der Erfolg der indischen IT-Industrie vor allem von Exporten anhängt, beeinflussen Veränderungen der Weltwirtschaft – etwa schwanken-

de Ausgaben der Unternehmen im IT-Bereich – die Geschäfte ganz unmittelbar. Zwar ist der Trend zum Outsourcing unumkehrbar. Die Wachstumsrate im IT-Bereich ist jedoch [...] gefallen. Hält dieser Trend an, wird sich das Wachstum schon in naher Zukunft im einstelligen Bereich einpendeln. Gründe dafür gibt es viele. Der wichtigste ist wohl, dass Indien seine Wettbewerbsvorteile gegenüber der internationalen Konkurrenz zu verlieren beginnt. Auch auf den Philippinen, in China, Vietnam, Polen, Ungarn, Mexiko, Brasilien oder Ägypten werden relativ niedrige Löhne für gut ausgebildete Angestellte bezahlt. Zudem locken die dortigen Regierungen Firmen mit zahlreichen Vergünstigungen. [...]
Ein besondere Herausforderung für die indischen IT-Branche ist das Ausbildungsniveau der Arbeitskräfte. Obwohl es im Land jährlich rund vier Millionen Universitätsabsolventen gibt (darunter eine halbe Million Ingenieure), sind die meisten davon nicht fit für den Arbeitsmarkt. Die Unternehmen müssen die Absolventen daher zunächst einmal selbst in Aus- und Weiterbildungsprogrammen schulen, bevor sie sie beschäftigen können. Hinzu kommt, dass die Produktivität von Ingenieuren und Akademikern in indischen Unternehmen insgesamt viel niedriger als bei der ausländischen Konkurrenz ist. Auch die Englischkenntnisse der Absolventen – früher wesentlicher Vorteil Indiens gegenüber anderen Ländern – sind längst nicht mehr so gut.

Zu einem großen Problem sind in letzten Jahren auch die fehlenden Innovationen und Neuentwicklungen in der indischen Industrie geworden. Die allermeisten indische Ingenieure entwickeln und produzieren geistiges Eigentum für ausländische Auftraggeber – sei es in R&D Zentren multinationaler Konzerne oder bei indischen Unternehmen, die für ausländische Firmen Produkte und Dienstleistungen entwickeln. Das heißt, künftige Einnahmen etwa in Form von Lizenzgebühren fließen nicht nach Indien, da die indischen Entwickler keine Rechte daran haben.
Sharma, D. C.: Indiens IT-Industrie. bpb Dossier Indien 25.3.2014

M 8 Quellentext zur indischen IT-Industrie

3.6 Tourismus auf den Malediven

„Fühlen Sie sich nicht auch reif für die Insel? Dann sollten Sie Ihre nächste Reise auf jeden Fall in das berühmte Inselparadies buchen. Die Malediven bieten alles, wovon stressgeplagte Urlauber träumen: reine Luft, unberührte Natur und das Leben präsentiert sich in einer Unbeschwertheit wie das tanzende Glitzern auf den Wogen des türkisblauen Meeres." Trotz knapp 8000 km Entfernung haben auch die meisten deutschen Reiseanbieter die Malediven im Angebot. Dort begann der Tourismus Anfang der 1970er-Jahre, als die ersten beiden Resorts eröffneten. In der Folgezeit verpachtete die Regierung immer mehr der rund 1000 unbewohnten Inseln zur Entwicklung meist luxuriöser Hotelanlagen. Mittlerweile trägt der Tourismus ein Viertel zum maledivischen Bruttoinlandsprodukt bei. Doch inwieweit profitieren die Malediver von dem touristischem Boom?

1. Beschreiben Sie das touristische Potenzial der Malediven.
2. Erläutern Sie die Entwicklung der Malediven als globales Reiseziel anhand der Herkunft der Touristen (M1).
3. Charakterisieren Sie die Tourismusformen und ihre Entwicklung (M2, M5).
4. Analysieren Sie die räumliche Verteilung der Resort-Angebote und ihre Entwicklung anhand des Kartogramms M3.
5. Erläutern Sie die touristische Infrastruktur der Resort-Insel Velighandu Huraa und ihrer Nachbarinseln (M4, M7, M8, M10).
6. Beurteilen Sie die Möglichkeiten der Bewohner der Malediven, vom Tourismus auf ihren Inseln zu profitieren (M6, M9).
7. Erörtern Sie den Tourismus auf den Malediven, auch vor dem Hintergrund fehlender Entwicklungsalternativen und des Klimawandels.

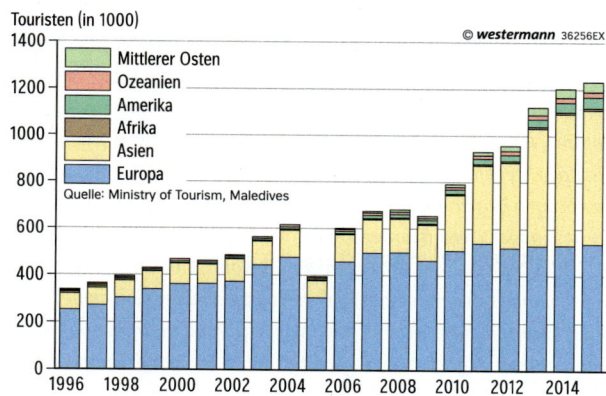

M1   Malediven: Touristen nach Herkunftsregion 1996 – 2015

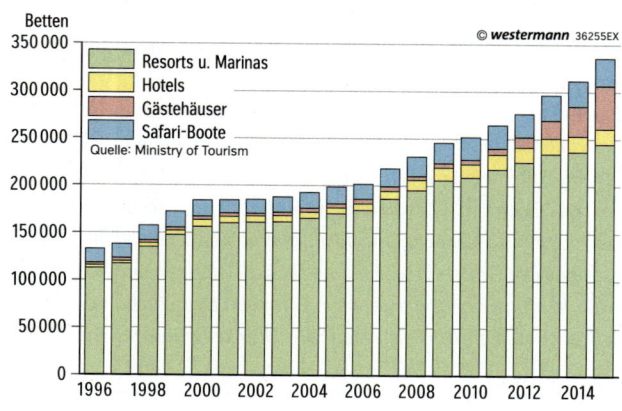

M2   Malediven: Bettenkapazität nach Art der Unterkunft 1996 – 2015

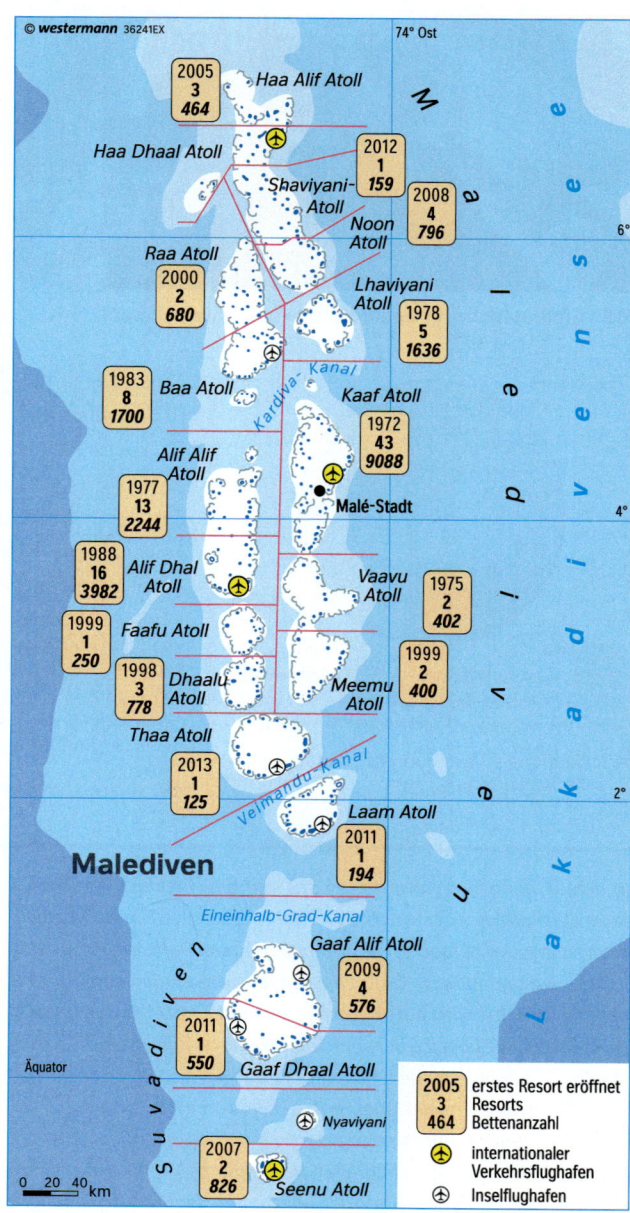

M3   Malediven

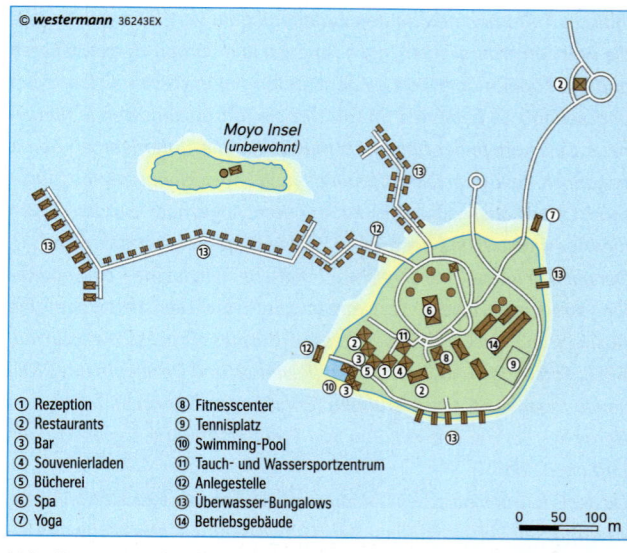

① Rezeption
② Restaurants
③ Bar
④ Souvenierladen
⑤ Bücherei
⑥ Spa
⑦ Yoga
⑧ Fitnesscenter
⑨ Tennisplatz
⑩ Swimming-Pool
⑪ Tauch- und Wassersportzentrum
⑫ Anlegestelle
⑬ Überwasser-Bungalows
⑭ Betriebsgebäude

M4   Resort-Insel Veligandu Huraa (Anantara Veli), Süd-Malé-Atoll auf den Malediven

Resort-Inseln des Süd-Malé-Atolls

Die Resorts auf den Inseln Dhigufinolhu (heute über 110 Villas und Suiten) und Veligandu Huraa (über 67 über dem Wasser gebauten Bungalows) des Süd-Malé-Atolls sind seit den 1980er-Jahren in Betrieb. Auf der dritten Insel Bodu Huraa eröffnete 1998 ein Resort (über 20 Residenzen mit Swimming Pools). Pächter wie Betreiber sind Gesellschaften mit Sitz auf den Malediven, jedoch mit internationalen Verflechtungen. Nach der Schließung 2005 aufgrund von Tsunami-Schäden eröffneten die Resorts 2008 wieder. Das Management aller drei Insel-Resorts liegt jetzt in der Hand einer in Thailand ansässigen Holding unter der 2001 ins Leben gerufenen Marke Anantara.

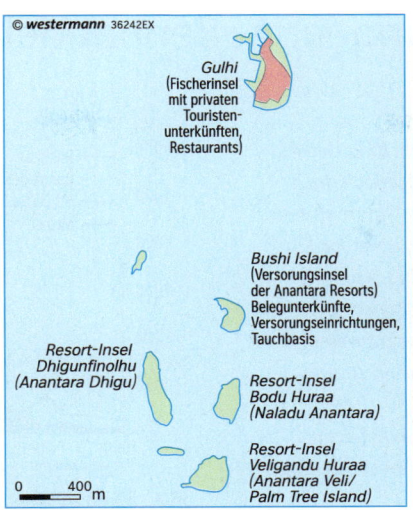

M 7 Insel Gulhi und Tourist Resorts

M 10 Überwasser-Bungalow

- Internationale Besucher übernachteten zu 78 Prozent in Resorts, zu 13 Prozent in Hotels, zu sechs Prozent in Pensionen und zu zwei Prozent auf Safaribooten (für Tauchrundfahrten).
- Um vom internationalen Flughafen an ihren Aufenthaltsort zu kommen, benutzten 50 Prozent ein Schnellboot (*speedboat*), 28 Prozent ein Wasserflugzeug, 16 Prozent einen Inlandsflug und sechs Prozent eine öffentliche Fähre.
- 34 Prozent hatten „all inclusive" gebucht, 23 Prozent Vollpension, 22 Prozent Halbpension, 18 Prozent Bed & Breakfast und drei Prozent nur die Unterkunft.
- Deutsche, Schweizer und Franzosen kamen vor allem um zu schnorcheln/tauchen; Briten, Italiener, aber auch Chinesen suchten in erster Linie Ruhe und Entspannung, und Inder und Japaner führte mehrheitlich ihre Hochzeitsreise auf die Malediven.

M 5 Touristenbefragung 2016 auf den Malediven

M 8 Resort-Insel Veligandu Huraa (Anantara Veli)

Die Tourismusindustrie wird dominiert von Luxusenklaven-Resorts, die sich in hoher Abhängigkeit von ausländischem Kapital und Arbeitskräften und mit begrenzten Verbindungen zur übrigen Wirtschaft entwickelt haben. Während es eine Reihe von Zulieferunternehmen gibt, die neben dem Tourismus wuchsen (vor allem durch die Nachfrage im Transport-, Bau- und Kommunikationssektor), bleiben die Verbindungen zwischen Tourismus und der lokalen Wirtschaft sehr begrenzt. Die Beschäftigung von Frauen sowohl im Tourismus-Sektor per se als auch in den Zulieferbetrieben ist niedrig.

Der Tourismus erwirtschaftet 38 Prozent der Steuereinnahmen des Landes (2013) und 83 Prozent der Deviseneinnahmen aus dem Export von Waren und Dienstleistungen. Substanzielle Verluste untergraben jedoch den wirtschaftlichen und sozialen Nutzen der Tourismusindustrie. Ein großer Teil der Tourismuseinnahmen geht durch den Import von Produkten, den Import von Arbeitskräften und finanzielle Abflüsse infolge von Dividendenzahlungen und Zinsen verloren (da die Entwicklung der Resorts weitgehend durch externe Kredite finanziert wird), sowie durch Einnahmen aus Offshore-Buchungen der Resorts. [...]

Während der Tourismus eine große Anzahl von Jobs generiert, nutzt die maledivische Bevölkerung diese Möglichkeit kaum. Generell arbeiten nur 15 Prozent der maledivischen Männer und nur vier Prozent der maledivischen Frauen im Tourismussektor, wohingegen die Zahl der Ausländer in diesem Sektor mit der Zeit konstant gewachsen ist. Eine von der Regierung festgesetzte Quote, nach der 55 Prozent der im Tourismussektor Beschäftigten die maledivische Staatsangehörigkeit besitzen müssen, wird nicht erreicht [...] Der Tourismus auf den Male-

	Einheimische		Ausländer		Auslän-deran-teil
	Männer	Frauen	Männer	Frauen	
Management	634	26	820	135	59,1
Führungebene	1364	55	1250	206	50,7
Service	7308	500	5443	518	43,3
Gesamt	9309	580	7513	859	45,9

Quelle: Maldives Statistical Yearbook 2016

M 9 Malediven: Angestellte im Tourismus

diven hat mehr als 28 000 direkte Jobs geschaffen, und es besteht nach Regierungsangaben ein zusätzlicher jährlicher Bedarf von 3300 neuen Mitarbeitern. Die Bedeutung dieser Zahlen ist offensichtlich, wenn man sie mit den Arbeitslosenzahlen vergleicht. Die Zahl der Arbeitslosen auf den Malediven wird auf circa 11 000 geschätzt, von denen ungefähr 8000 junge Leute sind.

Die Schwierigkeiten, die Beschäftigung von maledivischen Staatsangehörigen im Tourismus-Sektor zu erhöhen sind vielfältig. [...] Dazu gehören: (1) der Schwellenlohn ist zu hoch für ungelernte Jobs, (2) mangelnde Fähigkeiten für technische und Managementtätigkeiten, (3) soziale Normen und (4) das Fehlen adäquater Transportmöglichkeiten (Resorts, die näher an bewohnten Inseln gelegen sind und gute Transportverbindungen haben, haben einen viel größeren Anteil an maledivischen Beschäftigten).

Quelle: Maldives Systematic Country Diagnostic. Colombo: World Bank Group 2015, S. 62, 63 (Übers. G.S.)

M 6 Quellentext zum Tourismus auf den Malediven

3.7 Globale Verflechtungen: Außenhandel, ADI und SWZ

Traditionell findet ein Austausch zwischen Volkswirtschaften über den Außenhandel mit Gütern statt. In Zeiten der Globalisierung ist jedoch auch Kapital mobil. Weltweit investieren Unternehmen in andere Unternehmen. Zahlreiche Regierungen – auch in Südasien – sind bestrebt, über das Einwerben ausländischen Kapitals (ausländische Direktinvestitionen, ADI) – beispielsweise durch die Einrichtung von Sonderwirtschaftszonen (SWZ) mit speziellen Anreizen – ihre wirtschaftliche Entwicklung voranzutreiben. Nicht für alle Beteiligten scheint eine solche Politik jedoch von Vorteil zu sein.

1. Ein deutsches Unternehmen will in Indien investieren.
   a) Erläutern Sie mögliche Gründe für diese Investion aus Sicht des Unternehmens (M1, M3).
   b) Erläutern Sie Gründe Indiens, diese Investition zu unterstützen.
   c) Die SWOT-Analyse M3 soll deutschen Unternehmen helfen, die in Indien investieren wollen. Erörtern Sie die Investition eines Automobilunternehmens, dass in Indien Autos produzieren möchte (M1).
2. Analysieren Sie die ADI in Indien (M6)
3. Vergleichen Sie die Exportstruktur, die Handelspartner und die Entwicklung der ADI in Indien, Pakistan und Bangladesch (M2, M4).
4. a) Erläutern Sie die wirtschaftspolitische Strategie, ADI durch SWZ anzulocken (M5).
   b) Vergleichen Sie diese Aktivitäten der südasiatischen Länder (M7).
   c) Erörtern Sie den Nutzen und die Gefahren von SWZ (M5).

Ausländische Direktinvestitionen (ADI)

Kapitalanlagen im Ausland durch Erwerb von Immobilien, Gründung von Auslandsniederlassungen und Tochterunternehmen, Übernahme von ausländischen Geschäftsanteilen (z.B. Aktien) bzw. von Unternehmen sowie gezielte Reinvestitionen und Direktinvestitionen in Unternehmen.

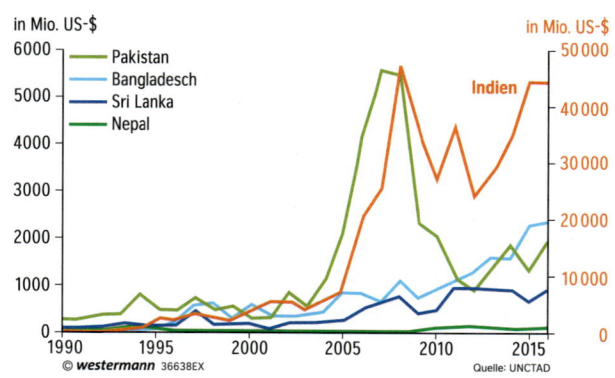

M2   Ausländische Direktinvestitionen 1990 – 2016

Stärken (Strength)	Schwächen (Weakness)
großer potenzieller Arbeitsmarkt	Kaufkraft des Großteils der Bevölkerung gering
breite industrielle Basis	marode Infrastruktur
westlich ortientiertes Rechtssystem	intransparente Bürokratie
Englisch als Geschäftssprache verbreitet	hohe Importabhängigkeit bei Rohstoffen
große Anzahl qualifizierter Hochschulabsolventen	niedriges Ausbildungsniveau, kaum berufliche Bildung, Fachkräftemangel
Chancen (Opportunities)	**Threats (Risiken)**
konsumfreudige, wachsende Mittelschicht	langwierige Rechtsdurchsetzung
Modernisierungsbedarf in der Industrie	starke Einflussnahme des Staates auf die Wirtschaft
Infrastrukturausbau bietet Beteiligungschancen für ausländische Unternehmen	spekulative Grundstücks- und Immobilienpreise, schwierige Landaquisition
niedriges Lohnniveau	hohe Mitarbeiterfluktation
wachsende Einbindung in die Weltwirtschaft	starke Stellung der Gewerkschaften und anderer Interessengruppen

M3   SWOT-Analyse für deutsche Investoren in Indien (GTAI 2017)

Trotz großer Wachstumspotenziale üben sich deutsche Autozulieferer bei ihren Investitionen in Indien eher in Vorsicht. [...] Peter Fuß vom Beratungsunternehmen Ernst & Young sagt: „Indien schafft es einfach nicht, insbesondere die mangelhafte Infrastruktur in den Griff zu bekommen." Zwar investierten die deutschen Firmen weiter in indische Standorte, die Ausgaben seien aber im Vergleich zu Tätigkeiten in anderen Wachstumsmärkten gering. Vertreter aus Deutschlands Auto- und Zulieferbranche äußern sich häufig ähnlich über Indien: Sie schwärmen von dem Potenzial des riesigen Marktes und verweisen zugleich auf Probleme. So nennt der Präsident des Verbandes der Automobilindustrie (VDA), Matthias Wissmann, das Land „einen wichtigen Zukunftsmarkt für deutsche Hersteller und Zulieferer". Da nur 22 Autos auf 1000 Einwohner kämen, biete das Land „eigentlich gute Wachstumschancen". [...] Zugleich lässt Wissmann aber auch Bedenken erkennen. „Dass der indische Markt sein Potenzial bisher trotzdem nicht ausschöpft, liegt vor allem an der protektionistischen Politik des Landes", sagt er. Indien kämpft seit Jahrzehnten mit grassierender Korruption und einem Bürokratiewust. Teilweise müssen sogar innerhalb Indiens Zölle bezahlt werden, wenn Bauteile nach ihrer Produktion in einem anderen Bundesstaat weiterverarbeitet werden. Die Transportwege sind lang, der Zustand der Straßen ist insgesamt schlecht. Zugleich ist den Zulieferern aber klar, dass die Bevölkerung von 1,3 Milliarden Menschen – viele davon jung und relativ gut qualifiziert – großes Potenzial bietet, sowohl zur Produktion als auch zum Verkauf.
Quelle: Wachstumsmarkt: Chancen und Probleme für deutsche Zulieferer in Indien. Automobilwoche, Sonntag, 26.6.2016

[Einer der deutschen Manager] schwärmt bei einer Tour durch die Fabrik von den günstigen Lohnkosten und dem dichten Netz lokaler Zulieferer. Aber [er] verhehlt auch nicht, woran es noch hakt bei der Produktion in Indien. „Es mangelt gelegentlich an Disziplin und Arbeitsmoral bei unseren Mitarbeitern und Zulieferern", sagt er [...]. „In den Augen der Inder übertreiben wir es mit unserer Präzision", glaubt der Finanzexperte [...]. „Es macht großen Spaß, mit den Leuten hier zu arbeiten, weil man sie begeistern kann", sagt er. Weniger begeistert zeigt sich der Finanzvorstand von den Rahmenbedingungen. Unternehmer müssen vorausplanen. [...] So erhöbe das Finanzamt hier schon mal rückwirkend Steuern, oder die Regierung streiche unerwartet fest einkalkulierte Subventionen.
Quelle: Mülherr, S.: Indien sucht den Super-Investor. Die Welt, 8.3.2015

M1   Quellentexte über deutsche Investoren in Indien

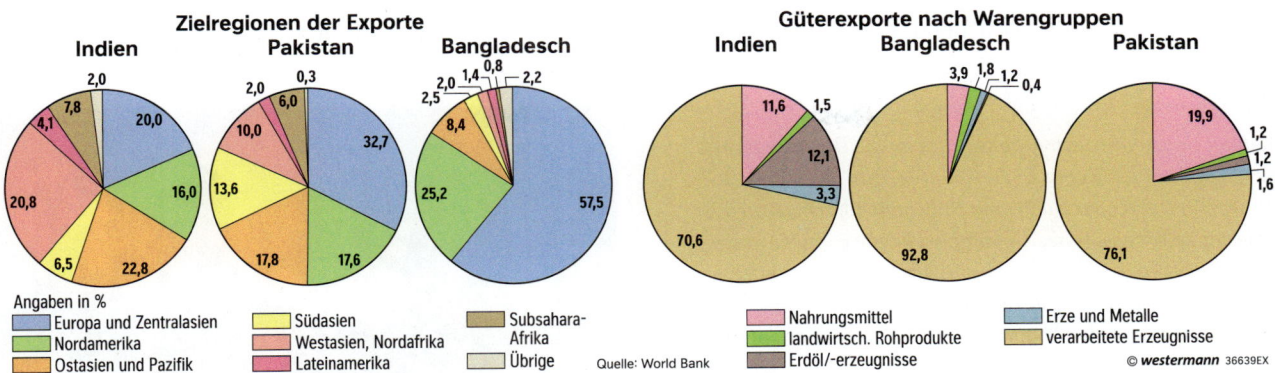

M 4 Güterexporte von Indien, Pakistan und Bangladesch: Zielregionen, Gütergruppen

Sonderwirtschaftszonen [SWZs] werden im Allgemeinen definiert als Industrieenklaven, die Vorzugsbedingungen für das exportorientierte verarbeitende Gewerbe genießen. Über die Zeit hat sich jedoch das SWZ-Modell weiterentwickelt, was Ziele, Vorzugsbedingungen, politische Steuerung und Koordination, Eigentum und Standorte betrifft. Neue Arten von Zonen entstanden und wurden unter die Kategorie SWZ subsummiert. [...] Indien war das erste asiatische Land, das seine eigene Exportproduktionszone in Kandia 1965 einrichtete. [...] Bis 1975 besaßen 29 Länder 79 SWZ weltweit. Fast alle davon waren eingezäunte Industriegebiete. [...]
In der ersten Phase der Entwicklung [der SWZs] wurden sie von arbeitsintensiven Industrien bei niedrigen Lohnkosten dominiert. [...] Bei einer Modernisierung der Wirtschaft begannen sie technische Konsumgüter wie Radios, Taschenrechner und Armbanduhren anzuziehen. Als die Wirtschaft sich weiter entwickelte, verlagerten sie sich auf die Produktion qualifikationsintensiver chemischer und technischer Güter und bildeten den Typ von SWZs der zweiten Generation heraus. Schließlich veränderten sie sich in Richtung auf die dritte Generation mit hochtechnologie-intensiven Produktionsgüterindustrien. Während der bedeutendste Beitrag der Zonen der ersten Generation die Verminderung der Arbeitslosigkeit und die Schaffung von Devisen war, dienten die Zonen der zweiten Generation der Aufwertung des Humankapitals und der Exportdiversifikation. Die SWZs der dritten Generation trugen bedeutend zur Schaffung, dem Transfer und der Verbreitung von Technologie bei. Diesen folgen dann Dienstleistungszonen.

Quelle: Aggarwal, A.: Economic impacts of SEZs: Theoretical approaches and analysis of newly notified SEZs in India. MPRA 2010, S. 2, 5, 6 (Übers. G. S.)

Den Investoren in Sonderwirtschaftszonen wird im Allgemeinen erlaubt, alle Angelegenheiten, die Export und Import betreffen, unter einem verwaltungsmäßig vereinfachten Verfahren oder einem „One-stop-service" abzuwickeln. Sie verfügen über ein liberales Steuersystem mit

	Zeitliche Entwicklung	Zahl der Zonen
Bangladesch	1983 – 1998 2014	2 EPZ 8 SWZ/EPZ
Bhutan	Seit 2013	Erste SWZs in Vorbereitung
Indien	1965 – 2000 2000 – 2008 2017	8 EPZ + 7 EPZ 208 operative SWZ 416 genehmigte SWZ
Nepal	Seit 2000	2 SWZ , 12 in Planung
Pakistan	1980 – 2000 2000 – 2008 2017	1 EPZ + 5 EPZ 7 EPZs (in Betrieb), + 3 in Planung + 7 SWZs in Vorb.,+ 9 SWZ im Rahmen des China Pakistan Economic Corridor in Vorb.
Sri Lanka	1978 -1997 1998 – 2011	3 EPZ + 9 EPZ

M 7 Exportproduktions- (EPZ) und Sonderwirtschaftszonen (SWZ)

Freistellungen von unterschiedlichem Ausmaß bei der Einkommenssteuer, Verbrauchssteuern, Mehrwertsteuer und anderen Steuern und Abgaben. Sie besitzen Einrichtungen, die die Rückführung von Investitionen, die Einreise, Bankgeschäfte, Export-Import-Modalitäten und die Beschäftigung ausländischer Arbeitskräfte erleichtern. Alle relevanten Dienstleistungen wie Zoll, Finanzdienstleistungen, Versicherungen, Polizei, Feuerwehr, Gesundheitsdienste usw. stehen nahebei zur Verfügung. SWZ werden durch liberale, produktionsorientierte Arbeitsgesetze, die Gewerkschaften und Streiks verbieten, bestimmt. Stattdessen erhalten die Arbeiter Löhne, die viel höher als außerhalb der SWZ sind und bieten geregelte Arbeitszeiten und großzügige Zusatzleistungen.

Quelle: Ministry of Industry – Special Economic Zone Development Committee: Special Economic Zones (SEZs) in Nepal, Govt of Nepal (Übers. G. S.)

M 5 Quellentexte zu Sonderwirtschaftszonen

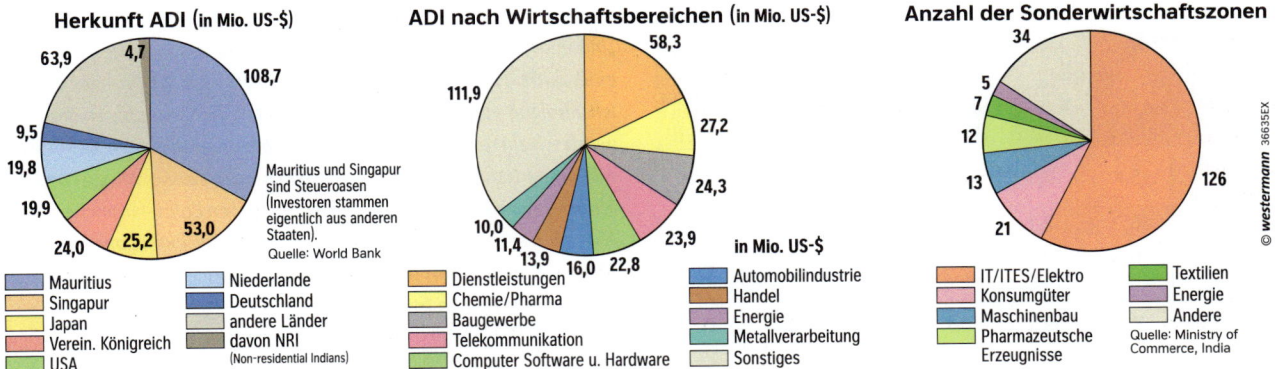

M 6 Herkunft ausländischer Direktinvestitionen (ADI) in Indien (kumuliert, 2000 – 2016), Zufluss von ADI in Indien nach Wirtschaftsbereichen (kumuliert 2000 – 2016) und exportorientierte Sonderwirtschaftszonen in Indien 2017

3.8 Globale Verflechtungen: Migration und Rücküberweisungen

Neben dem Kapital sind heute auch Arbeitskräfte mobil. Die Arbeitskraft von Millionen von Südasiaten wurde so zum Export-„gut" ihrer Heimatländer: Bauarbeiter in Doha oder Dubai und Haushaltshilfen in Riad oder London überweisen ihr oft kärgliches Einkommen an die Familien in der südasiatischen Heimat. Zu den Arbeitsmigranten zählen aber auch gut ausgebildete Ärzte und Computerspezialisten. Rücküberweisungen (Remissen) aller dieser Arbeitsmigranten kommen auf die eine oder andere Art der Herkunftsgesellschaft zugute. Doch ist dies ein vernünftiges Entwicklungsmodell und können die Rücküberweisungen den Verlust der produktiven Arbeitskräfte in ihren Ländern aufwiegen?

1. Fassen Sie die Motive und Probleme der nepalesischen Arbeitsmigranten in Katar zusammen (M4).
2. Beschreiben Sie die Entwicklung und die Herkunft der Rücküberweisungen nach Südasien sowie die Zielregionen der Migration (M1, M5, M8).
Ⓩ 3. a) Setzen Sie die Tabelle M2 in aussagekräftige Grafiken um.
   b) Vergleichen Sie die Bedeutung der Rücküberweisungen für die südasiatischen Staaten mit der Bedeutung ausländischer Direktinvestitionen und der Entwicklungshilfe (M2).
4. Erklären Sie den Begriff Rücküberweisungsökonomie (M6).
5. Erörtern Sie das Phänomen
   a) aus Sicht des entsendenden Staates (M6, M7, M10),
   b) aus Sicht des Arbeitsmigranten (M4, M6, M9).
6. Nehmen Sie Stellung zu den „Diaspora Direct Investments" (M10).

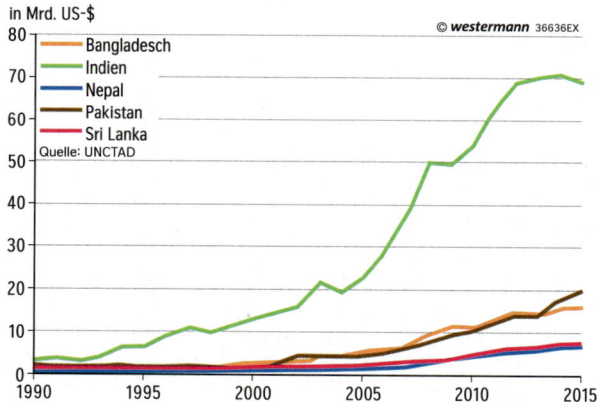

M1   Südasien: Rücküberweisungen 1990–2015

	Rücküberweisungen		Ausländische Direktinvestitionen		Entwicklungshilfe	
	in Mrd US-$	Anteil am BIP	in Mrd US-$	Anteil am BIP	in Mrd US-$	Anteil am BIP
Bangladesch	15,4	7,9	2,2	1,0	2,6	1,2
Indien	68,9	3,1	44,1	2,0	3,2	0,2
Nepal	6,7	32,7	0	0,5	1,2	5,6
Pakistan	19,3	7,3	1,3	0,7	3,8	1,3
Sri Lanka	7,0	9,2	0,7	1,0	0,4	0,5

Quelle: UNCTAD, World Bank

M2   Rücküberweisungen, ADI und Entwicklungshilfe in ausgewählten Staaten Südasiens 2015

M3   Arbeiter aus Nepal in Katar

„Als ich die 10. Klasse bestanden hatte, ist mein Vater gestorben. Ich konnte das College also nicht zu Ende machen. Ich musste meine Mutter unterstützen und meinen Geschwistern ein Studium finanzieren. Deshalb habe ich beschlossen, ins Ausland zu gehen um Geld zu verdienen. Viele Nepalesen gingen weg, um ihren Familien zu helfen. Ihnen habe ich mich angeschlossen." [...]

Dambar Rai ist einer von rund 1,7 Millionen Arbeitsmigranten in Katar. Seit in den 60er-Jahren Öl und Gasvorkommen entdeckt wurden, boomt der Wüstenstaat. Katars Hauptstadt Doha hat sich in wenigen Jahrzehnten vom Fischerdorf in eine Metropole verwandelt. [...] Dambar Rai, der Taxifahrer, hat noch Schicht bis morgens um vier. Elf Stunden arbeitet er am Stück, mit einer Stunde Pause. Danach fährt er ins firmeneigene Quartier, isst, schläft, geht zur nächsten Schicht. Sechs Tage die Woche. Von seinen 500 Euro Lohn schickt er 450 nach Nepal – an seine Mutter, die Geschwister, seine Frau und eine Tochter, die er seit Jahren nicht gesehen hat. Alle fehlen ihm, sagt er – besonders die Tochter, sie sei so klein und süß. [...]

Bis 2022 soll der Umbau des Khalifa-Stadions fertig sein. Eine von zwölf hochmodernen Sportarenen, die für die Fußball-Weltmeisterschaft um- oder neu gebaut werden. Überall in Doha stehen Kräne, öffnen sich Baugruben. Dazwischen wimmeln Arbeiter mit Helmen und Leuchtwesten. In den vergangenen Jahren häuften sich Berichte von Menschenrechtlern, Gewerkschaftern und Journalisten über Unfälle und Todesfälle ausländischer Arbeiter in Katar.

Mit einem Mal interessierte sich die ganze Welt für die Bedingungen der Wanderarbeiter. Auch die Arbeitgeber achten nun auf Sicherheit. Arbeitszeiten bis zu 12 Stunden und bei bis zu 50 Grad im Schatten sind dagegen immer noch nichts Ungewöhnliches. Beschwerden gibt es kaum. Die Arbeiter haben die ausbeuterischen Verträge schon in ihren Heimatländern unterschrieben, ihre finanzielle Not lässt ihnen keine Wahl. [...]

„In Nepal fangen die Leute an zu träumen – sie glauben, sie kommen zu einer guten Firma, die sie ordentlich unterbringt. Die Arbeiter denken: Ich verdiene dort sehr viel, jeden Monat kann ich was sparen und dann werde ich ein reicher Mann zu Hause. Aber wenn die Leute hier in Katar ankommen, stimmt nichts davon. Der Lohn ist niedrig. Alles ist anders." Manche Arbeiter erhalten monatelang keinen Lohn – manche Firmen kümmern sich nicht darum. Die Arbeiter könnten ihren Lohn einklagen. Aber wie macht man das in einem Land, dessen Sprache man nicht lesen oder sprechen kann?

Quelle: Saoub, E: Wer in Katar für die Fußball-WM baut. www.deutschlandfunk. de 15.1.2017

M4   Quellentext zu nepalesischen Arbeitsmigranten in Katar

	Bangladesch	Indien	Nepal	Pakistan
Indien	28,9	-	14,3	k.A.
Saudi-Arabien	24,5	16,3	26,4	29,4
VAE	18,0	19,9	11,8	28,6
anderes Vorderasien	12,5	19,9	32,6	12,1
UK	3,5	5,7	2,0	8,5
anderes Europa	3,1	4,0	1,1	6,9
Ostasien, Südostasien	2,2	1,4	4,0	1,3
USA	3,4	17,0	4,7	6,7
übrige Welt	3,9	15,8	3,1	6,5

Quelle: World Bank UK = Vereinigtes Königreich

M 5 Herkunft der Rücküberweisungen in Bangladesch, Indien, Nepal und Pakistan 2015 (in %)

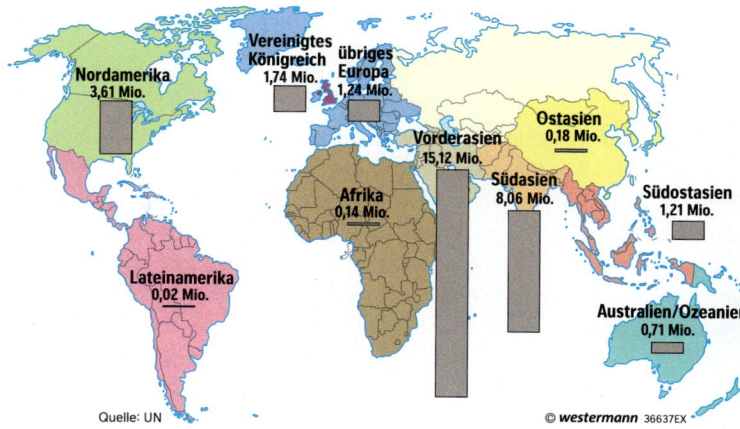

Quelle: UN

© **westermann** 36637EX

M 8 Migration aus Südasien: Zielregion/Land 2015

Südasien ist eine „Rücküberweisungsökonomie". Südasiatische Länder entsenden jedes Jahr eine bedeutende Anzahl von Migranten als Arbeitskräfte, und die Rücküberweisungen von Arbeitsmigranten werden zu einer wichtigen Quelle zur Finanzierung der wirtschaftlichen Entwicklung der Länder. Die meisten südasiatischen Regierungen sehen Arbeitsmigration als Mittel an, Arbeitslosigkeit zu vermindern, Armut zu reduzieren und ausländische Devisen durch Rücküberweisungen zu erwerben und machen sie zu einem Schlüsselinstrument ihrer Wirtschaftspolitik. [...]

Unter den Weltregionen war 2009 Südasien der zweitgrößte Empfänger von Rücküberweisungen, hinter Ostasien/Südostasien. [...] Der stetige Fluss von Rücküberweisungen half den Ländern Devisenzwänge und Handelsbilanzdefizite zu lindern und nationale Spareinlagen zu vergrößern. Sie tragen auch zu den Entwicklungsbudgets der Länder bei. [...] Eines der Charakteristika der südasiatischen Rücküberweisungswirtschaft ist der hohe Anteil an Überweisungen, die über informelle Kanäle abgewickelt werden. Infolge ihrer Abhängigkeit von den Überweisungen führten die Regierungen verschiedene Maßnahmen ein, die formellen Rückflüsse zu verbessern und zu erleichtern. Typische Maßnahmen umfassen eine Liberalisierung des Wechselkurses, die Einrichtung von speziellen Abteilungen für Rücküberweisungen an den Zentralbanken, die vereinfachte Lizensierung von Agenturen für Geldtransfers und die Förderung von Partnerschaften einheimischer mit ausländischen Banken aus Ländern mit einer hohen Zahl von Arbeitsmigranten.

Empirische Studien legen nahe, dass Haushalte mit wachsenden Einkommen aus Rücküberweisungen aber ohne Verbindung zu formalen Finanzsystemen ihr Geld für Häuser, Land und Konsumgüter wie Haushaltsgeräte, Nahrung und Kleidung ausgeben, aber keine finanziellen Vermögenswerte anlegen wie Ersparnisse oder Investitionen.

Quelle: Ozaki, M.: Worker Migration and Remittances in South Asia. Manila: Asian Development Bank 2012, S. 1, 9, 13 (Übers. G. S.)

M 6 Quellentext zu Rücküberweisungen nach Südasien

Kompetenzniveau	Beispiele	Anteil
hochqualifiziert	Ärzte, Zahnärzte, Ingenieure, Lehrer, Manager, Bilanzbuchhalter	1,7 %
qualifiziert ausgebildet	Pflegekräfte, Techniker, Computerprogrammierer, Pharmazeuten,	0,8 %
ausgebildet	Sekretäre, Stenographen, Schweißer, Verkäufer, Schreiner, Maurer, Elektriker, Schneider, Fahrer	40,1 %
angelernt	Köche, Servicekräfte	16,2 %
ungelernt	Arbeiter, Bauern	41,2 %

M 7 Fähigkeiten pakistanischer Arbeitsmigranten 2011–2015

Bevor sie Pakistan verlassen, werden viele Arbeitsmigranten im Zuge des Rekrutierungsprozesses von einem Sub-Vermittler oder lizensiertem Rekrutierungsbüro ausgebeutet. Das kann beinhalten, das künftige Migranten, nachdem sie Geld gezahlt haben, doch keinen Arbeitsplatz erhalten, oder dass die Vertragsbedingungen verschleiert und falsche Informationen zur Visa-Kategorie oder der Art des Jobs gegeben werden. Im Zielland werden vielen pakistanischen Arbeitsmigranten bei der Arbeit ihre fundamentalen Rechte verwehrt [...]. Viele erleben, dass Lohn- und andere finanzielle Zusagen, die in ihrem Arbeitsvertrag geregelt sind, nicht eingehalten werden; viele werden gezwungen, einen neuen Vertrag mit niedrigerer Bezahlung, anderen Arbeits- und Lebensbedingungen zu unterschreiben. Viele müssen erfahren, dass lokales Arbeitsrecht nicht eingehalten wird.

Quelle: ILO: Where to go for help? Pakistani migrant workers' access to justice at home and in Gulf Cooperation Council countries. 2016, S. xi (Übers. G. S.)

M 9 Quellentext zu Arbeitsmigration aus Pakistan

Nach UN-Angaben lebten im Jahre 2013 mehr als 230 Mio. Menschen außerhalb ihrer Herkunftsländer. Zum größten Teil bilden diese Migranten Diaspora-Gemeinschaften, die ihre engen Beziehungen zum Mutterland beibehalten haben und durch konstante und wachsende Flüsse von Rücküberweisungen aufrechterhalten. Politische Entscheidungsträger auf nationaler und globaler Ebene haben [jedoch] größere Ambitionen, wenn sie die Bedeutung der Diasporas unterstreichen, als das Streben nach einem wachenden Fluss von Remissen. Sie suchen nach Wegen, die wirtschaftlichen Ressourcen der Diasporas in Direktinvestitionen in nationale Wirtschaften zu kanalisieren, sei es in den Privat- oder eine Form des öffentlichen Sektors. Das Mantra in diesen Tagen sind nicht so sehr die Remissen per se, sondern Diaspora-Direkinvestitionen [DDI]. [...] Die Argumente zugunsten der DDI sind fast exakt dieselben wie die, die für die Bedeutung der ausländischen Direktinvestitionen im Allgemeinen angeführt werden. [...] Anders als letztere werden die DDI aber von Leuten vorangetrieben, die soziale und familiäre Beziehungen zu dem Land besitzen, in dem sie investieren. Daher haben sie ein besseres Gespür für die diversen politischen und kulturellen Nuancen im grenzüberschreitenden Geschäftsverkehr. Ihre Rückkehr in ihr Herkunftsland als Investor trägt zu dem allgemeinen Bestand an Humankapital bei und kehrt den „Brain Drain" der früheren Jahrzehnte um. [...] Anders als bei ADI, bei denen die meisten Profite aus dem Lande abfließen, sollen DDI ein „Kapital-Recycling" fördern, bei dem ein bedeutender Anteil im Entwicklungsland zurückbleibt.

Quelle: Varadarajan, L.: Diaspora Direct Investment and the 'Growth Story'. Himál: South Asian, Vol. 27(4), January 2015, S. 52–67 (Übers. G. S.)

M 10 Quellentext zu „Diaspora Direct Investments"

3.9 Beschäftigung im formellen und informellen Sektor

Stahl, Kraftfahrzeuge und Bekleidung werden in Großbetrieben mit einer hohen Anzahl von Arbeitskräften produziert. Vieles andere aber wird in Kleinbetrieben hergestellt. Auch die meisten Dienstleistungsbetriebe und der Einzelhandel – wenn es sich nicht um moderne Supermärkte handelt – besitzen, wenn überhaupt, jeweils nur wenige Beschäftigte. Aber zusammen sind es viele. Und während die Großbetriebe registriert sind, statistisch erfasst werden und sich ihre Arbeitskräfte geregelter Beschäftigungsverhältnisse erfreuen, finden die anderen Tätigkeiten jenseits staatlicher Kontrolle und Erfassung statt. Daher werden Betriebe wie Arbeitsplätze in einen formellen und einen informellen Sektor unterteilt.

1. a) Beschreiben Sie typische Tätigkeiten im informellen Sektor (M1, M3).
   b) Charakterisieren Sie die verschiedenen Begriffsbestimmungen des informellen Sektors (M1, M2, M4).
2. a) Setzen Sie Tabelle M5 in ein anschauliches Diagramm um.
   b) Erläutern Sie die sektorale Bedeutung der informellen Arbeit in Bangladesch (M5).
3. Charakterisieren Sie die wirtschaftliche Verbreitung des informellen Sektors und die Einkommensunterschiede im formellen und informellen Sektor in Indien (M6, M7, M10).
4. „Der informelle Sektor subventioniert den formellen" – Erörtern Sie diese Auffassung (M9).
5. Analysieren Sie die Differenzierungen des Lohnniveaus in Indien und seine Dimensionen (M8).

Konzeptionen der Wirtschaft der Dritten Welt, die mit Gegensatzpaaren arbeiten, gibt es seit langem. Früh wurde zwischen „moderner" Industrie und „traditionellem" Handwerk unterschieden. Wie unbefriedigend diese Etikette waren, zeigte sich daran, dass „moderne" Tätigkeiten, wie Service und Reparatur von importierten Elektrogeräten oft auf sehr „traditionelle" Weise durchgeführt wurden: in kleinen, schlecht ausgerüsteten Werkstätten. In den 1960er-Jahren [stellte man fest,] dass der kräftige Zuwachs an städtischen Arbeitskräften sich nicht in der Beschäftigungsstatistik wiederspiegelte. {...} Man merkte, dass eine große und wachsende Zahl von Menschen mit nicht erfassten Aktivitäten beschäftigt waren. [...] [Anfang der 1970er-Jahre] wurde eine neue Terminologie eingeführt, die zwischen einem „informellen" und einem "formellen" Sektor unterschied. [...] Zahlreiche Forschungsarbeiten zum „informellen Sektor" [...] warfen nun ein Licht auf eine Erwerbsbevölkerung, die typischerweise [statistisch] untererfasst, gemeinhin als unproduktiv bezeichnet und zu oft als nur geringer Beiträger zur städtischen Wirtschaft abgestempelt wird. Die Terminologie wurde vom International Labour Office [...] übernommen. Es argumentierte, dass der informelle Sektor eine weite Spanne von billigen, arbeitsintensiven, wettbewerbsfähigen Waren und Dienstleistungen zur Verfügung stelle [...] und schlug eine Förderung des informellen Sektors vor. [Später verlagerte sich der Fokus von der Definition eines solchen Sektors auf den Aspekt] der ungeschützten Arbeit, Arbeit, die weder von Gewerkschaften noch dem Staat geschützt wird. Legt man dies bei der Unterscheidung zwischen formell und informell zugrunde [, kann man feststellen], dass informelle Beschäftigung in den größten und modernsten Firmen [...] zu finden ist.

Quelle: Gugler, Josef: The Urban Labour Market. In: Gilbert, A. & Gugler, J.: Cities, poverty and development: Urbanization in the Third World. Oxford Univ. Press 1994, S. 95 – 98 (Übers. G. S.)

M1   Quellentext zur Konzeption des „informellen Sektors"

M2   Werbeschilder in einer Straße in Neu-Delhi

Der informelle Sektor besteht aus nicht registrierten und /oder kleinen gerichtlich nicht eingetragenen Privatunternehmen in der Produktion von Gütern und Dienstleistungen für den Verkauf oder Tauschhandel. Die Betriebe arbeiten typischerweise in kleinem Maßstab auf einem niedrigen Organisationsniveau, mit geringer oder fehlender Teilung zwischen Arbeit und Kapital als Produktionsfaktoren. Die Arbeitsbeziehungen/ Beschäftigungsverhältnisse basieren meist auf formloser Anstellung, Verwandtschaft oder persönlichen oder sozialen Bindungen. Ein nicht registriertes Unternehmen ist eine Produktionseinheit, die von dem oder den Individuen, die sie besitzen, nicht als unabhängige Rechtskörperschaft gebildet wurde und für die keine vollständige Buchführung durchgeführt wird. Beschäftigung im informellen Sektor bezieht sich auf die Gesamtzahl der Jobs in Betrieben des informellen Sektors. Der informelle Sektor stellt in vielen Ländern einen bedeutenden Teil der Wirtschaft und vor allem des Arbeitsmarktes dar und spielt eine große Rolle bei der Schaffung von Arbeitsplätzen, Produktion und Einkommen.

Informelle Beschäftigung [...] bezieht sich auf solche Jobs, denen im Allgemeinen grundlegende soziale und rechtliche Absicherung oder aus der Beschäftigung erwachsende Leistungen fehlen. Sie können in Betrieben des formellen Sektors, des informellen Sektors und in Haushalten gefunden werden. [...] Eingeschlossen sind: Selbständige und Selbständige mit Beschäftigten in eigenen informellen Betrieben, mithelfende Familienangehörige [...], Mitglieder informeller Produktionskooperativen (die nicht als Rechtskörperschaften begründet wurden) [...], Selbständige, die Produkte nur für den Eigenbedarf ihres Haushaltes herstellen.

Quelle: Bangladesh Bureau of Statistics: Labour force survey (LFS) Bangladesh 2013. Dhaka 2015, S. 16-17 (Übers. G. S.)

M3   Quellentext zur Definition informeller Beschäftigung

Anteil der Arbeitskräfte ohne schriftlichen Arbeitsvertrag und bezahlten Urlaub	67,6 %
Anteil der Arbeitskräfte im Haupt- und Nebenerwerb ohne soziale Absicherung (regulär und Gelegenheitsarbeiter)	72,2 %
Anteil der temporär Beschäftigten an allen Beschäftigten im Haupt- und Nebenerwerb (regulär und Gelegenheitsarbeit)	42,1 %
Anteil der Arbeitskräfte im Haupt- und Nebenerwerb in informellen Betrieben (Kleinbetriebe, in denen Eigentümer mitarbeiten) an allen nicht anbauorientierten Arbeitskräften	72,4 %

Quelle:: National Sample Survey Office, India

M4   Indien: Dimensionen informeller Beschäftigung 2011-12

| | Beschäftigte | | | | | | | | |
| | in 1000 | | | in % der Sektorbeschäftigten | | | in % der Beschäftigungskategorie | | |
	formell	informell	gesamt	formell	informell	gesamt	formell	informell	gesamt
Landwirtschaft	672	25 518	26 190	2,6	97,4	100	8,8	50,6	45,1
Industrie	1104	10 969	12 073	9,1	90,9	100	14,5	21,7	20,8
Dienstleistungen	5844	13 966	19 809	29,5	70,5	100	76,7	27,7	34,1
gesamt	7621	50 452	58 073	13,1	86,9	100	100	100	100

Quelle: Bangladesh Statistical Yearbook 2015

M 5 Bangladesch: Beschäftigte nach Wirtschaftssektor und formeller/informeller Beschäftigung 2013

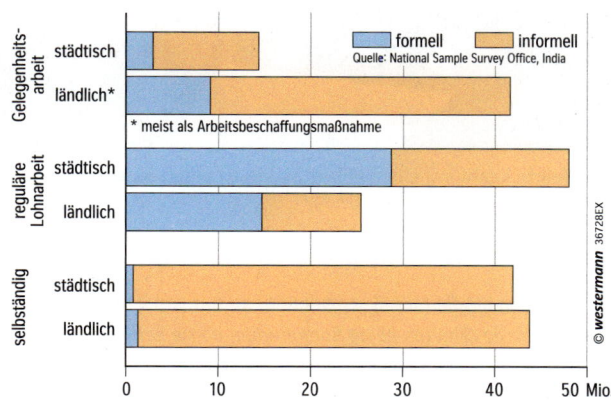

M 6 Indien: Arbeitskräfte des formellen und informellen Sektors nach Beschäftigungsverhältnis

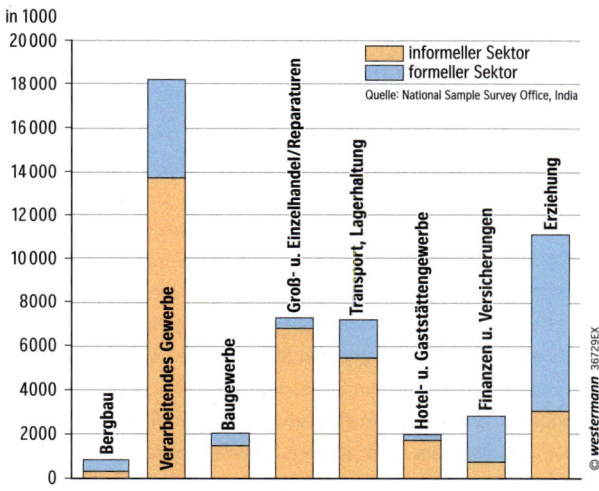

M 7 Indien: Arbeitskräfte in Betrieben des formellen und informellen Sektors nach Wirtschaftskategorien (Auswahl) 2012

Von einer achtköpfigen Familie arbeiten die ältesten Kinder in Dhaka (Rana als Näherin, Rashid als Rikscha-Fahrer). Sie überweisen kleine Summen an ihre Eltern und erhalten von dort Nahrungsmittel, wodurch sie ihre Ernährung sichern und etwas Geld sparen können. Die zweite Tochter, Aisha, schuftet in einer Shrimpsfarm und der jüngere Bruder, Yoosef, als Houseboy bei einem Landlord einzig für Essen und Unterkunft. Die Mutter produziert Gemüse auf dem Wegrain und dem Hüttendach sowie Flechtwerk für den Markt. Der Vater ist offiziell als Fahrer bei der Grameen Bank beschäftigt. Dafür benötigt er Kleider, die er sich nur mit den Überweisungen der Tochter und des Sohnes aus Dhaka leisten kann, denn sein Lohn wird zur Gänze vom Schulgeld für die beiden jüngsten Kinder, in die die Familie ihre Hoffnungen setzt, aufgezehrt. [...] Gesellschaftlich und innenpolitisch stellt die Verflechtung von Einkommen aus verschiedenen Tätigkeiten/Beschäftigungsformen ein überlebenssicherndes, krisenbewältigendes materielles Netzwerk dar.
Quelle: Scholz, F.: Länder des Südens, S. 168

M 9 Quellentext zur Verflechtung informeller und formeller Einkommen auf Haushaltsebene

	formell	informell		formell	informell
Bergbau	864,15	322,57	Transport, Lagerhaltung	349,65	208,40
Verarbeitendes Gewerbe	308,50	208,73	Hotel, Gaststätten	240,93	229,39
Baugewerbe	364,58	251,17	Finanzen, Versicherungen	714,01	402,17
Groß-/Einzelhandel, Reparaturen	223,58	186,54	Erziehung	482,57	303,39

Quelle: National Sample Survey Office, India

M 10 Indien: mittleres Einkommen (Rs./Tag) bei haupterwerblich Beschäftigten im formellen und informellen Sektor (ohne Selbstständige), nach Wirtschaftskategorie 2012

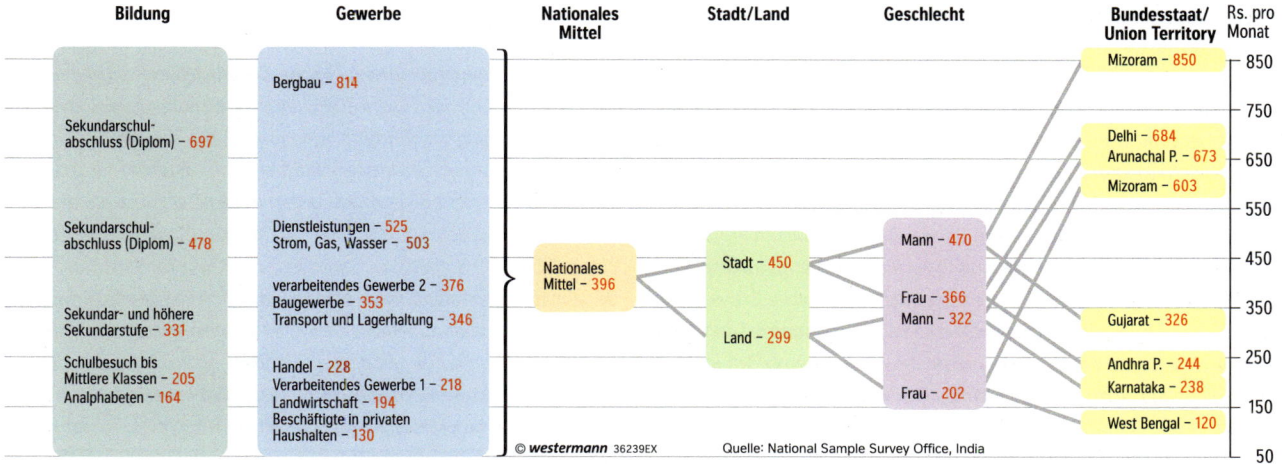

M 8 Indien: differenzierte mittlere Lohnniveaus regulär Beschäftigter 2012

3.10 Entwicklung von „Unten" durch Mikrokredite?

Seit der Unabhängigkeit versuchen die Regierungen Südasiens wirtschaftliche Entwicklung voranzutreiben. Über ihre Entwicklungspläne legten sie Strategien und Programme fest, die wirtschaftliches Wachstum fördern und Armut eliminieren sollten. Eine solche Entwicklung von „Oben" erreichte mit ihren staatlichen Maßnahmen die gesteckten Ziele nicht oder nur zum Teil. Und die Liberalisierung, die in den letzten zwei, drei Jahrzehnten dem Markt größere Bedeutung zumisst als der Steuerfunktion des Staates, führte eher zu einem Auseinanderklaffen der Einkommensschere als zu einer Beseitigung von Armut. So verwundert es nicht, dass es Versuche gab und gibt, durch eine „Hilfe zur Selbsthilfe" eine Entwicklung von „Unten" anzustoßen und die Lebenssituation der Armen zu verbessern.

1. Stellen Sie das Prinzip der Mikrokredite durch die Grameen-Bank in Bangladesch dar (M4, M5, M8, M10).
2. Erläutern Sie die Entwicklungsmodelle in M1. Stellen Sie die wesentlichen Unterschiede heraus.
3. Überprüfen Sie, ob Mikrokredite als ein Instrument von Entwicklung von „Unten" gelten können (M2, M4).
4. Mikrokredite werden heute kontorvers diskutiert. Analysieren Sie die Argumente der positiven und kritischen Stimmen.
5. Erörtern Sie den Nutzen von Mikrokrediten als Entwicklungsstrategie.

M3 Teilrückzahlung eines Mikrokredits an einen Bankworker der Grameen Bank

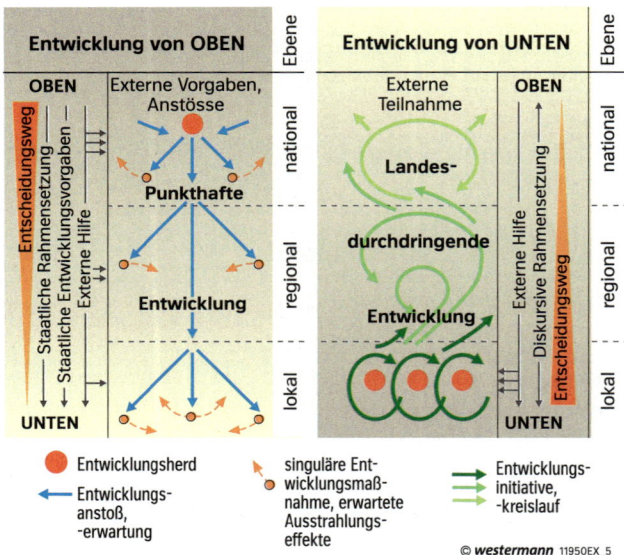

M1 Entwicklung von „Oben" – Entwicklung von „Unten"

Die Bottom-up-Strategie basiert auf der Vorstellung, unternehmerisches Engagement und kleine Wirtschaftskreisläufe auf unterster landwirtschaftlicher, gewerblicher und handwerklicher Ebene (Betrieb, Dorf) anzuregen und erste Marktbeziehungen auszulösen. Dadurch ließen sich lokal Kaufkraft und damit Nachfrage fördern, die vor Ort vorhandenen Produktivkräfte steigern, die Produktion technisch weiter verbessern, Arbeitsplätze schaffen und immer mehr Menschen einbinden. Eine solche Entwicklung greift allmählich von der Lokalität auf die Region und das ganze Land über. Externe Hilfe ist nur dann sinnvoll, wenn sie wirklich einzig den lokalen Zielen dient und nicht von „oben" dirigistisch eingesetzt wird.
Quelle: Scholz, F.: Länder des Südens. Braunschweig: Westermann, S. 169

M2 Quellentext zur Entwicklung von „Unten"

Armen fehlen oft die Mittel, selbst etwas zu tun, um ihre Situation zu verbessern. Sie erhalten keine Bankkredite, da sie keine Sicherheiten bieten können und an ihrer Fähigkeit gezweifelt wird, das geliehene Geld zurückzuzahlen. So sind sie auf Geldverleiher angewiesen, die oft exorbitante Zinsen verlangen. Um es ihnen zu ermöglichen, Kredite zu akzeptablen Zinssätzen aufzunehmen, die sie produktiv investieren können, gründete der bangladeschische Wirtschaftswissenschaftler Muhammad Yunus aufgrund seiner Erfahrungen in Bangladesch 1983 eine Bank, die Mikrokredite an Arme vergibt, die Grameen-Bank („Bank des Dorfes"). Yunus versteht die Bank als „soziales Unternehmen", das zwar nicht auf Profitmaximierung ausgerichtet ist, sich aber doch selbst trägt. Eine Kreditrückzahlung muss daher bei kostendeckenden Zinsen gewährleistet werden. Um die Chancen hierzu zu vergrößern, wurde eine ganz besondere Struktur entwickelt.
Potenzielle Kreditnehmer müssen Mitglied werden und sich in Gruppen zu fünf Personen zusammenschließen, die gemeinsam für ihre Kredite geradestehen. Sie erhalten nach und nach einen Kleinkredit (bis ca. 50 Euro). Den müssen sie auf regelmäßigen Zusammenkünften im Kreise von jeweils acht Gruppen an einen Bankangestellten („Bankworker"), der sie auch berät, mit einem Jahreszins von 20 Prozent zurückzahlen. Solange die Rückzahlungen laufen, erhalten weitere Mitglieder der Gruppe Kredite, und die Chancen für spätere, höhere Kredite steigen. Setzt ein Mitglied die Rückzahlung aus, verlieren die anderen ihre Chance. Nicht zuletzt der Gruppendruck führt zu einer hohen Rückzahlungsquote.
Die Darlehensnehmer – fast ausschließlich Frauen – profitieren oft von den Krediten und verbessern ihre Lebenssituation durch Investitionen beispielsweise in Geflügel, eine Kuh oder Nähmaschine, die ein Einkommen ermöglichen. Die positiven Erfahrungen bei der Reduktion von Armut haben zu einer Übertragung der Idee auf andere Länder geführt und Muhammad Yunus und der Grameen-Bank 2006 den Friedensnobelpreis eingebracht. Die positive Resonanz führte zu einem Hype um Kleinkredite und ließ Mikrofinanzunternehmen in beträchtlicher Zahl entstehen, darunter auch solche, die sich nicht als „soziale Unternehmen" verstehen und Profite erwirtschaften wollen. Sie verlangen zum Teil wie „Kredithaie" weit höhere Zinsen (bis zu 110 % effektiver Jahreszins), die etliche Kreditnehmer in eine Verschuldungsspirale führten, weil sie immer neue Kredite aufnehmen müssen, um die alten zu bedienen. Private Mikrofinanzunternehmen haben zum Teil größere Profite gemacht als Banken und zeigen, dass selbst mit Armen Geld verdient werden kann. In letzter Zeit kam es daher in Indien und Bangladesch zu staatlichen Regulierungen in der Mikrofinanzbranche.

M4 Originaltext zur Grameen-Bank und zu Mikrokrediten

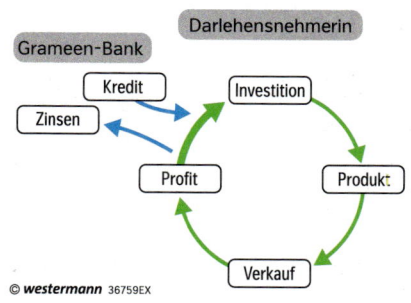

© westermann 36759EX

M 5 Zyklus der Mikrokredite der Grameen-Bank

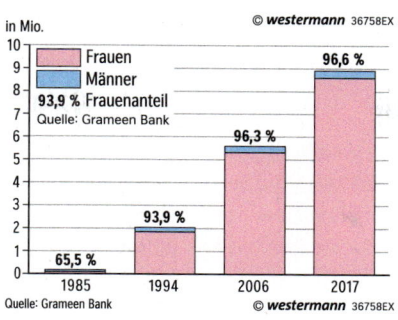

Quelle: Grameen Bank   © westermann 36758EX

M 8 Mitglieder der Mikrokreditgruppen der Grameen-Bank 1986 – 2016

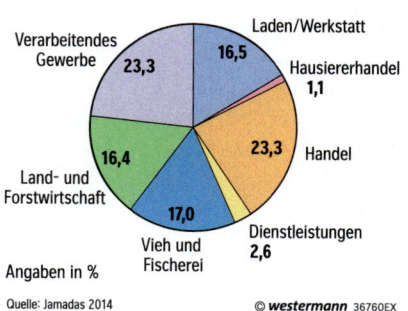

Angaben in %   Quelle: Jamadas 2014   © westermann 36760EX

M 10 Verwendung der Mikroinvestitionskredite 2012

Ende 2006 entschied sich Hafeza Aktar (26) [, die nach dem Unfalltod ihres Gatten fünf Jahre nach ihrer Hochzeit mit ihrem kleinen Sohn zu ihren Eltern zurückkehren musste,] dem Mikrokreditprogramm der Grameen Bank beizutreten, um selbständig zu werden und die Abhängigkeit von der Familie der Eltern zu reduzieren. Zwischen 2006 und 2007 verwendete sie ihre Darlehen (jeweils 5000 Taka), um Kühe zu mästen, die sie auf dem lokalen Markt verkaufte. Ihr Netto-Profit belief sich jeweils auf 2500 – 4600 Taka. Während dieser Zeit zahlte sie ihre wöchentlichen Raten mit Verdiensten aus handwerklicher Arbeit. Im Jahre 2008 nahm sie einen Technologiekredit bei der Bank auf und kaufte damit eine Nähmaschine. Damals konnte sie schon nähen, durch ihre Näharbeiten verbesserte sie schnell ihre Fertigkeiten. Viele Dorfbewohner gaben Kleidung bei ihr in Auftrag und wurden regelmäßige Kunden. Ihr monatliches Einkommen beträgt 3000 – 4500 Taka. Ihr Sohn ist jetzt neun Jahre alt und geht zur Schule. Hafeza Aktar ist noch immer jung, hat aber keine Intentionen, wieder zu heiraten. In ihren Worten: „Mein Sohn ist meine Hoffnung, mein Traum und alles in meinem Leben. Ich denke an seine Ausbildung und Zukunft."

Quelle: Jamadar, N.: Role of Grameen Bank Microcredit Programme in Poverty Reduction. Kanazawa Seiryo University. Theses Vol. 48 Nr. 1, 2014, S. 98 – 99 (Übers. G. S.)

M 6 Fallstudie zu Mikrokrediten

Während der letzten zwei Jahrzehnte entwickelte sich der Mikrokredit zu einem bedeutenden Werkzeug bei der Linderung der Armut in Bangladesch. Durch die Nutzung von Darlehen von zahlreichen MFIs [Mikrofinanzinstituten] beschäftigen sich ländliche Frauen erfolgreich mit verschiedenen produktiven Tätigkeiten, um Geld zu verdienen. Dieses zusätzlich von Frauen verdiente Geld vermehrt das verfügbare Haushaltseinkommen und verbessert Verbrauchsmuster und Lebensstil der ländlichen Familien. Es vergrößert das ökonomische Wohlergehen der armen Familien, verbessert die Nahrungssicherheit und den Ernährungsstatus und trägt am Ende zu mehr Gesundheit bei. Wenn die Familien der Darlehensnehmer liquide sind, tendieren sie dazu, mehr in die Ausbildung ihrer Kinder zu investieren. Im Ergebnis steigt die Alphabetisierungsrate. Zudem produzieren die Darlehensnehmerinnen neue Güter und Dienstleistungen und verkaufen sie auf dem Markt. Dies hilft, neue Produktmärkte zu schaffen und die Verfügbarkeit von Gütern und Dienstleistungen zu erhöhen. Daher besitzt das Mikrokreditprogramm eine bedeutende Auswirkung auf die Förderung von Aktivitäten zur Einkommensgenerierung und somit der Linderung der Armut ländlicher Frauen.

Quelle: Ahmed, F., Siwar, C. & Idris, N.A.: Role of microcredit programme to the Socio-economic development and poverty alleviation among rural women in Bangladesh. Journal of Applied Sciences Research 7 (2011), S.1117 – 1121 (Übers. G. S.)

M 9 Quellentext zu den Erfolgen von Mikrokrediten in Bangladesch

---

Mikrofinanz ist nicht ohne Kritiker. Einige argumentieren, dass Menschen schnell in einen Schuldenkreis geraten können, bei exorbitanten Zinsforderungen vieler Verleiher. [...] Rückzahlungen sind im Allgemeinen ab der ersten Woche nach Auszahlung fällig, was dem Darlehensnehmer keine Zeit gibt, irgendeine Unternehmung zu etablieren, aus denen ein Einkommen erzielt werden kann. Um die ersten Ratenzahlungen zu leisten, greifen die Leute oft auf weitere Kredite aus einem anderen Unternehmen zurück. [...] Dorfbewohner schicken ihre Kinder zur Arbeit, damit sie helfen den Kredit zurückzuzahlen. Aber wenn sie nicht genug zahlen können, bestehen die Schuldeneintreiber darauf, dass sie ihr Vieh, Hühner oder Haushaltsgerät verkaufen müssen. Der Verkauf von Agrarland ist eine letzte, verzweifelte Option. [...] Weil die Außendienstmitarbeiter nach den Rückzahlungsraten beurteilt werden, greifen sie manchmal auf Zwang und sogar gewaltsame Taktiken zurück, um die Raten für die Mikrokredite einzutreiben.

Quelle: Melik, J.: Microcredit ‚death trap' for Bangladesh's poor. BBC 3.11.2010

Auch die Verwendung der Darlehen hat sich über die Jahre verändert. Am Anfang wurden die Darlehen ausgezahlt, um kleinen Händlern zu helfen, Gemüse zu verkaufen oder Vieh zu kaufen oder für einen Grundbedarf des Anbaus. In jüngerer Zeit erhielten Menschen für den Anbau von Marktfrüchten (Baumwolle, Erdnüsse, Gemüse) oder Großvieh (Hochleistungsbüffel oder -kühe) Mikrokredite. [...] Das erfordert von dem Darlehensnehmer Erfahrung bei der Handhabung

des mit dem Kredit Erstandenen. [...] Kleinbauern fehlt oft auch die Ausbildung, um mit „Einkommensschocks" infolge einer Missernte oder einem Überangebot, das zu sinkenden Preisen führt, fertigzuwerden. Was die Dinge aber noch verschlimmert, [...] ist, das Mikrokredite an die Dorfbevölkerung freizügig vergeben werden, um Häuser zu bauen, alte Schulden zurückzuzahlen, Verbrauchsgüter wie Fernsehgeräte zu erstehen oder Heiratskosten aufzubringen.

Quelle: Biswas, S.: Crisis hits India's loan industry. BBC News 21.12.2010

Entgegen dem Anspruch der Grameen-Bank, soziale Gerechtigkeit und Empowerment zu fördern, sehen Kritiker die Strategien und Dienste der Bank als Entmachtung der Frauen. Sie behaupten, dass – weil die Grameen-Bank ihre Kredite an Frauen vergibt – einige der ausgeschlossenen Männer ihre Frauen zwangen, Darlehen aufzunehmen, nur um sich die Mittel dann selbst anzueignen. Sie behaupten, dass die Darlehensnehmerinnen nicht die direkten Nutznießer der der an sie vergebenen Kredite sind, sondern dass sie als „Mittler zwischen männlichen Haushaltsmitgliedern und der Bank" fungieren. Daher weisen sie darauf hin, dass die Kreditvergabe an Frauen diese nicht stärkt, weil der „Darlehensmechanismus unter den vorherrschenden patriarchalen Normen der Dorfgesellschaft und der stellungsbedingten Verwundbarkeit der Frauen funktioniert".

Quelle: Moreno, A.M.: Grameen Microfinance: An Evaluation of the Successes and Limitations of the Grameen Bank. University of Pennsylvania. 8.10.2010

M 7 Quellentexte zu Kritik an Mikrokrediten (Übersetzung G. S.)

Zusammenfassung

Plan, Markt und Globalisierung

Die meisten Staaten Südasiens versuchten nach ihrer Unabhängigkeit mittels staatlicher Planung – von „Oben" – ihre Volkswirtschaften zu entwickeln. Hierbei wurde staatlichem Handeln gegenüber der Privatwirtschaft eine Leitfunktion zugemessen. Da die Resultate nicht den Planvorgaben entsprachen und das Wirtschaftswachstum begrenzt blieb, wurde die Wirtschaft seit den 1990er-Jahren liberalisiert. Der Privatwirtschaft wurde größerer Raum zugestanden, zudem öffneten sich die Länder ausländischem Kapital.

In zahlreichen Wirtschaftsbereichen, von der Schwerindustrie bis zum Tourismus, sind heute globale Wertschöpfungsketten und Kapitalverflechtungen etabliert. In der Stahlindustrie beispielsweise, die zum Zweck der eigenen Industrialisierung zum Teil mit ausländischer Unterstützung aufgebaut wurde, agieren heute indische Unternehmen als Global Player. Die Bekleidungsindustrie wurde schon früh Ziel von Produktionsverlagerungen aus westlichen Ländern, die von niedrigen Lohnkosten profitieren wollten. In der Wertschöpfungskette, die vom Erzeuger der Rohmaterialien über die Betriebe der einzelnen Verarbeitungsschritte und ihren Belegschaften bis hin zu den Handelsketten und dem Verbraucher reicht, ist jedoch die Marktmacht in der Bekleidungbranche ungleich verteilt. Somit stellt sich auch die Frage nach der Verteilung globaler Verantwortung.

Das Outsourcing von Dienstleistungen in der IT-Branche ist jüngeren Datums und hat die Standortfrage neu aufgeworfen. Im Prinzip können die Arbeiten bei guter Vernetzung weltweit erledigt werden und wurden vor allem in bestimmte städtische Zentren in Indien verlagert. Die Tourismusindustrie schließlich ist im Ferntourismus schon lange ein Beispiel für weltweite Verflechtungen. Heute liefern die Standorte zum Teil nur noch die (exotische) Lokalität, (fast) alles weitere, von Verbrauchsgütern über Kapital bis hin zu den Arbeitskräften, ist in solchen Fällen auswärtigen Ursprungs.

Auslandsdirektinvestitionen (ADI) und Arbeitsmigration

Auch der freie Verkehr von Kapital und Arbeit trägt zur Globalisierung bei. Die Regierungen der Staaten Südasiens versuchen, ausländische Direktinvestitionen anzuziehen, zum Beispiel in dem sie Exportproduktions- oder Sonderwirtschaftszonen (EPZ oder SWZ) bereitstellen. Neben einer Steigerung der Wertschöpfung ist dabei auch der Import von Know-how das Ziel. Selbst wenn die Rahmenbedingungen für interessierte Unternehmen verbessert wurden und die ADI beträchtlich zunahmen, haben die ausländischen Unternehmen mit zahlreichen Schwierigkeiten zu kämpfen, und die ADI in Südasien machen mit drei Prozent nur einen kleinen Teil der weltweiten ADI aus.

Arbeitsmigration führt aus Südasien vor allem in Nachbarländer des Subkontinents und in die erdölproduzierenden Länder Vorderasiens. Die Migranten nehmen überwiegend niedere Jobs an, mit nicht selten schlechten Arbeitsbedingungen. Diese Migration ist die Quelle von Rücküberweisungen, für einige der Länder und Regionen Südasiens eine wichtige Einnahmequelle. Hochqualifizierte Migranten südasiatischer Herkunft, die im Ausland Diaspora-Gemeinschaften bilden, werden von einigen Regierungen als Quelle für ADI angesehen und umworben.

Im Schatten der Globalisierung

Teile der Wirtschaft stehen nicht im direkten Blickfeld der Globalisierung, obwohl sie durchaus nicht außerhalb stehen. Ein beträchtlicher Teil der Wertschöpfung findet wie bisher im informellen Sektor statt: in Unternehmen, die nicht staatlich registriert sind, und in vertraglich ungesicherten Arbeitsverhältnissen – vor allem im Handel, bei persönlichen Dienstleistungen, aber auch im produzierenden Gewerbe sowie im Agrarsektor. Zudem wird informelle Arbeit auch schlechter entlohnt. Auch wenn statistisch nur schlecht erfasst und kaum wertgeschätzt, ist die Arbeit in diesen Bereichen wesentlich für das Funktionieren der Wirtschaft in Südasien.

Weder der planwirtschaftliche Ansatz noch eine globalisierte Wirtschaftsentwicklung haben zu einer Beseitigung der Armut geführt. Ein Ansatz, Armut zumindest zu reduzieren, erfolgt über die Vergabe von Mikrokrediten für Investitionen. Hiermit wird versucht, Arme in die Lage zu versetzen, eine selbständige informelle Tätigkeit aufzunehmen und so ihre Lebenssituation zu verbessern. Der Ansatz zeigt Erfolge, ist aber für die Kreditnehmer (meist Frauen) nicht ohne Risiken, wenn Darlehen nicht bedient werden können. So bleibt offen, ob ein – zwischenzeitlich boomender – Mikrofinanzmarkt wirklich einen Beitrag zu einer Entwicklung von „Unten" leisten kann.

Weiterführende Literatur und Internetlinks

Diercke Regionalatlas Südasien
- Südasien – Infrastruktur- und Standortentwicklung (S. 14)
- Neyveli (Tamil Nadu) – industrieller Entwicklungspol und Energiezentrale (S. 15)
- Südasien – Bildung (S. 11)
- Malediven (S. 20/21)
- Auslandsinder (Migranten) und Bevölkerung indischer Abstammung (S. 22)
- Rücküberweisungen von Migranten in ihre Heimatländer (S. 23)

Statistikportal der Weltbank
- http://data.worldbank.org

Statistikportal der UN Conference of Trade and Development
- www.unctad.org

Statistikportal der Welthandelsorganisation
- http://stat.wto.org

Indische Fünfjahrespäne
- http://planningcommission.nic.in/plans/planrel/fiveyr/welcome.html

Industrieklassifikation
- https://unstats.un.org/unsd/publication/seriesM/seriesm_4rev4e.pdf

Arbeitsbedinungen in der Textilwirtschaft
- https://cleanclothes.org/
- www.bmz.de/de/themen/textilwirtschaft

Statistiken zum Tourismus
World Tourism Organisation
- www2.unwto.org/en

World Travel & Tourism Council
- www.wttc.org

Tourismusministerium der Malediven
- www.tourism.gov.mv

Malediven: Touristische Informationen
- https://visitmaldives.com

Informeller Sektor: Internationale Arbeitsorganisation (ILO)
www.ilo.org/global/topics/employment-promotion/informal-economy/lang--en/index.htm

Mikrofinanz: Consultative Group to Assist the Poor
- www.cgap.org

4 STADT UND METROPOLISIERUNG

Dhobi Ghat, eine Wäscherei unter freiem Himmel in Mumbai (Indien)

4.1 Städte in Südasien

Bis heute ist Südasien überwiegend ländlich strukturiert. Dennoch besitzt der Raum eine lange städtebauliche Geschichte: Die Städte der Indus-Kultur wie Harappa und Mohenjo Daro bestanden bereits im zweiten und dritten Jahrtausend vor unserer Zeitrechnung. Zwischenzeitlich verloren Städte allerdings in Südasien wieder an Bedeutung. Erst vor etwa 1500 Jahren entstanden neue städtische Siedlungen als Herrschersitze, Marktorte oder Pilgerorte wie Benares, (heute Varanasi) in einer hinduistischen Epoche der Stadtgründungen. Typisch war eine nach Kasten/Berufsgruppen gegliederte Stadtstruktur.

Muslimische Eroberer, zum Schluss die Mogul-Herrscher, bereicherten nicht nur die Architektur mit neuen Stilelementen, sie gründeten auch neue Hauptstädte wie Shahjahanabad – die jüngste der verschiedenen Stadtgründungen auf dem Gebiet Delhis. 1911 verlegte die britische Kolonialmacht den Sitz ihrer Kolonialverwaltung von Kalkutta in die neue Planhauptstadt Neu-Delhi, die 1927 fertiggestellt wurde. Schon zuvor ging die Gründung von Bombay, Madras und Kalkutta von den Briten aus; außerdem überprägten sie viele der bereits bestehenden Städte (M5). Auch nach der Unabhängigkeit kam es zur Gründung neuer Planstädte als Hauptstädte (Islamabad, Chandigarh) oder Industriestandorte (z.B. Rourkela).

Aktuelle Phänomene der Stadtwicklung

Die nachkoloniale Stadtentwicklung ist vor allem durch ein starkes Städtewachstum gekennzeichnet, das in den letzten Jahren die Zahl der Millionenstädte vervielfachte. Ursache ist nicht zuletzt die Land-Stadt-Wanderung. Mit dem Zuzug ist ein Ausgreifen der bebauten Fläche ins Umland und bei den Metropolen die Bildung von Satellitenstädten verbunden, sodass die großen Agglomerationen Bevölkerungszahlen aufweisen, die über die der namengebenden Kernstadt weit hinausgehen (Kap. 4.2, 4.3).

Ein beträchtlicher Teil der südasiatischen Stadtbevölkerung ist infolge ihrer Einkommenssituation darauf angewiesen, in Slums zu leben, die sich oftmals über das Stadtgebiet verteilen. Sie leben dort unter prekären Verhältnissen. Maßnahmen, die Slums zu sanieren, werden von ihren Bewohnern häufig als problematisch eingestuft. Bei den einkommenskräftigeren Teilen der Gesellschaft gibt es seit geraumer Zeit den Trend, sich in Gated Communities einzukaufen (Kap. 4.4 – 4.7).

Kann aber die städtische Infrastruktur mit dem Städtewachstum mithalten? Die Mobilität steigt und damit der Verkehr und seine Auswirkungen (Abgase, Lärm). Der Strombedarf wächst mit steigendem Wohlstand, wachsende Müllmengen und Abwasser müssen entsorgt werden und die Menschen benötigen sauberes Trinkwasser. Hier liegen Problembereiche, die die städtische Verwaltung und die Servicebetriebe fordern und die Lebensqualität der Menschen direkt beeinflussen. Und es stellen sich Fragen nach der Nutzung von öffentlichen Ressourcen und dem Umgang mit ihnen (Kap. 4.8, 4.9).

Zwischen den Städten und dem wirklich ländlichen Raum im Hinterland liegen Gebiete, in die einerseits die Stadt mit geplanten und ungeplanten Stadterweiterungen immer weiter ausgreift. Bei verkehrsmäßiger Anbindung entstehen neue Viertel und Satellitenstädte, in die zum Teil auch Industrien ausgelagert werden. Andererseits lebt hier nach wie vor eine bäuerliche, ländliche Bevölkerung. Teilweise hat sie ihr Agrarland verloren und musste sich andere Beschäftigungen meist in der Stadt suchen, in die sie nun täglich pendelt. Ein anderer Teil der Bauern behielt ihre landwirtschaftliche Produktion trotz der neuen Bauprojekte bei und nutzt die Stadt als Absatzmarkt. Dieser ländlich-städtische Raum im städtischen Umland wird peri-urban genannt. Er ändert sich räumlich und in seiner Struktur, solange die Stadtentwicklung anhält. Beide Räume, Stadt und peri-urbanes Umland, sind funktional eng miteinander verbunden (Kap. 4.10).

Wie bildet sich die soziale und einkommensmäßige Differenzierung der Bevölkerung in den Strukturen der Stadt ab? Wie wirkt sie sich auf die Versorgung der Menschen mit städtischen Dienstleistungen aus? Und welche Rolle spielt die Globalisierung bei der Stadtentwicklung?

M1   Tempelanlage in Tiruvannamalai (Tamil Nadu)

M2   Universität im Stadtteil Colaba, Mumbai

M3   Neubaugebiete in Noida bei Neu-Delhi

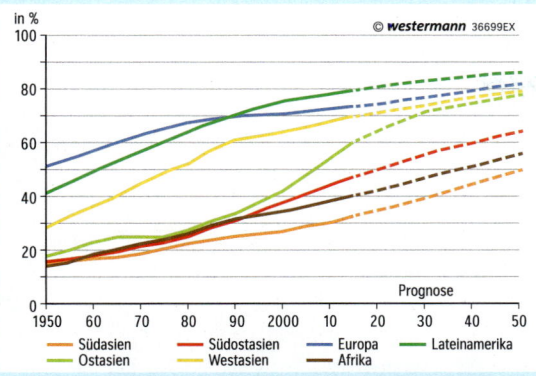

M 4 Verstädterungsgrad ausgewählter Weltregionen

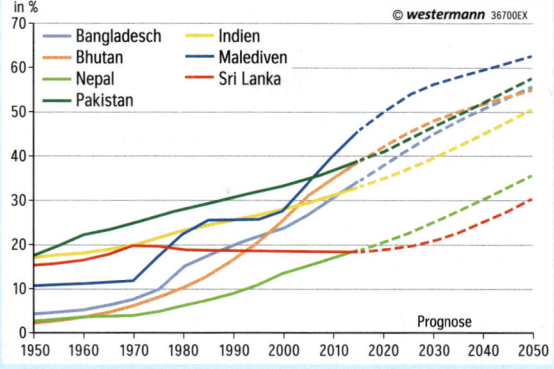

M 7 Verstädterungsgrad südasiatischer Staaten

Die neugegründeten Städte [Bombay, Madras und Kalkutta im 17. Jh.] *waren ganz auf die Bedürfnisse der Kolonialherren ausgerichtet. Von Fort und Hafen durch eine unbebaute Fläche (Maidan) getrennt, entwickele sich der CBD in westlichem Stil, der sowohl Handels- und Dienstleistungen [...] sowie Verwaltungseinrichtungen [...] umfasste, aber keine Wohnfunktion hatte. Die Wohnbereiche schlossen sich nach außen an und waren deutlich zweigeteilt: Breite Straßen und gepflegte Häuser mit großen Gärten kennzeichneten das Europäerviertel, während die einheimische Bevölkerung auf engem Raum zusammengedrängt war. [...] In den älteren Städten des indischen Subkontinents drückt sich der koloniale Einfluss am deutlichsten in der Anlagerung neuer Funktionen und Quartiere aus. [...] Die „anglo-indische Station" [...] ist deutlich von der Altstadt getrennt, wobei der Freiraum später oft zur Trassierung der Eisenbahn genutzt wurde. [...] Die Station bestand aus dem Cantonment, den militärischen Anlagen [...] und den Civil Lines, den Verwaltungsgebäuden und Häusern für Beamte und Angestellte. [...] [In der zweiten Hälfte des 19. Jh. wurden] die Stadtmauern [...] geschleift und breite Straßen [...] durch die Altstadt geschlagen, auch überfüllte Wohnviertel wurden abgerissen [...] Dafür entstanden außerhalb der Altstadt neue Wohnviertel für die einheimische Bevölkerung.*

Quelle: Bähr, J. & Jürgens, K.: Stadtgeographie II. Braunschweig: Westermann 2009, S. 238 – 240

M 5 Quellentext zur kolonialzeitlichen Stadtentwicklung in Südasien

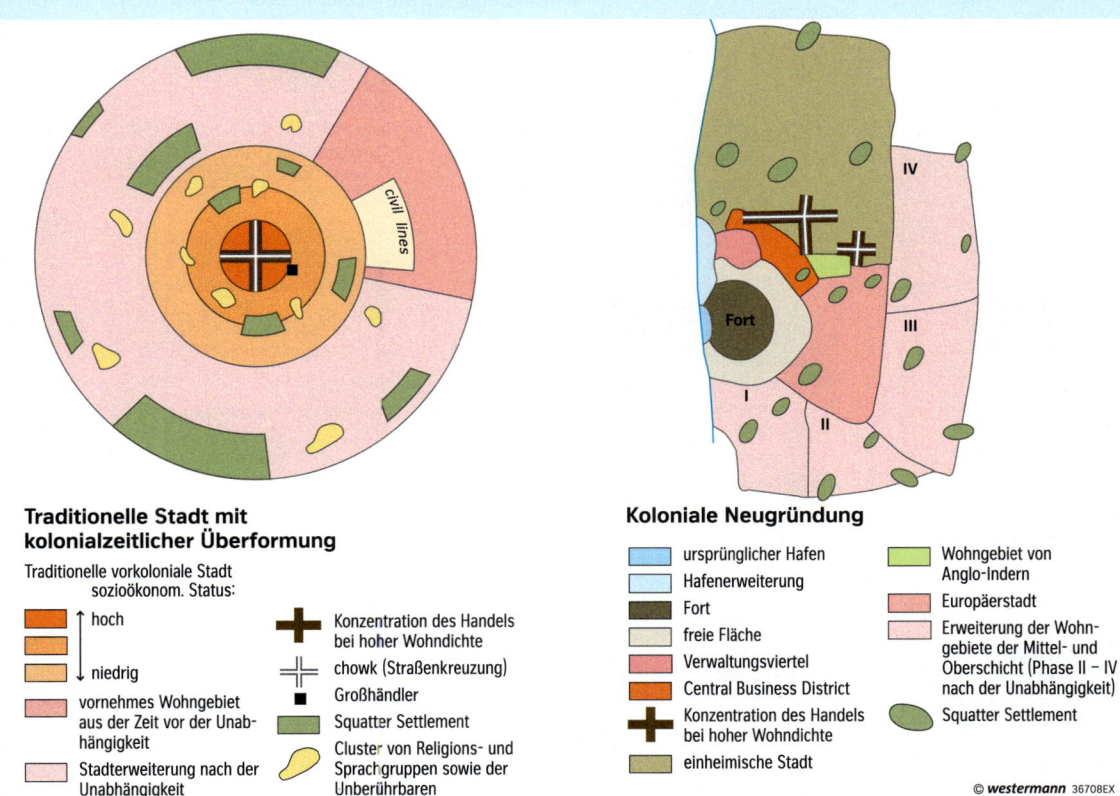

Traditionelle Stadt mit kolonialzeitlicher Überformung

Traditionelle vorkoloniale Stadt sozioökonom. Status:

- ↑ hoch
- ↓ niedrig
- vornehmes Wohngebiet aus der Zeit vor der Unabhängigkeit
- Stadterweiterung nach der Unabhängigkeit
- ✚ Konzentration des Handels bei hoher Wohndichte
- chowk (Straßenkreuzung)
- ■ Großhändler
- Squatter Settlement
- Cluster von Religions- und Sprachgruppen sowie der Unberührbaren

Koloniale Neugründung

- ursprünglicher Hafen
- Hafenerweiterung
- Fort
- freie Fläche
- Verwaltungsviertel
- Central Business District
- ✚ Konzentration des Handels bei hoher Wohndichte
- einheimische Stadt
- Wohngebiet von Anglo-Indern
- Europäerstadt
- Erweiterung der Wohngebiete der Mittel- und Oberschicht (Phase II – IV nach der Unabhängigkeit)
- Squatter Settlement

M 6 Stadtmodelle der tradionellen südasiatischen Stadt mit kolonialzeitlicher Überformung und der kolonialen Neugründung

1. Beschreiben Sie die Bilder M1 – M3 und ordnen Sie sie stadtgeschichtlich zu.
2. Analysieren Sie den Verstädterungsgrad von Südasien und den südasiatischen Staaten (M4, M7).
3. Charakterisieren Sie den kolonialen Einfluss auf die südasiatische Stadtentwicklung (M5, M6).

4.2 Verstädterung und Binnenmigration

In allen südasiatischen Ländern (abgesehen von den Malediven) ist in den letzten Jahrzehnten eine hohe Verstädterung zu beobachten, eine Zunahme der städtischen Bevölkerung. Eine wichtige demografische Komponente beim Stadtwachstum ist die Land-Stadt-Wanderung. Die Auslöser und Motive dafür, aus dem ländlichen Raum in die Stadt zu ziehen, sind vielfältig. Häufig jedoch kommen Faktoren zusammen, die als („abstoßende") Push- und („anziehende") Pull-Faktoren klassifiziert werden: Armut, Arbeitslosigkeit und fehlende Entfaltungsmöglichkeiten auf dem Lande einerseits, (zumindest vermeintlich) Arbeitsplätze, höhere Löhne und einfach ein besseres Leben in der Stadt andererseits. Dass es neben dieser „modernen" Art von Binnenmigration – vom Land in die Stadt – noch andere Formen von Wanderungen innerhalb eines Staates gibt, wird dabei oft übersehen.

M 4   Hausbau in Amritsar, einer Millionenstadt im Punjab

1. Stellen Sie die Bedeutung der Binnenmigration in den Ländern Südasiens dar (M 2).
2. Erläutern Sie die Komponenten des Städtewachstums am Beispiel Indiens (M 1, M 3).
3. Analysieren Sie die Formen der Binnenmigration in Indien (M 3, M 5).
4. Charakterisieren Sie die hinter der Binnenmigration stehenden Ursachen und Beweggründe (M 6, M 8).
5. Erläutern Sie die Ursachen der temporären Arbeitskräftewanderung in Bangladesch und Indien (M 6, M 10).
6. Beurteilen Sie die Auswirkungen der Land-Stadt-Wanderung nach Dhaka (M 7 – M 9).

Binnenmigration in Südasien

Ein Blick in die Binnenmigrationsstatistik zeigt, dass die Arbeitsplatzsuche keineswegs das einzige Wanderungsmotiv ist. In die Zahlen geht auch ein, dass in weiten Teilen Südasiens Frauen in der Regel mit der Heirat zur Familie ihres Mannes ziehen und so später als Migrantinnen gezählt werden. Häufig kehren Frauen zur Geburt ihres ersten Kindes für einige Zeit in ihr Elternhaus zurück. Das Kind wird also nicht am Wohnort seiner Familie geboren. Es hängt von der Praxis der nationalen Statistikbehörden ab, wie solche Fälle behandelt werden. Auch wer als Binnenmigrant gezählt wird, derjenige der seinen Wohnort wechselt oder der, der dafür in einem anderen Distrikt zieht, ist in den einzelnen Ländern unterschiedlich geregelt – mit Auswirkungen auf die Vergleichbarkeit der Zahlen.

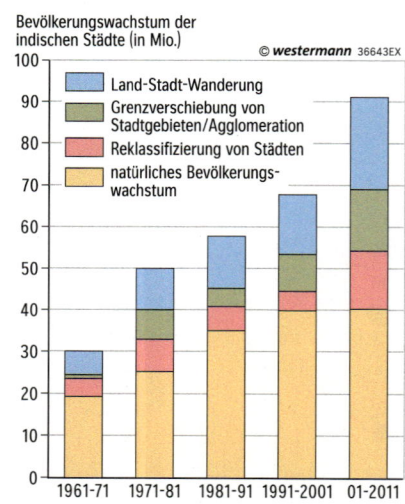

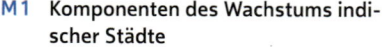

M 1   Komponenten des Wachstums indischer Städte

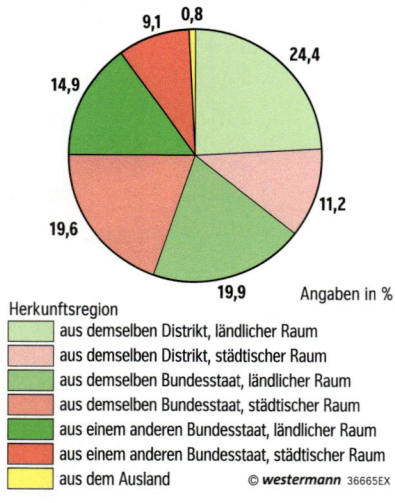

M 3   Indien: städische Migranten nach letztem Wohnsitz

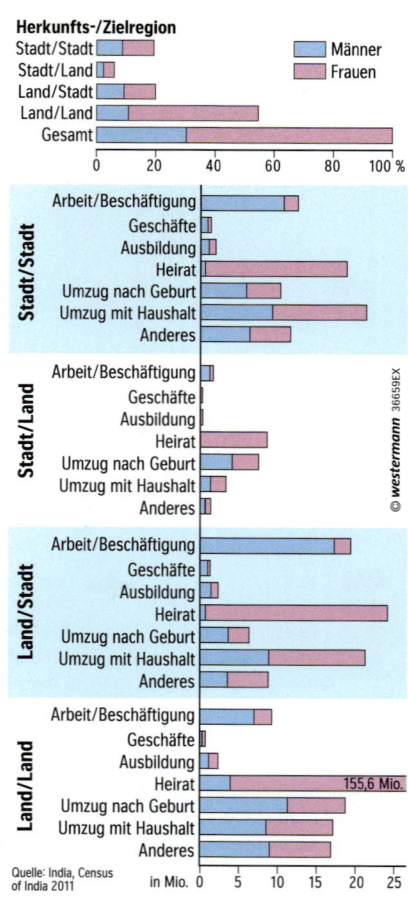

M 5   Indien: Anteil und Gründe der Binnenmigration nach Geschlecht und Quell- und Zielregion, 2011

	Bangladesch[1]	Indien[1]	Nepal[1]	Pakistan[2]	Sri Lanka[3]	Bhutan[4]
Anzahl Binnenmigranten (in Mio.)	13,5	453,6	3,8	k.A.	3,4	0,2
Anteil an Gesamtbevölkerung (in %)	9,7	37,5	14,4	13,0	16,9	30,4
Definition Binnenmigration	DW	WW	DW	DW	DW	DW
Aufenthaltsdauer am aktuellen Wohnsitz <5 Jahre (in % der Binnenmigranten)	11,4	20,4	30,2	k.A.	34,2	k.A.

Bezugsjahr [1]2011 [2]2013/14 [3]2012 [4]2005   DW = Destriktwechsel   WW = Wohnortwechsel   Quelle: diverse statistische Behörden
Angesprochen ist die Lebenszeitmigration. Gezählt werden alle, die zum Zeitpunkt der Zählung nicht mehr an ihrem Geburtsort bzw. ihrem Geburtsdistrikt wohnen bzw. auch die, die zwischenzeitlich woanders gelebt haben, später aber an ihren Geburtsort zurückgekehrt sind.

M 2   Binnenmigration in Südasien

Obgleich mit über 70 Prozent nach wie vor ein Großteil der Bevölkerung [in Bangladesch] auf dem Land lebt, erfolgt die Binnenmigration in die urbanen Zentren mit ungebremster Dynamik. Die überwiegende Zahl der Migranten verlässt das dörfliche Lebensumfeld aufgrund fehlender beruflicher Perspektiven zur Absicherung der Basisversorgung der zurückgebliebenen Familien. [...] „Shrimp farms harm poor nations" lautet der Titel eines BBC Beitrags aus dem Jahr 2004. Die Veränderung der Wirtschaftsstrukturen in den betroffenen Regionen hat zu einer fast vollständigen Auflösung traditioneller ökonomischer und sozialer Strukturen geführt. Aktuellen Untersuchungen zufolge kann davon ausgegangen werden, dass die flächenintensive Anlage der Garnelenfarmen Teile der Bevölkerung zur Abwanderung zwingt. Besonders betroffen sind kleinere Landpächter. [...] Nur ein Teil der Kleinbauern findet Arbeit in den neu entstandenen Beschäftigungsfeldern, knapp eine Million Menschen sind direkt oder indirekt im Sektor des Shrimp Farming tätig. In der Regel lassen die Männer ihre Familien für einen bestimmten Zeitraum zurück, um andernorts einer zumeist saisonal begrenzten Beschäftigung nachzugehen. [...] Bei genauer Analyse der sozialen, ökologischen und ökonomischen Rahmenbedingungen wird deutlich, dass [...] menschgemachte Umweltdegradation und ökonomische Interessen für die Migrationsströme verantwortlich sind.

Falk, G. C.: Binnenmigration in Bangladesch. Praxis Geographie 9/2012, S. 20–22

Ein großer Teil der Migranten ist ungebildet, ohne Fertigkeiten und schlecht für das Leben in der Stadt gerüstet. Dennoch kommen sie in Erwartung eines besseren Lebens in der Metropole. [...] Sie kommen in die Stadt, um ihre Bedürfnisse und Wünsche zu erfüllen, die sie auf dem Lande nicht erfüllen können, da es im ländlichen Bangladesch an Möglichkeiten mangelt. Migranten machen sich im Allgemeinen Gedanken über die Vorteile, die sie durch die Umsiedlung gewinnen möchten, und scheren sich weniger um die Probleme, die in der Folge auftauchen werden. [...]
Die Migranten haben die soziale Umwelt der Metropole Dhaka verändert, sodass eine eigenartige Mischung von ländlichen und städtischen Merkmalen und Einstellungen entstanden ist. Der Mix der Bevölkerung in der Stadt reicht von den Hochgebildeten zu den Analphabeten, von den technischen Fachkräften zu den Ungelernten, von den Büroangestellten zu den verstümmelten Bettlern. [...] Die meisten Migranten beteiligen sich an Aktivitäten des informellen Sektors. Menschen verdienen hier vergleichsweise wenig. In vielen Fällen wenden sie illegale Mittel zur Existenzsicherung an wie Schmuggel, Betteln, Rauschgifthandel, Frauenhandel, Prostitution usw. [...] Zu den vielen negativen sozialen Konsequenzen der Migration gehören die Zunahme von Kriminalität und Gewalt.

Quelle: Jahan, M.: Impact of rural urban migration on physical and social environment: The case of Dhaka city. International Journal of Development and Sustainability 1 (2012), S. 186–194 (Übers. G. S.)

M 6 Quellentexte zur Land-Stadt-Wanderung in Bangladesch

M 7 Rikschafahrer in Dhaka

Push-Faktoren	Pull-Faktoren
• Landlosigkeit • Ungünstiges Verhältnis von Personen zur [Nutz-]fläche • Häufige und schwere Naturkatastrophen (Dürre, Überschwemmung, jahreszeitlicher Hunger, Ufererosion) • Obdachlosigkeit • Verlust von Einkommensquellen • Arbeitslosigkeit und Armut • fehlende Industrien • Sicherheitslage • Dorfpolitik • fehlende soziale und kulturelle Möglichkeiten (Bildung, Gesundheitsversorgung, Freizeitmöglichkeiten) • Verabscheuung des Dorflebens (v.a. unter ländlichen Reichen)	• Arbeitsplätze/Verdienstmöglichkeiten • leichter Zugang zum informellen Sektor • höhere Einkommen/Lohnunterschiede zwischen Land und Stadt • Unterschiede zwischen Land und Stadt bei sozialen Ausstattungen und Dienstleistungen (Bildung, Gesundheitsversorgung, Freizeitmöglichkeiten) • positive Informationen über die Stadt (Jobs in der Kleidungsindustrie) • besseres Leben • schnelleres und farbigeres Stadtleben • Nachzug zu Familienangehörigen/Verwandten • Wunsch nach Veränderung und Kennenlernen neuer Orte

M 8 Push- und Pullfaktoren der Land-Stadt-Wanderung in Bangladesch (nach Jahan 2012)

Bildungsniveau der Migranten[1]	Anteil (in %)
Analphabeten	5,9
Primarschule	32,5
unterer Sekundarschulabschluss	31,1
Sekundar-/Highschool-Abschluss	21,3
Universitätsabschluss	6,2
Master und höherer Universitätsgrad	3,0
Ökonomischer Status der Migranten	
ohne Beschäftigung	60,4
ökonomisch aktiv; davon als	39,6
Arbeitgeber	2,8
abhängig Beschäftigter	56,8
Selbständiger	30,1
mithelfender Familienangehöriger	3,2
andere	7,0

[1]höchster Schulabschluss
Quelle: Bangladesh Bureau of Statistics

M 9 Status der Binnenmigranten in Bangladesch, 2011

Der Verlust von Arbeitsplätzen in der Landwirtschaft hat zu dem Phänomen der Kurzzeitwanderung geführt. Ein Kurzzeitmigrant ist ein Individuum, das sein Dorf/Stadt für eine Dauer von einem Monat oder mehr, aber weniger als sechs Monate, während der vergangenen 365 Tage verlassen hat, um zu arbeiten oder Arbeit zu suchen [...]. Arbeiter migrieren von ländlichen in städtische Gebiete, aber nur vorübergehend. In der arbeitsarmen Zeit im ländlichen Raum ziehen sie vorübergehend in die Städte, um dort im Baugewerbe zu arbeiten oder Rikschas zu ziehen, ohne aber jemals die Verbindungen zu ihrer ländlichen Heimat abzubrechen. Sie gehören nicht zu der Art von Arbeitskräften, die man im verarbeitenden Gewerbe oder in modernen Dienstleistungen suchen würde, hauptsächlich wegen des Mangels an Qualifikationen und oftmals jeder Grundbildung. Ihre Migration ist ein Spiegel der Not auf dem Lande, vor dem Hintergrund, dass 84 Prozent der indischen Bauern Klein- und Kleinstbauern sind, die weniger als 2,5 acres (etwa 1 ha) bestellen. 12,5 Mio. der ländlichen Bevölkerung und 1 Mio. Städter können als Kurzzeitmigranten klassifiziert werden.

Quelle: Chandrasekhar, S., Sharma, A.: Urbanization and Spatial Patterns of Internal Migration in India. Indira Gandhi Institute of Development Research, Mumbai, 2014, S. 13 (Übers. G. S.)

M 10 Quellentext zur temporären Arbeitskräftewanderung in Indien

4.3 Metropolen und Global Cities

Einst war Delhi Hauptstadt des Mogulreiches. 1911 entstand südlich des historischen Stadtkerns das moderne Neu-Delhi, das Sitz der Regierung Britisch-Indiens und nach der Unabhängigkeit indische Hauptstadt wurde. Als Macht- und wirtschaftliches Zentrum wuchs die Stadt zur Metropole, bald auch über ihre Stadtgrenzen hinaus. Zahlreiche internationale Unternehmen besitzen im Großraum Delhi eine Niederlassung. Doch ist Delhi bei aller Größe und Bedeutung auch eine Global City?

1. a) Beschreiben Sie die Verstädterung in Indien (M3 + M7, S.73).
   b) Vergleichen Sie die Metropolisierung in den südasiatischen Staaten (M1).
2. Eine Metropole definiert sich nicht allein über demografische Kennzahlen. Erstellen Sie eine Liste mit politischen, historischen, kulturellen, sozialen und wirtschaftlichen Merkmalen von Metropolen.
3. a) Charakterisieren Sie die städtische Entwicklung in der Agglomeration Delhi (M4–M6, M9).
   b) Erläutern Sie die Vorstellungen der Planer über die Entwicklung des Großraums Delhi (M6).
4. a) Beschreiben Sie das Konzept der Global City (M7, M8).
   b) Erörtern Sie die Bewertung Mumbais als Global City.
(Z) 5. Vergleichen Sie die Stellung südasiatischer Global Cities mit Global Cities anderer Weltregionen (M8, Atlas).

M2 Gurgaon

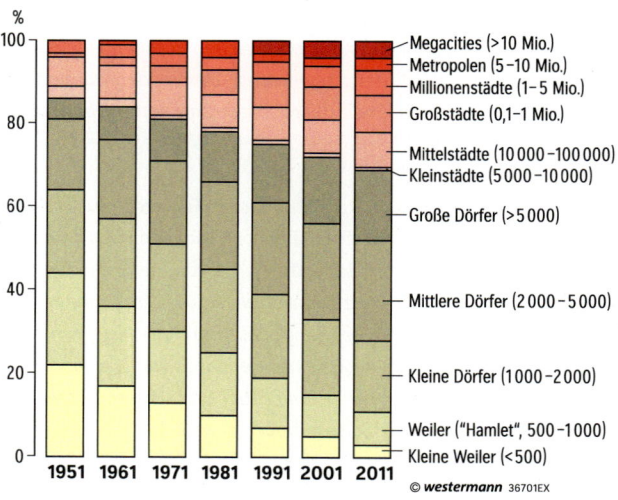

M3 Bevölkerungsverteilung nach Siedlungsgröße in Indien

Metropolisierung

Im Rahmen der Urbanisierung kommt es in vielen Fällen zu einer überproportionalen Zunahme des Anteils der in Metropolen – den großstädtischen Zentren einer Region – lebenden Menschen im Vergleich zu kleineren Städten/Orten. Der Prozess begünstigt die Konzentration der Bevölkerung, aber auch ökonomischer und politischer Einrichtungen, auf eine oder wenige Metropolen eines Landes. Als Indikatoren können Zahl und Wachstum der Millionenstädte, der Metropolisierungsgrad (Anteil der Metropolbevölkerung an der Gesamtbevölkerung), die Veränderungen der Siedlungsgrößenstruktur sowie der „Index of Primacy" herangezogen werden. Dieser wird berechnet als Quotient der Einwohnerzahlen der größten und zweitgrößten Stadt eines Landes. Liegt der Quotient merklich über 2, liegt eine demografische Primatstruktur vor.

Global City

Stadt mit einer zentralen Steuerungsfunktion innerhalb der globalisierten Weltwirtschaft mit hoher Konzentration international agierender Unternehmen (insbesondere des Finanz- und unternehmensorientierten Dienstleistungssektors).

	1901	1981	1991	2001	2011
NCT Delhi	406	6220	9421	13851	16788
Gurgaon (H)	5	89	121	173	877
Faridabad (H)	10	331	618	1056	1414
Bahadurgarh (H)	56	37	57	120	171
Noida (UP)	0	0	147	305	637
Greater Noida (UP)	0	0	0	0	102
Ghaziabad (UP)	11	276	454	968	1649
DMA ohne NCT	k.A.	804	1506	2811	5269
DMA incl. NCT	k.A.	7024	10927	16662	22057

Quelle: Census of India 1991, 2001, 2011   H = Haryana, UP = Uttar Pradesh

M4 Delhi Metropolitian Area (DMA): Einwohner (in 1000)

	Stadtbevölkerung (in Mio.)	Größte Stadt	Ew. 2016 (in Mio.)	Zweitgrößte Stadt	Ew. 2016 (in Mio.)	Index of Primacy	Millionenstädte				Metropolisierungsgrad¹ (in %)	Anteil Ew. Metropolen an Stadtbe...
							1901	1951	1981	2016		
Bangladesch	56,9	Dhaka	18,24	Chittagong	4,64	3,9	-	-	2	3	14,7	42,0
Bhutan	0,3	Thimpu	0,10	Phuentsholing	0,02	5,0	-	-	-	-	-	-
Indien	429,8	Delhi	26,45	Mumbai	21,36	1,2	1	5	12	59	15,0	46,1
Malediven	0,2	Malé	0,16	Hithadoo	0,01	16,0	-	-	-	-	-	-
Nepal	5,5	Kathmandu	1,22	Pokhara	0,35	3,5	-	-	-	1	4,2	22,4
Pakistan	75,0	Karachi	17,12	Lahore	8,99	1,9	-	1	3	10	22,1	57,0
Sri Lanka	4,0	Colombo	0,71	Dehiwala	0,25	2,8	-	-	-	-	-	-

Quelle: UN   ¹Anteil der Bevölkerung von Städten mit mehr als 1 Mio. Ew. an der Gesamtbevölkerung

M1 Daten zu Verstädterung und Metropolisierung Südasiens 2016

100800-182-01
schueler.diercke.de

100800-270-02
schueler.diercke.de

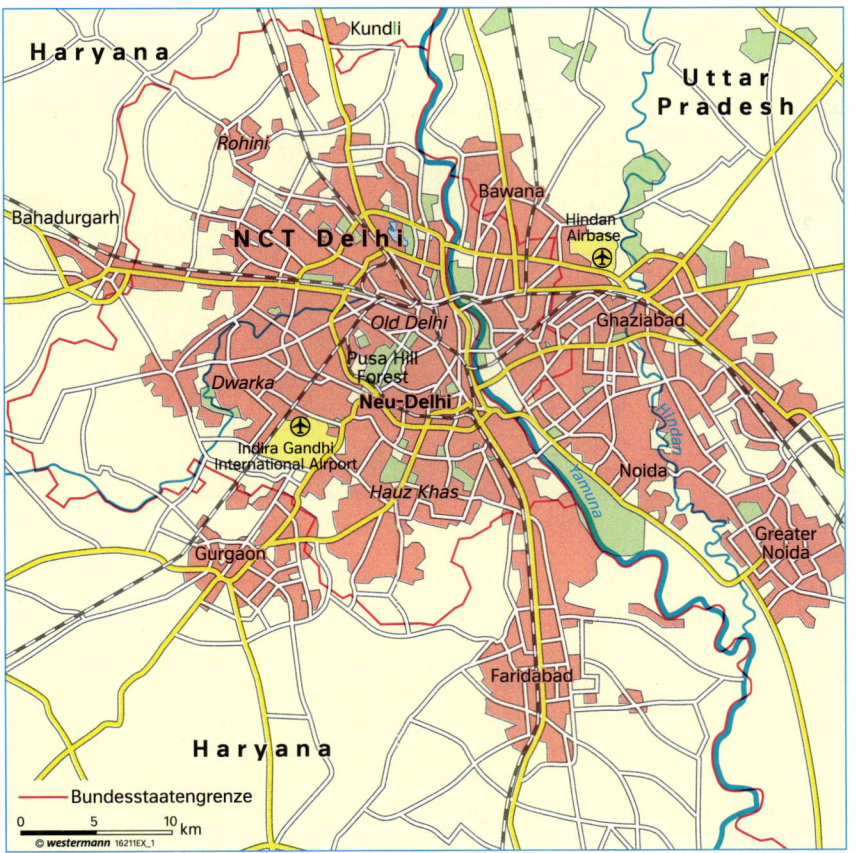

M5 Delhi

Delhi:	alte Hauptstadt; administratives, wirtschaftliches und kulturelles Zentrum; vielfältige Industrie
Gurgaon (seit 2016 Gurugram):	früher kleiner ländlicher Ort; Wachstum nach der Unabhängigkeit; Industrieansiedlungen seit den 1960er-Jahren; Kfz-, Textil-, IT-Industrie; Niederlassungen zahlreicher multinationaler Unternehmen; „Electronic City", „Industrial Model Township Manesar"; diverse Universitäten; seit 2011 über Metro mit Delhi verbunden
Faridabad:	gegründet 1607; Wachstum mit der Ansiedlung von Teilungsflüchtlingen ab 1947; industrielles Wachstum seit den 1960er-Jahren; heute diversifizierte Industrie, multinationale Unternehmen; berühmt für Henna-Produktion; Metro-Anbindung
Bahadurgarh:	gegründet im 18. Jh.; Industrieansiedlung nach Unabhängigkeit; diversifizierte Industrien; Agrarmarkt; Metro-Anbindung geplant
Noida (New Ohkla Industrial Development Authority):	geplante Industriestadt, gegründet 1976; Ansiedlung zahlreicher, auch multinationaler Unternehmen; diverse Universitäten; Metro-Anbindung
Greater Noida:	Erweiterung von Noida seit den 1990er-Jahren; Industrieansiedlungen; Metro-Anbindung geplant
Ghaziabad:	gegründet 1740; nach Unabhängigkeit Wachstum als Industriestadt; Stahlproduktion seit den 1970er-Jahren; diversifizierte Industrien (vor allem Elektroindustrie); Metro-Anbindung in Bau
Kundli:	altes Dorf in Haryana an der nördlichen Grenze des NCT Delhis; 2011 im Zensus erstmals als Stadt geführt (21 633 Ew.); Kundli Industrial Area; ausgewiesen als Entwicklungsgebiet, Entwicklung jedoch durch infrastrukturelle Mängel behindert

M9 Übersicht: Agglomeration Delhi

Das National Capital Territory (NCT) Delhi (1483 km²), das Gebiet der Hauptstadt, ist kein indischer Bundesstaat, sondern untersteht als Unionsterritorium direkt der Zentralregierung. Die Agglomeration Delhi wuchs mit der Zeit über das Gebiet der NCT hinaus und griff auf die benachbarten Bundesstaaten über. Um eine abgestimmte Regionalplanung zu ermöglichen, wurde die National Capital Region (NCR) als Planungsregion definiert (2011: 46,1 Mio. Ew.), die Distrikte in Uttar Pradesh, Haryana und Rajasthan einbezieht und von der das NCT Delhi nur etwa fünf Prozent ausmacht. Planungen in den 1980er-Jahren sahen vor, das Wachstum Delhis zu begrenzen und auf elf Wachstumspole in den Nachbarstaaten umzuleiten, so Noida, Faridabad, Gurgaon und Ghaziabad. Diese Städte in der Delhi Metropolitan Area (DMA) (1697 km² – ohne NCT) im Umkreis von Delhi sollten einen beträchtlichen Teil der Zuwanderung aufnehmen, aber auch Industrien. Auch Städte in der Rest-NCR (27 063 km²) in größerer Entfernung sollten noch zur Entlastung beitragen. Dieser Ansatz verwirklichte sich nur bedingt. Das Wachstum Delhis ging weiter, die meisten Wachstumspole in der DMA blieben in ihrer Entwicklung dagegen hinter den Vorstellungen zurück. Der aktuelle Plan versucht nun, durch Maßnahmen wie Infrastrukturausbau ein räumlich ausgewogeneres Wachstum in der ganzen Planungsregion zu erreichen und weist weiter entfernten städtischen Zentren außerhalb der NCR wie Kanpur die Rolle von „Gegenmagneten" zu, die Zuwanderer abfangen sollen.

Das ungebremste Wachstum der Agglomeration führte dazu, dass Immobilienfirmen in verschiedenen Gebieten der NCR in großem Umfang (billiges) Ackerland aufkaufen und als (teures) Bauland bebauen. Dies geschieht in spekulativer Absicht, ohne Berücksichtigung behördlicher Vorgaben und oft auf Flächen ohne jede infrastrukturelle Erschließung. Die Käufer sehen die Wohnungen oft nur als Geldanlagen. Viele Wohnungen finden nur schwer Käufer, da es keine Schulen gibt, keine Anbindungen des ÖPNV usw. So wirken die neuen Wohnanlagen oftmals wie Geisterstädte.

M6 Originaltext zur Agglomeration Delhi

Megastädte der Dritten Welt sind keine Global Cities, da ihnen die weltweit wirkenden Steuerungszentren ökonomischer Macht weitgehend fehlen. Sie sind aber Globalizing Cities, d.h. strategisch wichtige Orte der Globalisierung, die ihre nationalen Territorien und Gesellschaften in globale Prozesse einbringen und schrittweise zu integrieren versuchen. [...] Mit 16,37 Mio. Einwohnern in der urbanen Agglomeration [...] steht Mumbai in der indischen Städtehierarchie weiterhin an der Spitze. [...] Zum globalen Player fehlen Mumbai nach wie vor die transnationalen Lenkungsfunktionen weitgehend. Aber als Knoten im Netzwerk weltweiter Austauschbeziehungen ist Mumbai wichtigster Ankerplatz für ausländische Investoren und Firmen. [...] Ungebrochen ist Mumbais Vorrangstellung in dem für die Globalisierung wichtigsten Bereich, im Finanzsektor. Fast alle bedeutenden Finanzinstitutionen des Landes sind hier konzentriert, die beiden wichtigsten Börsen, die Währungsaufsicht der Reserve Bank of India, die indische Notenpresse, die größten Versicherungsgesellschaften.

Quelle: Nissel, H.: Mumbai: Megacity im Spannungsfeld globaler, nationaler und lokaler Interessen. Geographische Rundschau 4/2004, S. 4

M7 Quellentext zu Mumbai als Global City

	Global City nach GaWC	Global City Index (Rang*)		Global City nach GaWC	Global City Index (Rang*)
Mumbai	Alpha	44	Lahore	Beta-	111
New Delhi	Alpha-	54	Pune	Gamma	97
Bangalore	Beta+	75	Ahmedabad	Gamma	103
Hyderabad	Beta-	77	Islamabad	Beta-	-
Chennai	Beta-	81	Colombo	Gamma+	-
Dhaka	Beta-	83	New York	Alpha ++	1
Karachi	Beta	85	Berlin	Beta	14
Kolkata	Beta-	84	Frankfurt	Alpha	29

Quelle: GaWC 2017, AT Kearney's Global Cities Index 2017 * Ranking von 128 Städtem

M8 Global Cities in Südasien (zur GaWC-Kategorisierung siehe Atlas S. 270.2)

4.4 Slums: Leben in Armut

Ist von Slums die Rede, denkt man an Armut, Enge, Kriminalität, Müll und Gestank, an all die Risiken für Gesundheit und Leben, denen diejenigen ausgesetzt sind, die unter solchen Wohnverhältnissen leben müssen. Etwa ein Drittel der Stadtbevölkerung Südasiens lebt in Slums; in vielen Großstädten ist der Anteil aber weit höher. Ein genauerer Blick lässt eine große Palette von Siedlungsformen erkennbar werden. Es gibt feste Häuser, Baracken aus Wellblech oder Holz und Unterkünfte aus vergänglichem Material wie Flechtwerk und Lehm. Hinzu kommen viele Arme, die außerhalb der Slums in alten, heruntergewirtschafteten Baublocks leben oder versuchen, mit einer Plane auf dem Gehweg auszukommen.

1. *Vor der Bearbeitung der Materialien:* Notieren Sie Begriffe, die Sie mit dem Ausdruck Slum verbinden.
2. Fassen Sie die wichtigsten Merkmale zusammen, die einen Slum ausmachen (können).
3. a) Beschreiben Sie die Fotos M2 sowie M4 auf S. 81
   b) Erläutern Sie die verschiedenen Siedlungsformen, die heute unter dem Oberbegriff Slum zusammengefasst werden (M3, M5).
4. Analysieren Sie die Entwicklung der Stadt- und Slumbevölkerung in südasiatischen Staaten (M6).
5. Vergleichen Sie die Verteilung der Slumbevölkerung in Indien (M4).
6. Charakterisieren Sie indische Slums (M1, M5, M7).
   (Z) 7. a) Informieren Sie sich im Internet über Slum-Tourismus .
   b) Nehmen Sie Stellung zur dieser Art von Besichtigungstour.

Kennzeichen von Slums nach UN-Definition
- Ungenügende Versorgung mit sicherem Wasser
- Ungenügender Zugang zu Kanalisation und anderer Infrastruktur
- Schlechte Bauqualität der Wohnungen
- Überbelegung
- Unsicherer Wohnstatus

Informelle Siedlung
Bei dieser Bezeichnung eines städtischen Elendsviertels werden die nicht legalen bzw. ungeklärten Grundbesitzverhältnisse hervorgehoben (auch irreguläre S. = umstrittene Grundbesitzverhältnisse).

Squatter-Siedlungen
Auf illegal besetztem Gelände, oft öffentlichem Land, errichtete „improvisierte" Siedlungen einfachster Bausubstanz.

M2   Behausung in einem Slum in Delhi

Traditionell beschreibt der Begriff „Slum" Wohngebiete, die einst solide oder sogar attraktiv waren, die aber durch den Wegzug ihrer ursprünglichen Bewohner in neue und bessere Gebiete der Städte heruntergekommen sind. Der Zustand der alten Häuser verschlechterte sich, die Wohnungen wurden aufgeteilt und an sozial Schwache vermietet. Typische Beispiele sind innerstädtische Slums vieler Städte in entwickelten und unterentwickelten Ländern. Slums umfassen heute allerdings auch die großen informellen Siedlungen, die schnell zum sichtbaren Ausdruck der städtischen Armut in den Entwicklungsländern wurden. [...] Die Qualität der Behausungen in solchen Siedlungen reicht von der einfachen Hütte bis zu dauerhaften Häusern, während der Zugang zu Wasser, Elektrizität, sanitären Einrichtungen und anderen einfachen Infrastrukturleistungen gewöhnlich eingeschränkt ist. Für diese Siedlungen gibt es eine große Bandbreite an Namen und verschiedene Besitzregelungen. [...]
Heute wird der Sammelbegriff „Slum" [in den Industrieländern abfällig gebraucht]. Er hat viele Beiklänge und Bedeutungen [...]. Er kann beträchtlich variieren in dem, was er in verschiedenen Teilen der Welt oder selbst in verschiedenen Teilen derselben Stadt bezeichnet. In Entwicklungsländern besitzt der Terminus „Slum" meist nicht die ursprüngliche, umstrittene, abwertende Konnotation, sondern bezieht sich einfach auf Wohnverhältnisse niedriger Qualität oder informelles Wohnen. Begriffe wie Slum, Baracken-, Squatter-Siedlungen, informelles Wohnen oder einkommensschwache Gemeinschaft werden von Behörden in etwa synonym eingesetzt.
Quelle: The Challenge of Slums: Global Report on Human Settlements 2003. London & Sterling: UN Habitat, 2003, S. 9, (Übers. G.S.)

M3   Quellentext zum Begriff „Slum"

Slumgröße (in ha)	Anteil (in %)	Slumanlage	Anteil (in %)	Umgebung	Anteil (in %)	Wasserversorgung	Anteil (in %)	Elektrizitätsversorgung	Anteil (in %)	Latrinenbenutzung	Ante (in %
<0,05	15,1	Entlang Wasserlauf/Abwassergraben/Flussufer	29,3	Wohngebiet	66,4	Wasserleitung	71,4	Straßenbeleuchtung und Haushaltsverbrauch	67,6	keine Latrine	31,3
0,05<1	39,3	Entlang Eisenbahnlinie	9,3	Industriegebiet	9,5	Rohrbrunnen/Bohrloch	20,4	nur Haushalt	19,2	öffentliche Latrine mit Bezahlung	17,3
1<2	20,5	Hügelgelände/Abhang	3,9	Gewerbegebiet	6,7	befestigter Brunnen	0,5	nur Straße	6,3	ohne Bezahlung	13,8
2<8	20,3	Parks/offenes Land	30,3	Anderes	2,3	unbefestigter Brunnen	0,3	keine Elektrizität	6,5	Gemeinschaftslatrine	4,9
>8	4,9	Sonstiges	27,2	(anderer) Slum	15,1	Anderes	7,4	nicht genannt	0,4	eigene Latrine	32,6

Quelle: National Sample Survey Office 2014

M1   Charakteristika indischer Slums, 2012

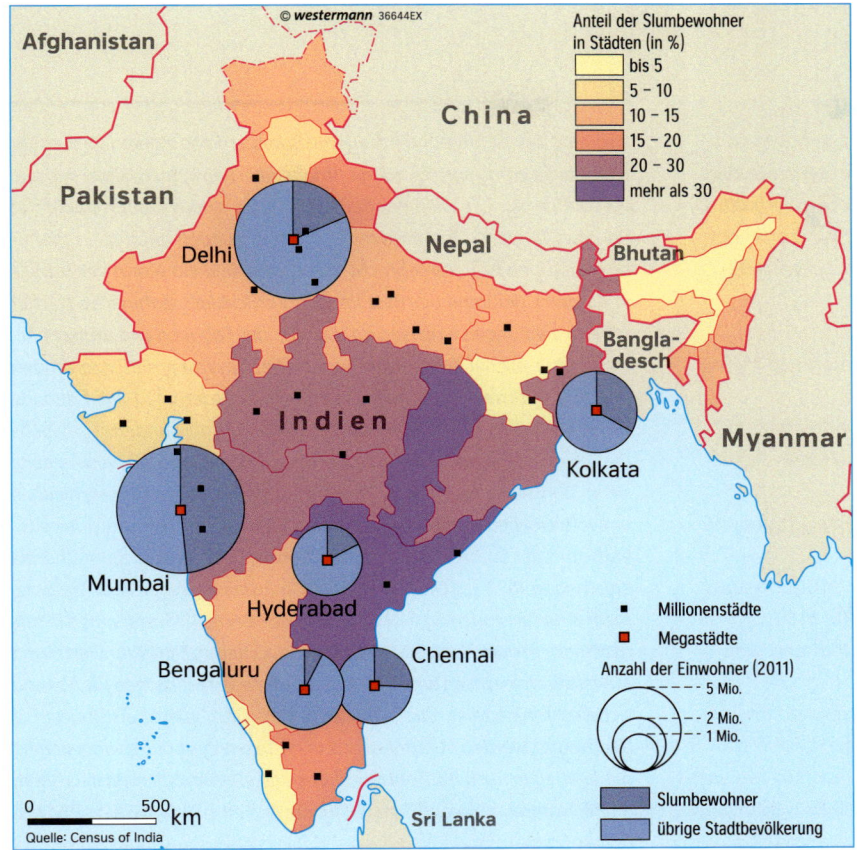

	Slumbevölkerung (in %)		Stadtbevölkerung (in Mio.)	
	1990	2014	1990	2014
Bangladesch	87,3	55,1	21,275	53,127
Indien	54,9	24,0	221,979	410,204
Nepal	70,6	54,3	1,064	5,13
Pakistan	51,0	45,5	33,967	70,912

Quelle: World Bank

M 6 Südasien: Slum-/Stadtbevölkerung

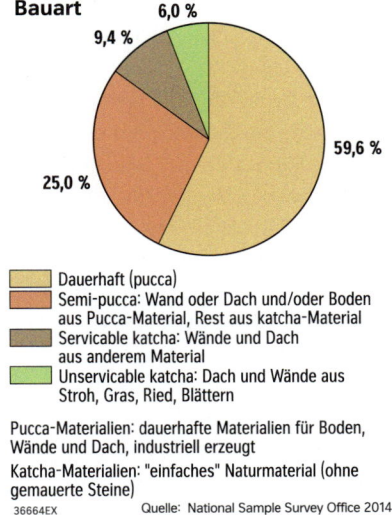

Bauart

- Dauerhaft (pucca)
- Semi-pucca: Wand oder Dach und/oder Boden aus Pucca-Material, Rest aus katcha-Material
- Servicable katcha: Wände und Dach aus anderem Material
- Unservicable katcha: Dach und Wände aus Stroh, Gras, Ried, Blättern

Pucca-Materialien: dauerhafte Materialien für Boden, Wände und Dach, industriell erzeugt
Katcha-Materialien: "einfaches" Naturmaterial (ohne gemauerte Steine)

36664EX   Quelle: National Sample Survey Office 2014

M 7 Bauart der Slumgebäude in Indien

M 4 Indien: Slumbevölkerung in Bundesstaaten und Megacities (>4 Mio. Ew.) 2011

Der Guru Govind Slum liegt nahe des kanalisierten und stark verschmutzten Sahibi-Flusses ungefähr 10 km westlich der Altstadt Delhis. Etwa 4500 Personen leben hier in überwiegend eng verbauten ein- bis dreigeschossigen Gebäuden, die in einfacher Ziegelbauweise (Pucca) errichtet sind. [...] Der Slum entstand vor etwa 35 Jahren und ist inzwischen behördlich anerkannt. [...] Aufgrund dieser Anerkennung besitzt das Viertel zumindest eine rudimentäre Versorgungsinfrastruktur. Hierzu zählen Stromanschluss, Straßenbeleuchtung, öffentliche Wasserstellen für die Trinkwasserentnahme und zementierte Wege, entlang derer schmale, offene und zementierte Gräben laufen. Obwohl diese Gräben von der Stadtverwaltung ausschließlich für die Ableitung von Regenwasser vorgesehen sind, leiten die Haushalte ihre Abwässer in die Gräben ein. [...] Auch die Versorgung mit Toiletten im Guru Govind Slum ist höchst problematisch. Die Bewohnerschaft ist auf die Benutzung einer öffentlichen Sammeltoilette am Rande der Siedlung angewiesen, wo für Männer und Frauen jeweils 17 Toiletten zur Verfügung stehen. Diese sind allerdings nur von 4 Uhr morgens bis 23 Uhr nachts geöffnet und häufig stark verschmutzt. Benutzer müssen pro Toilettengang 1 Rupie bezahlen.

Quelle: Zimmer, A.: Abwasser und Abfälle – Konflikte in Delhis informellen Siedlungen. Geographische Rundschau 12/2015, S. 27

Ragpickers heißen sie in Indien – Müllsammler. Sie leben in Slums, im Müll und von ihm. Säckeweise schleppen sie ihn vor ihre Hütten, sortieren und verkaufen ihn dann wieder. Kanhaiya ist einer von ihnen. 12 Jahre ist er alt und schon seit Jahren arbeitet er hart: „Ich sammle Müll in einen großen Plastiksack. Den trag ich dann auf meinem Kopf nach Hause. [...] Wenn ich vom Sammeln komme, hole ich drei oder vier Kanister Wasser von der Wasserstation an der Straße. Dann sortiere ich den gesammelten Müll." [...] Es ist Mittag im Slum. [...] Auch heute gibt es wieder Rotis, dünne Fladen aus einem Wasser-Mehl-Teig. Die Mutter backt sie auf einer Eisenplatte über einem Feuer neben dem Eingang der Hütte. 80 mal 160 Zentimeter Platz ist dort. Tücher hängen vom Dach. Es grenzt an ein Wunder, dass es nicht öfter brennt. Direkt vor der Hütte ist ein Pfad von etwa einem halben Meter Breite. Dann fängt der Müll an. [...] Hier ist es eng, staubig, dreckig und der Müll stinkt. Fliegen belagern alles und jeden. [...]
Die Kinder schlafen auf dem Boden ihrer Hütte. Sie ist vielleicht sieben bis acht Quadratmeter groß. Ein Bett steht darin und ein Fernseher. Die Wände sind gemauert. Planen, Pappen und ein paar Bleche bilden das Dach.

Quelle: Lueb, U.: Die Müllsammler von Neu Delhi www.deutschlandfunk.de 3.2.2011

Wenn Mitternacht heranrückt in Alt-Delhi und sich ein dicker, eiskalter Nebel über die Stadt senkt, sitzt der Decken-Wallah Farukh Khan in seiner Ecke und wartet, dass der Markt für seine Dienste zum Leben erwacht. Sie schlurfen heran, einer nach dem anderen, Männer, die dringend Schlaf benötigen. [...] Die Tagelöhner rollen sich auf dem eisigen Gehweg ein, manchmal wegen der Wärme gegen andere Männer geschmiegt. [...]
Ein ausgedehnter grauer Markt hat sich um den unbefriedigten Bedarf an Obdach etabliert. In einigen Stellen ist [...] eine „Schlaf-Mafia" entstanden, die kontrolliert, wer wo für wie lange und in welcher Qualität schlafen kann. [...] In Mr. Khans Nachbarschaft haben vier Decken-Anbieter die Fußwege und öffentlichen Räume in Quadranten aufgeteilt, und wenn die Nacht hereinbricht, gruppieren sich ihre Kunden zu Kolonien klumpiger Formen. Einige kehren seit Jahren jede Nacht zum selben Platz zurück. [...] [Herr Khan] führt regelmäßig Zahlungen an die Polizei ab und an die Straßenreiniger, damit sie seine Schläfer nicht stören. Und er hält enge Beziehungen zu den lokalen Taschendieben, um ihnen zu sagen, wen sie nicht bestehlen sollen.

Barrey, E.: Desparate for Slumber inDelhi, Homeless Encounter a ‚Sleep Mafia'. New York Times 18.1.2016 (Übers. G.S.)

M 5 Quellentexte zu Slums und dem „Sleep Market" in Delhi

4.5 Slums in Mumbai

Mumbai beherbergt nicht nur einen der größten Slums Asiens, sondern hunderte Slums unterschiedlichster Größenordnung und zum Teil beträchtlichen Alters. Slum-Sanierer schreiben sich eine Verbesserung der Lebensverhältnisse der Einwohner auf ihre Fahnen. Sie vergessen dabei, dass Slums oft mehr sind als nur Behausungen, in denen die Bewohner ihre Nächte verbringen.

1. Beschreiben Sie das Bild M3.
2. Stellen Sie die Entwicklung von Armutsquartieren in Mumbai dar (M2).
3. Erklären Sie die Lage der großen Slums in Mumbai (M1, M2).
4. Fassen Sie die Unterschiede bei den verschiedenen Ansätzen zur Slumsanierung zusammen (M7).
5. a) Beschreiben Sie den Slum Dharavi und seine Umgebung (M1, M4–M6, M8, Google Earth, Internet).
   b) Charakterisieren Sie die sozioökomische Situation und die Funktionsmischung im Slum Dharavi (M6, M8).
6. Beurteilen Sie die Aussagen von Liza Weinstein und Lutz Konermann (M8).
7. a) Über die Sanierung des Slums Dharavi besteht ein Interessenkonflikt zwischen den Slumbewohnern, der Stadtverwaltung und den Investoren/Bauunternehmern. Formulieren Sie die Interessen der einzelnen Gruppen (siehe Links S. 92).
   b) Entwickeln Sie Kriterien, die Lösungsansätze erfüllen müssten.

Während des 19. Jahrhunderts erlebte Bombay einen starken Anstieg der Slumbevölkerung parallel zur großmaßstäblichen Industrialisierung und Verstädterung. [...] Viele der heutigen Slums sind Nebenprodukte des Baumwollbooms. [Zuwandernde] Arbeiter wurden anfangs in Wohnheimen (Chawls) untergebracht; meist arbeitete ein Mann der Familie in Bombay, während der Rest im Dorf zurückblieb. Zahlreiche solcher Arbeitersiedlungen wuchsen im Umkreis der Fabriken und anderer Arbeitsplätze. Mit der Zeit wurden daraus Mietskasernen, die Einzelzimmer überfüllt mit [nachziehenden] Familienmitgliedern. [...] Die Gebäude verkamen sehr schnell. Während des späten 19. Jahrhunderts [...] wuchs die sich ausdehnende Stadt über Nachbardörfer hinweg und verwandelte sie in Slums. Die britische Kolonialverwaltung verbannte verschiedene umweltverschmutzende Gewerbe und die [entsprechenden] Arbeitskräfte aus der Stadt an die nördliche Grenze. Der bekannte Slum Dharavi entstand so 1887. [...] Die bestehenden Industrien schufen Arbeitsplätze; mehr Arbeiter zogen zu. [...] Es gab jedoch keine Anstrengungen in Infrastruktur in oder nahe bei Dharavi zu investieren. Die Wohnviertel und Werkstätten wuchsen aufs Geratewohl, ohne Vorkehrungen für Ab- und sicheres Trinkwasser, Straßen oder andere Grunddienstleistungen. [...] [Bis heute] werden Migranten aus allen Teilen des Landes angezogen; daher stiegen auch die Zahl der Slums und ihre Bevölkerung in großem Maße. Unterkunftsmöglichkeiten für die Armen in Mumbai sind Chawls, Patra Chawls (bestehend aus semi-dauerhaften Bauwerken, autorisiert oder nicht autorisiert), Zopadpattis (Squatter-Siedlungen), Gebäude der Slum-Rehabilitierungs-Behörde und Gehweg-Unterkünfte. Obwohl Gehweg-Unterkünfte und Chawls armselige, slumartige Bedingungen aufweisen, fallen diese nicht unter die rechtliche Definition von „Slum".

Quelle: Bag, S., Seth, S. & Gupta, A.: A Comparative Study of Living Conditions in Slums of Three Metro Cities in India. Delhi 2017 (Übers. G.S.)

M2 Quellentext zu Slums in Mumbai

M1 Mumbai (verzeichnet sind nur die großflächigen Slumgebiete)

Legende:
- Wohngebiete
- Slum-Gebiete
- Sumpf, Mangrove
- Industriegebiete
- Park, Wald
- Eisenbahnlinien

© westermann 36645EX

M3 Mumbai: Slum und Neubaugebiete

M4 Töpferei in Dharavi

Abbruch, „Demolition"	Vertreibung der Einwohner und Ab-reißen des Slums, neue Nutzung des Slumareals
„Upgrading" des Slums auf gleichem oder anderem Areal	Zuteilung von Grundstücken an Slum-haushalte zum Wohnungsbau, Versor-gung mit Basisdienstleistungen
Umsiedlung in Neubauge-biete, anderweitige Nutzung des Slumareals	Bau von (Hochhaus-)Siedlungen (oft) am Stadtrand, Zuteilung von Wohnun-gen an „berechtigte"* Slumbewohner
Sanierung mit Neubebauung des Slumgebiets, „Rehabi-litation"	Errichtung neuer Bausubstanz mit Infrastruktur in Slum-Abschnitten und Umquartierung „berechtigter"* Familien

*„Berechtigt" sind in der Regel Familien, die nachweisen können, schon vor einem Stich-tag im Slum gelebt zu haben

M7 Wege des Umgangs mit Slums

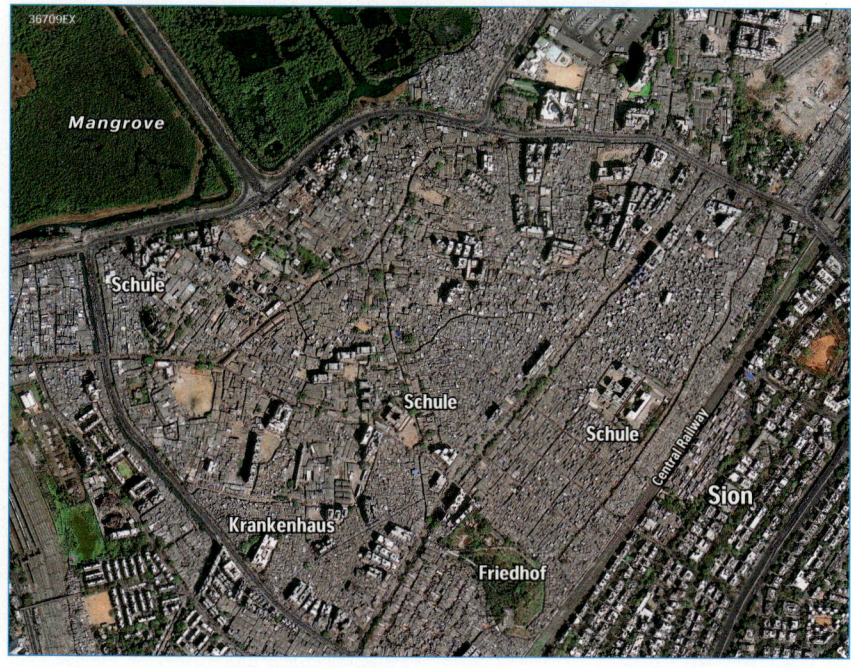

M5 Slum Dharavi (Satellitenbildaufnahme)

Schätzungen zufolge leben und arbeiten [in Dharavi] auf zwei Quadratkilometern zwischen 600 000 und einer Million Menschen. Dharavi hat die höchste Bevölkerungsdichte der Welt. Gerade einmal zehn Gehminuten vom Finanzzentrum Mumbais entfernt, liegt das Viertel, ein-geklemmt zwischen zwei Bahntrassen. Dicht an dicht stehen hier ein- bis dreistöckige Häuser aus Beton, Holz, Blech und Plastik gebaut. [...]

[Im] Töpferviertel von Dharavi [gehen] etwa 2000 Familien [...] ihrem traditionellen Handwerk nach. [...] Dhansuks Familie ist 1933 aus dem Bundesstaat Gujarat nach Mumbai gekommen und lebt bereits seit drei Generationen in Dharavi. [...] Die Töpfer-Familie lebt und arbeitet in drei Räumen. Im Ersten verarbeiten die Männer den Lehm, im Zweiten verkaufen sie die ferti-gen Gefäße und im Dritten lebt die Familie. Diese Struktur ist typisch für Dharavi: Leben und arbeiten auf engstem Raum. Auf diese Weise entstehen in dem Viertel 63 Prozent der gesamten Produktion Mumbais. Wie eine riesige Batterie, von menschlicher Arbeitskraft betrieben, versorgt Dharavi nicht nur Mumbai mit Gütern, sondern auch den Weltmarkt. [...]

Seit 2007 schwebt über Dharavi ein Damoklesschwert: Die Autoritäten Mumbais haben den Slum zum Verkauf angeboten. Der Käufer gewinnt bestes Land, ist durch seinen Kauf allerdings per Gesetz dazu verpflichtet, jeder Familie des Viertels 20,9 m² zur Verfügung zu stellen und für die Wasser- und Abwasserversorgung zu garantieren. Die geplante Slum-Sanierung ist ein Mammutprojekt, das große Hoffnungen weckt und gleichzeitig viele Bewohner Dharavis aus ihrer jahrzehntelangen Heimat verdrängt. [...] Für viele [...] Bewohner Dharavis würde der Umzug in ein Hochhaus allerdings das berufliche Aus bedeuten, etwa für die Töpfer und die zahllosen kleinen Manufakturen.

Quelle: Stiebitz, A.: Ein Slum als Lebens- und Arbeitswelt. Deutschlandfunk. Weltzeit 29.3.2017

M6 Quellentext zu Dharavi

„In Dharavi scheinen alle beschäftigt zu sein. Was wir sehen, will nicht zu unserer Vorstel-lung eines Slums passen. Wir haben Armut und Lethargie erwartet. Doch hier werden jährlich umgerechnet etwa 700 Millionen Euro umge-setzt. Manche Arbeiter verdienen 70 bis 100 Euro im Monat und liegen damit knapp über dem indischen Durchschnittseinkommen. [...] Dreck und Elend haben wir hier vermutet, jetzt aber beobachten wir: normales Leben. Zwar müssen sich in Dharavi rund 1440 Menschen eine Toilette teilen. Doch ansonsten gibt es hier alles, Videotheken, Restaurants, Banken, Spielzeugläden und Krankenstationen."

Silke Weber, *deutsche Journalistin*

„[Sanierungspläne wie das Dharavi Redeve-lopment Project scheitern in der Regel] und es ist oft gut so, dass sie dies tun. Wenn die großen Visionen der Entwicklungsplaner – die von vielen in Mumbai als Halluzinationen be-zeichnet werden – realisiert würden, würden die sozialen Verwerfungen, die daraus entstünden, unvorstellbar sein. Die kritische Frage, wohin alle gehen sollten, beiseitegelassen, würde die Stadt einfach aufhören zu arbeiten, wenn alle „unautorisierten", „irregulären" oder „nicht in Frage kommenden" Einwohner Dharavis zwangsgeräumt würden. Wenn der Megaslum verschwinden müsste, würde Mumbai so viele seiner Fahrer, Hausangestellten, Textilherstel-ler, Müllsammler und Büroangestellten ver-lieren, dass Indiens kommerzielle Hauptstadt einfach aufhören würde zu funktionieren."

Liza Weinstein, *US-amerikanische Soziologin*

„Es ist schon ironisch, wenn die Verwaltung sagt, dass ein ‚Redevelopment' notwendig ist, um eine integrierte Stadt aus Dharavi zu machen. Dha-ravi ist eine perfekt integrierte Stadt, es gibt ein perfektes soziales Netz, es funktioniert, die Leute verdienen ihren Lebensunterhalt, was kann man mehr von einer Stadt erwarten?"

Lutz Konermann, *deutscher Filmemacher*

M8 Zitate zu Dharavi

4.6 Neue Trends der Stadtentwicklung

In vielen südasiatischen Städten steht der Verslumung von Quartieren und der Ausbreitung von Squatter-Siedlungen (vgl. 4.4) ein Neubau oder eine Aufwertung von Wohnvierteln gegenüber. Dabei ist oft eine enge Verzahnung von Wohngebieten unterschiedlicher Einkommensgruppen zu beobachten. Aus dem Fenster eines hochpreisigen Appartements blicken die Bewohner nicht selten auf einen Slum. Wachstum und Modernisierung der Stadt gehen dabei mit flächenmäßiger Ausdehnung ins Umland einher, unter anderem durch Bau neuer Wohnsiedlungen – oftmals Gated Communities –, aber auch mit innerer Verdichtung.

1. Charakterisieren Sie die in M1 aufscheinenden Aspekte sozialer Ungleichheit in den Städten Indiens.
(Z) 2. Recherchieren Sie Lage und Struktur der Lodhi Colony (M4, Google Earth). Entwickeln Sie Überlegungen zur Sozialstruktur des Viertels.
3. Ordnen Sie M3, M5, M6 und M8 den in der Übersicht M2 genannten Möglichkeiten baulicher Umgestaltung zu.
4. Erläutern Sie Vor- und Nachteile von „Brownfield"- und „Greenfield"-Projekten im Wohnungsbau (M2, auch M6, S. 77).
5. Vergleichen Sie die Entwicklung in Hauz Khas mit Ihnen bekannten Gentrifizierungsprozessen in Deutschland (M3).
6. Erörtern Sie die sozialen Folgen von Gated Communities in Indien (M6 – M9).

Infolge des Bevölkerungswachstums wurde seit den 1950er-Jahren in Süd-Delhi Ackerland akquiriert und später mit Wohnkolonien bebaut. Die Dorfbewohner verloren weitgehend ihre landwirtschaftliche Grundlage; ihre Wohngebiete wurden davon jedoch kaum beeinflusst und später auch von den strengen Bau- und Nutzungsgesetzen ausgenommen, die sonst in Delhi gelten. So war beispielsweise die Eröffnung von Büros und Kleinunternehmen in Wohngebieten hier einfacher. In Hauz Khas siedelten sich Kultur- und Unterhaltungseinrichtungen an. Billiger Wohnraum zog Künstler, Musiker, Schriftsteller einer wachsenden subkulturellen Szene an. Die Zahl der Restaurants, Bars und Boutiquen stieg mit der wachsenden Zahl von Besuchern, die dieses Flair schätzen. Die dörflichen Eigentümer investierten in ihre Immobilien und vermieteten sie mehr und mehr für kommerzielle Zwecke. Um ihre Mieteinnahmen zu maximieren, wurde die Bebauung mit zusätzlichen Stockwerken und Erweiterungen noch weiter verdichtet. Filialen großer Ketten wie Starbucks verdrängten kleine Lokale und Geschäfte. Da die Mieten stiegen, sind die Szene-Angehörigen oftmals wieder fortgezogen, und einzelne Künstler findet man nur noch in Hintergassen.

M3　Originaltext zur Gentrifizierung in Hauz Khas Village in Delhi

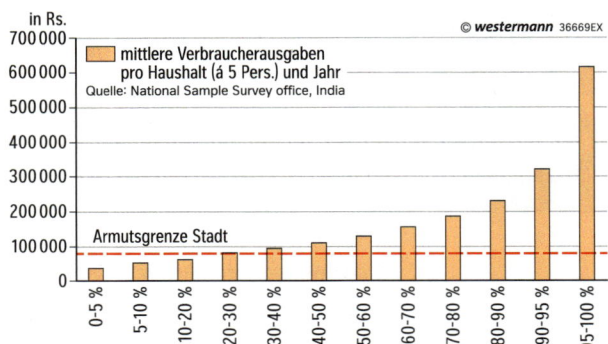

in Rs.

© **westermann** 36669EX

☐ mittlere Verbraucherausgaben pro Haushalt (á 5 Pers.) und Jahr
Quelle: National Sample Survey office, India

Armutsgrenze Stadt

0-5 % / 5-10 % / 10-20 % / 20-30 % / 30-40 % / 40-50 % / 50-60 % / 60-70 % / 70-80 % / 80-90 % / 90-95 % / 95-100 %

Armutsgrenze:
Wert eines „Warenkorb" notwendiger Ausgaben (Nahrungsmittel, Kleidung, Wohnraum etc.), berechnet durch eine indische Expertenkommission für städtische und ländliche Gebiete.

M1　Verbraucherausgaben in indischen Städten nach Quantilen 2012

Umgestaltung bestehender Bausubstanz		• Gentrifizierung von Quartieren, individuelle, kleinteilige Investitionen • „Promoter" ersetzen (einzelne) ältere niedrige Gebäude (und Gärten) durch mehrstöckige; ehemaliger Eigentümer erhält Neubauwohnung und Geldbetrag; andere Wohnungen werden von Promoter gewinnbringend als Eigentumswohnungen verkauft • Umgestaltung und Modernisierung kolonialen Erbes
Neubauprojekte (Gated Communities, Malls, Büroflächen)	„Brownfield"-Projekte	• Neunutzung von Industriebrachen (z.B. ehem. Baumwollfabriken in Mumbai) • Abriss alter Bausubstanz (Chawls – Mumbai; degradierter Innenstadtquartiere, Gebäude), Slums
	„Greenfield"-Projekte	• Überbauung von Acker- und Ödland am Stadtrand und im städtischen Umland

M2　Übersicht zur baulichen Umgestaltung indischer Städte

M4　Die Lodhi Colony in Delhi wurde in den 1940er-Jahren als Wohnraum für Beamte und Angestellte der Zentralregierung gebaut. Sie besteht aus zur Straße hin geschlossenen, um Innenhöfe gruppierten zweistöckigen Wohnblocks mit kontrollierbarem Zugang. Die Fassaden wurden 2015-16 im Rahmen eines Festivals von internationalen Künstlern bemalt. Das „Directorate of Estates" des Ministeriums für städtische Entwicklung betreut in Delhi fast 62 000 Wohneinheiten für Regierungsangestellte der Zentralregierung (2015) an 300 Lokalitäten. 4,5 Prozent der Haushalte Delhis leben in von Arbeitgebern bereitgestellten Quartieren.

M 5 Connaught Place war das kommerzielle Zentrum des kolonialen Neu-Delhis. Es veränderte seinen Charakter einschneidend durch die Errichtung moderner Bürokomplexe und in jüngster Zeit den Bau einer U-Bahn (Metro) unter dem Zentrum des Platzes.

M 6 Prestige Shantiniketan

M 8 South City in Kolkata. Auf dem Gelände zweier aufgegebener Fabriken entstanden von 2004 bis 2008 auf 12,6 ha fünf Wohntürme als Gated Community, mit ca. 1600 Wohnungen (von 106 - 321 m²), Park und Parkplätzen für 1400 Wagen, Residence-Club mit Sporteinrichtungen, Mall mit Boutiquen, Multiplex-Kino, Restaurants etc. sowie eine internationale Schule.

Die Siedlung Kaveri Nagar ist nur vier Kilometer von Prestige Shantiniketan entfernt, aber es könnten genauso gut Millionen Meilen sein. Shantiniketan, in Whitefield, Bengaluru, ist eine Community mit befestigten Straßen, geschnittenem Rasen, batteriegetriebenen Golfwagen für den Sicherheitschef, um damit herumzufahren. Kaveri Nagar, wo einige Leute leben, die in Shantiniketan beschäftigt sind, ist eine Nachbarschaft mit niedrigen Gebäuden, mit einigen Läden, die Dinge des Alltagsbedarfs verkaufen, und Karren von Gemüseverkäufern. Anupama und Varghese Abraham [...] leben in Shantiniketan; Ratnamma, ihre Haushaltshilfe, lebt in Kaveri Nagar. Der Kontrast zwischen Shantiniketan und Kaveri Nagar symbolisiert moderne indische Städte und die problematische Zweiteilung in ihnen. [...] Ratnamma, eine schlanke kleine Frau in den Vierzigern, fährt jeden Tag nach Shantiniketan zur Arbeit. In dem Appartementkomplex muss sie sich einigen bezeichnenden Demütigungen unterwerfen. Zuerst muss sie das Geld, das sie bei sich hat, deklarieren, wenn sie den Baukomplex betritt. Wenn sie hinausgeht, zählen die Wachen den Betrag [noch einmal. ...] Eine Wache empfängt jeden Besucher [...] am Tor und führt ihn in ein kleines Büro. Hier muss man seinen Namen angeben, das Appartement, zu dem man will, den Grund des Besuchs. [...] Prestige Shantiniketan verfügt über 2850 Appartements. Es gibt 162 Wächter, die die 23 Türme belauern, Parkplätze im Untergeschoss, Gärten und Spielplätze. Das Wohnareal von 24 ha hat Parkplätze für 2850 Wagen, außerdem Besucherparkplätze. [...] [Der Wohnkomplex] verbraucht auch etwa 1,2 Mio. Liter Wasser pro Tag, was bei schätzungsweise 10000 Bewohnern 120 Liter pro Person und Tag ist.
Quelle: Chandran, R.: Class divide in a gated community. MINT on Sunday, 10.12.2016 (Übers. G. S.)

M 7 Quellentext zu Prestige Shantiniketan

Die wachsende Unzufriedenheit der Mittelschicht in Indien über die Unfähigkeit des Staates, die persönliche Sicherheit oder Grunddienstleistungen wie eine sichere Stromversorgung und sauberes Wasser zu gewährleisten, trieb sie Bau-Projektentwicklern in die Arme. Diese boten ummauerte Residenzen an, wo alles gekauft werden konnte, was der Staat nur ungenügend bereitstellte. Parallel entstand eine Sicherheitsindustrie, selbst oft dubios und schlecht ausgerüstet. Die Angst vor Verbrechen und „Außenseitern" ist immer ein wesentlicher Grund gewesen, in Gated Communities zu ziehen. Aber sind wir hier etwa sicherer? [...] Auch in Indien gibt es häufig Berichte in den Massenmedien über Kriminelle, die leicht in die löchrige Sicherheit der Gated Communities einbrechen. [...] Die hohen Tore der Komplexe sind eine Botschaft an die Armen, dass ihre Welt getrennt ist von unserer und wir uns von der „Kontaminierung", die sie darstellen, schützen wollen. Die Trennung von "uns" und „ihnen" ist ein Fluch für soziale Harmonie und kann nur Ressentiments schüren und so Grundlage für mehr Verbrechen bilden. Gated Communities mögen es geschafft haben, dass reiche Inder sich sicherer fühlen, aber sie haben die Straßen nicht sicherer gemacht. Das braucht eine gänzlich andere Antwort des Staates. Dass wir uns in privaten Enklaven verstecken, kann keine Lösung für unsere unsicheren Städte sein.
Quelle: Vasudevan, V.: Not so great walls: Gated communities don't make cities safer — only offer a bubble. Indian Express, 17.2.2017 (Übers. G. S.)

M 9 Quellentext zu Gated Communities in Indien

4.7 Theorien und Modelle in der Geographie

Theorie der fragmentierenden Entwicklung

1. Fassen Sie die Kernaussagen der Theorie der fragmentierenden Entwicklung zusammen (M1, M3).
2. Charakterisieren Sie mithilfe der Atlaskarte und selbstgewählten Beispielen globale Orte/Regionen, globalisierte Orte/Regionen und die neue Peripherie,
3. Erläutern Sie die lokale Fragmentierung in Dhaka (M4, M5).
4. a) Lokalisieren Sie Dhaka-Banani (Google Earth).
   b) Dokumentieren Sie das Erscheinungsbild der in M4 beschriebenen Orte in Banani (z.B. Google Street View).
5. Überprüfen Sie mithilfe der Ergebnisse aus Aufgabe 3 und 4 das Modell des globalisierten Stadtfragments Banani (M5).

M2 Dhaka Banani : Im Vordergrund der Korail Slum, im Hintergrund der CBD und exklusive Wohnviertel

---

Die Theorie der fragmentierenden Entwicklung ist eine erklärende Beschreibung und Analyse der Entwicklungsrealität in der Ära der Globalisierung. Das [bislang bestimmende] Entwicklungsverständnis [...] beruht auf der These fortdauernd aufsteigender (nachholender) Entwicklung von Ländern und Gesellschaften als Ganzen durch Wachstum. Wirtschaftliches Wachstum bildet auch die Grundlage für die Verheißungen der Globalisierung. Doch von diesen Verheißungen profitieren [...] keineswegs Länder und Gesellschaften per se. Daher lautet die hier vertretene These: Nicht nachholende, sondern fragmentierende Entwicklung findet in Zeiten der Globalisierung statt. [...] Globalisierung ist ein zutiefst widersprüchlicher und durch Gegensätze geprägter Vorgang. Er resultiert aus dem (exzessiven) Wettbewerb sowie – ganz wichtig – aus der Entpersönlichung von Produktionsmitteln (Kapital), Produktion (Automatisierung, Digitalisierung) und Produktionsstätten (Outsourcing, Auslandsverlagerung, Standortfluktuation). Diese Vorgänge sind wegen des geltenden Erfolgszwanges, beziehungsweise der Zwänge des globalen Finanzkapitals nicht von Konsens und Solidarität, sondern von Wettbewerb, Erfolg, Sieg, Konkurrenz und Verdrängung bestimmt. [...] Niederschlag finden diese Vorgänge in der Gleichzeitigkeit und im räumlichen Nebeneinander inkludierender (einschließender) und exkludierender (ausschließender) Prozesse. Sie stehen für Fragmentierung. Darunter wird die bruchhafte Trennung zwischen Gewinnern und Verlierern, zwischen Aufsteigern und Absteigern, zwischen Teilhabern, temporären Teilhabern (Scheingewinnern) und Marginalisierten/Überflüssigen in sozialer, wirtschaftlicher und räumlicher Dimension (= Fragment) verstanden. Bruchhaft ist diese Trennung, weil sie unter wettbewerbsbestimmtem, gewinno-

rientiertem und erfolgsverpflichtetem Zwang abläuft und (letztlich) konsensfrei und solidaritätsentbunden erfolgt.

Die möglichen Fragmente sind keineswegs gleich. [...] Die „globalen Orte/Regionen" [...] sind die Schaltstellen des durch grenzübergreifenden Wettbewerb gesteuerten weltwirtschaftlichen Geschehens. Dieses vollzieht sich global wie lokal über Kapitalbewegungen und Investitionen sowie über Produktionsaufträge, Produktionsstandorte, Produktionsumfang und Produktionsdauer. [...] Die jeweilige Produktfertigung erfolgt über Outsourcing und Offshoring weltweit. [...] Funktional und in der Entscheidungshierarchie nachgeordnet folgen die „globalisierten Orte/Regionen" [...] Dazu zählen zum einen die Stadt- oder Landesteile mit den Filialen der transnationalen Konzerne (TNK) in optisch auffälligen Business-Distrikten und den zugehörigen Wohnparadiesen. Zum andern gehören dazu speziell ausgewiesene Areale mit Werkhallen (z.B. Exportproduktionszonen), in denen die lokalen Partner der TNK in (Niedriglohn-) Fabriken sowohl Massen- wie Luxuswaren und in wachsendem Maße selbst Hightech-Erzeugnisse für den Weltmarkt produzieren. [...] Es sind stets Orte mit reichen Reserven an Arbeitskräften aus Slum- und Hüttenvierteln, mit extrem niedrigen Löhnen, mit lockeren Umweltschutzbestimmungen, schwachen oder fehlenden Gewerkschaften und einer extrem eigennützigen Elite oder korrupten Politikerclique. Über die Zukunft der „globalisierten Orte/Regionen" und ihrer Akteure/Menschen (im global reagierenden Milieu) entscheiden sie nicht selbst, sondern jene in den Schaltzentralen der Macht, in den „globalen Orten/Regionen". Die dritte Kategorie der modellhaft vorgestellten Fragmentierung bildet die „neue Peripherie". Sie ist im Norden wie im Süden anzutreffen, von Kontinente übergreifender

und vor allem flächenweiter Ausdehnung. Hier lebt die Mehrheit der Weltbevölkerung. Sozial, ethnisch, sprachlich, kulturell vielfältig differenziert, zeichnet sie sich durch all jene Merkmale aus, die für die bisherige Dritte Welt als typisch erachtet werden. [...]

Diese modellhafte Fragmentierung erstreckt sich zum einen auf die ganze Erde und besitzt zum anderen auch eine lokale Entsprechung. So nehmen zum Beispiel „globalisierte Orte" keineswegs geschlossen an der Globalisierung teil. Sie setzen sich stets aus mehreren, funktional und global recht unterschiedlich eingebundenen Fragmenten zusammen. Und erfolgreich sind immer nur die Fragmente, die für die Kapitalverwertung geeignet sind, oder jene Gruppen und Individuen, die sich dem Wettbewerb stellen.
Quelle: Scholz, F.: Länder des Südens. Westermann Braunschweig 2017, S. 33–35

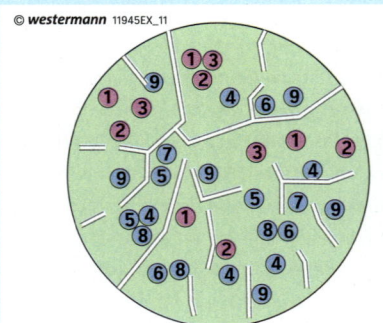

© **westermann** 11945EX_11

"Globale Orte"
① Kommandozentralen der TNK
② High-Tech-Produktions-, Forschungs-, Innovationszentren
③ Fordistische Industriezonen

"Globalisierte Orte"
④ High-Tech-Dienstleistungen
⑤ Auslagerungsindustrie
⑥ Billiglohn-, Konsumgüterproduktion
⑦ Rohstoff-, Nahrungsmittelerzeugung
⑧ Kinderarbeit, informeller Sektor
⑨ Freizeit-, Tourismusgewerbe

"Neue Peripherie"
▭ „neuer Süden"

Quelle: Scholz, F.: Entwicklungsländer. Braunschweig 2006, S. 88

M1 Quellentext zur fragmentierenden Entwicklung

M3 Modell der globalen Fragmentierung

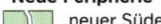

Aus dieser kolonialzeitlich geprägten Stadt erwuchs seit der Unabhängigkeit (1949/1971) ein regelrechtes Stadt-Monster, das inzwischen als „globalisierter Ort" mit mehreren Stadtfragmenten fungiert. Dhaka ist das Hauptziel der (überwiegend weiblichen) zuwandernden (billigen) Arbeitskräfte vom Land. Diese Binnenmigranten werden mehrheitlich von der Hoffnung angezogen, Arbeit in einer Textilfabrik zu finden. Den meisten bleibt jedoch nur der informelle Sektor und damit die absolute Armut, in der zwei Drittel bis drei Viertel der Stadtbewohner vegetieren müssen. Ausdruck dafür sind die riesigen Hüttenlager (Bustees). [...]

Dadurch ist auch das massenhafte Angebot an extrem billigen Arbeitskräften ohne Beschäftigungsalternative erhalten geblieben

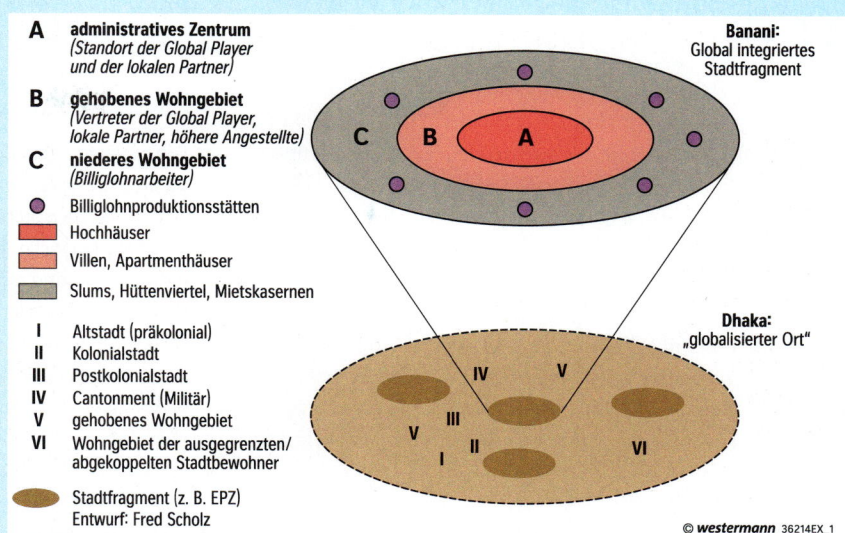

A   administratives Zentrum
(Standort der Global Player und der lokalen Partner)

B   gehobenes Wohngebiet
(Vertreter der Global Player, lokale Partner, höhere Angestellte)

C   nideres Wohngebiet
(Billiglohnarbeiter)

● Billiglohnproduktionsstätten

▬ Hochhäuser

▬ Villen, Apartmenthäuser

▬ Slums, Hüttenviertel, Mietskasernen

I   Altstadt (präkolonial)
II   Kolonialstadt
III Postkolonialstadt
IV   Cantonment (Militär)
V   gehobenes Wohngebiet
VI   Wohngebiet der ausgegrenzten/ abgekoppelten Stadtbewohner

▬ Stadtfragment (z. B. EPZ)
Entwurf: Fred Scholz

Banani: Global integriertes Stadtfragment

Dhaka: „globalisierter Ort"

© westermann 36214EX_1

M 5   Dhaka: Modell des globalisierten Stadtfragments Banani

und hat den Ruf Dhakas (und Bangladeschs) als Produktionsstandort für lohnkostenintensive Fertigtextilien verstetigt. Diesen Ruf nutzen trotz der weltweit aufgrund der miserablen Arbeitsbedingungen erhobenen Proteste die transnational agierenden Unternehmen unverdrossen weiter. Als Partner vor Ort fungieren dabei mittelgroße lokale, als „formell" geltende Unternehmen. Ihre Fertigungsstätten liegen über die Stadtgebiete verstreut oder konzentrieren sich auf die EPZ [Exportproduktionszonen]. Sie lagern – aus Kosten- und nicht selten aus Zeitgründen (Just-in-Time-Produktion) – häufig Teile der Fertigung zu „informellen" Kleinst-/Subunternehmern und Heimarbeitern aus (pyramidale Produktion). Durch dieses Outsourcing werden selbst die billigsten Arbeitskräfte, überwiegend Frauen, nicht selten auch Kinder, für den globalen Markt erschlossen. Deren Arbeitsbedingungen sind rechtlich nicht gesichert und beklagenswert, unterscheiden sich jedoch nicht wesentlich von denen in den großen Fabriken.

Schaltstelle dieses global orientierten Wirtschaftens und Sitz der lokalen Partner und ihrer ausländischen Auftraggeber ist in Dhaka der Stadtteil Banani. Hier sind fast alle namhaften Sportartikel- und Bekleidungsproduzenten der Welt vertreten. Seit einigen Jahren haben sich auch namhafte Unternehmen der IT-Branche in den Hochhauskomplexen eingerichtet. Der Stadtteil Banani ist ein Stadtfragment, an dem sich

in besonders eindrücklicher Weise alle für einen „globalisierten Ort" typischen funktionalräumlichen Elemente fassen lassen:

1. Ein Central Business District mit Bürohochhauskomplexen, der notwendigen globalen Infrastruktur und Informationsvernetzung, nimmt hier das räumliche Zentrum ein.
2. In unmittelbarer Nachbarschaft dazu liegen mehrere exklusive Residenzviertel für die zugehörigen ausländischen Akteure und die involvierten lokalen Eliten. Hier konzentrieren sich auch die Sitze der internationalen Organisationen und die Botschaften.
3. Daran schließen sich fast direkt, doch durch Zäune und Mauern erkennbar getrennt, ausgedehnte Wohnquartiere an, die aus Hütten, Not- und Massenunterkünften sowie trostlosen Wohnsilos bestehen.
4. In diesen Elendsvierteln befinden sich nestartig eingeschachtelt vereinzelt große, mehrgeschossige Werkhallen, in denen die Billigtextilien für den globalen Markt produziert werden. Diese Viertel sind infrastrukturell höchst unzureichend und nur punktuell erschlossen sowie hoffnungslos überbevölkert. Dennoch leben hier die wenigen „Glücklichen" aus dem Heer der billigen Arbeitskräfte, die Scheingewinner. Sie haben einen „Job" gefunden und profitieren von der Globalisierung, wenn damit auch keine langfristige Perspektive verbunden ist.

Quelle: Scholz, F.: Länder des Südens, S. 44 – 45

M 4   Quellentext zu Dhaka, Bangladesch

Theorie, Hypothese und Modell

Eine **Theorie** ist in der Wissenschaft ein System von Aussagen, das Aspekte der Realität und zugrundeliegende Gesetzmäßigkeiten erklären sowie Vorhersagen ermöglichen soll. Empirische Wissenschaften beanspruchen in der Regel, ihre Theorien empirisch überprüfen und (vorläufig) bestätigen oder widerlegen zu können, das heißt, sie an der Erfahrung zu messen, an methodisch und systematisch gesammelten Daten.

Eine **Hypothese** oder **These** ist eine bislang unbewiesene Aussage, die aber im Prinzip überprüft werden kann, in den empirischen Wissenschaften durch empirische Daten. Sie benennt in der Regel die Bedingungen für ihre Gültigkeit und ihre Reichweite. Sie mag als Vorstufe einer Theorie, aber auch als aus einer Theorie abgeleitete und zu überprüfende Aussage verstanden werden.

Unter **Modellen** versteht man in der Wissenschaft Abbildungen von Aspekten der Realität unter spezifischen Gesichtspunkten. Die ausgewählten Sachverhalte werden in einen Zusammenhang gestellt und verdeutlichen diesen. Man kann beispielsweise materielle (z.B. Globen, Karten, Simulationsmodelle), abstrakte und mathematische Modelle unterscheiden. In der Geographie betreffen Modelle häufig räumliche Aspekte der angesprochenen Sachverhalte.

Modelle „reduzieren die Komplexität der Realität", indem sie aus der Vielzahl aller Aspekte einzelne Sachverhalte und Zusammenhänge auswählen, um sie so verständlich zu machen. Nur auf diese Aspekte beziehen sich ihre Aussagen. Anderes, was als Folge der Abstraktion und Gestaltung in ein Modell eingeht, betrifft die Modellaussage nicht und ist bei der Interpretation von dieser zu trennen.

Welche Aspekte für bedeutsam gehalten werden und in ein Modell eingehen, bestimmt sich in der Regel aus einer zugrunde liegenden Theorie, auf die das Modell bezogen ist. Bei anderen Modellen fließt ein Vorverständnis ein, ohne dass die Modellaussagen theoretisch begründet werden. Je nach Art können Modelle dazu dienen, Sachverhalte und Beziehungen anschaulich zu machen; sie können aber auch bei der Hypothesenbildung helfen und so den Forschungsprozess voranbringen.

4.8 Herausforderungen für die städtische Infrastruktur

Das rapide Wachstum der Städte lässt ihre Infrastruktur an Grenzen stoßen. Die Folge sind gravierende Probleme, die für die Stadtverwaltungen nur schwer in den Griff zu bekommen sind. Auch die moderne Lebensweise mit hoher motorisierter Mobilität und Annehmlichkeiten wie Klimaanlagen und Kühlschränken trägt das ihre dazu bei. Die Folgen gefährden die Gesundheit. So leiden viele Bewohner südasiatischer Metropolen unter einer enormen Luftverschmutzung mit Feinstaub, Stickoxyden und anderen Abgasen. Bei der Feinstaubbelastung zählen indische und pakistanische Städte weltweit zu den Spitzenreitern. Aber auch die Abwasserentsorgung und die Entsorgung enormer Müllmengen stellen die Städte vor große Herausforderungen.

1. a) Beschreiben Sie die Bilder (M2, M4, M8, M11).
   b) Erläutern Sie die Probleme städtischer Infrastruktur, die darin sichtbar werden.
2. Erläutern Sie das Problem der Luftverschmutzung südasiatischer Städte (M1, M3, M5).
   (Z) b) Recherchieren Sie die Ursachen für Feinstaubbelastungen (Internet).
3. Fassen Sie die Probleme der Abwasserentsorgung am Beispiel Varanasis zusammen (M7).
4. Charakterisieren Sie das Abfallaufkommen Punes (M6).
5. Erläutern Sie das Konzept der Müllentsorgung in Pune (M9, M10).
   (Z) 6. Erörtern Sie die Frage, wie Städtewachstum und die veränderte Lebensweise der Bewohner zu den Problemen städtischer Infrastruktur beitragen.

Die schlechte Qualität der Luft ist schon jetzt ein Hauptproblem für die öffentliche Gesundheit [in Indien]: Um die 590 000 vorzeitige Todesfälle wurden 2015 der Luftverschmutzung im Freien zugeschrieben [...] Demografische Trends, steigende Einkommen, Urbanisierung und Industrialisierung treiben alle den Energieverbrauch in die Höhe und vergrößern die Luftverschmutzung. [...] Wie woanders auch, stammt Luftverschmutzung aus einer Reihe energiebezogener Quellen einschließlich Auspuffen von Kraftfahrzeugen, Wärmekraftwerken, Generatoren zur Versorgungsabsicherung, Ziegelbrennereien, industriellen Aktivitäten und dem Verbrennen von Biomasse zum Kochen und Heizen. In Indien spielt auch die nicht-energiebezogene Luftverschmutzung eine bedeutende Rolle, die von Straßenstaub, dem Verbrennen von Haushalts- und landwirtschaftlichen Abfällen und Bauaktivitäten stammt. Besonders durch den traditionellen Gebrauch von Biomasse ist der Haushaltssektor der Hauptverursacher von PM2,5-Emissionen und trägt etwa zwei Drittel zur indischen Gesamtbelastung bei. [...] NOx-Emissionen stammen hauptsächlich aus dem Verkehrssektor [hauptsächlich vom Schwerlastverkehr wie Lastkraftwagen und Bussen], der 40 Prozent der Gesamtbelastung ausmacht, gefolgt vom Energiesektor (etwa 30%) und Industrie und verarbeitendem Gewerbe (etwa 20%). [...] Die Kraftwerke sind die Quelle für mehr als die Hälfte der SO₂-Emissionen des Energiesektors. Kohle ist der Hauptbrennstoff des indischen Kraftwerkssystems, auf sie entfallen fast zwei Drittel der Elektrizitätsversorgung.

International Energy Agency: Energy and Air Pollution. World Energy Outlook special report. Paris: OECD/IEA 2016, S. 189 (Übers. G. S.)

M3 Quellentext zur Luftverschmutzung in Indien

Land	Stadt	PM10[1] (in µg/m³)	PM2,5[2] (in µg/m³)	Land	Stadt	PM10[1] (in µg/m³)	PM2,5[2] (in µg/m³)
BG	Dhaka	158	90	PK	Islamabad	217	66
IN	Allahabad	317	170	PK	Karachi	290	88
IN	Chennai	57	44	PK	Lahore	198	68
IN	Delhi	229	122	PK	Rawalpindi	448	107
IN	Kolkata	135	61	LK	Colombo	64	36
IN	Mumbai	117	63	DE	Berlin	24	16
MV	Malé	20	11	DE	Stuttgart	24	15
NP	Kathmandu	88	49	WHO	Schwellenwert	20	10

PM10: „particulate matter", maximaler Durchmesser 10 Mikrometer
PM2,5: lungengängiger Feinstaub, max. Durchmesser 2,5 Mikrometer
Quelle: WHO Global Urban Ambient Air Pollution Database 2017

M1 Feinstaubemmissionen in südasiatischen Metropolen

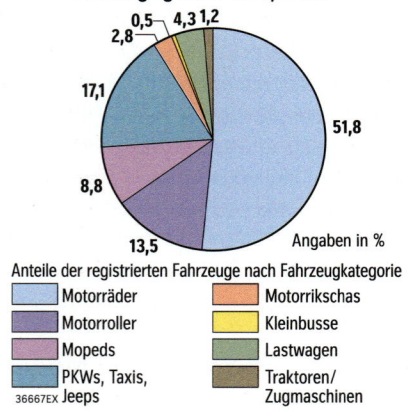

Fahrzeuge gesamt: ca. 2,3 Mio.

0,5 4,3 1,2
2,8
17,1
51,8
8,8
13,5
Angaben in %

Anteile der registrierten Fahrzeuge nach Fahrzeugkategorie
- Motorräder
- Motorroller
- Mopeds
- PKWs, Taxis, Jeeps
- Motorrikschas
- Kleinbusse
- Lastwagen
- Traktoren/ Zugmaschinen

36667EX

M5 Motorfahrzeuge in Pune 2012

M2 Verkehrsstau in Pune

M4 Stromkabel in Hauz Khas (Delhi)

Müllherkunft	Menge (in t)	Anteil (in %)	Müllart	Anteil (in %)
Haushaltsmüll	950	69,1	Papier	6
Straßenreinigung	140	10,2	Plastik	5
Hotels & Restaurants	150	10,9	Metal	3
Märkte, Gewerbegebiete	50	3,6	Glas	5
Krankenhäuser	0	0	organisch	33
Bauschutt	75	5,5	Leder/Gummi	1
Industriemüll (ungefährlich)	0	0	inerter* Abfall	25
organischer Marktabfall	7	0,5	Verschiedenes	22
bio-medizinischer Abfall	2	0,1		
Gesamt	1374	100		

* reaktionsträg, z.B. schadstofffreier Bodenaushub Quelle: Pune Municipal Corporation

M 6 Quellen und Arten städtischen Mülls in Pune, 2012

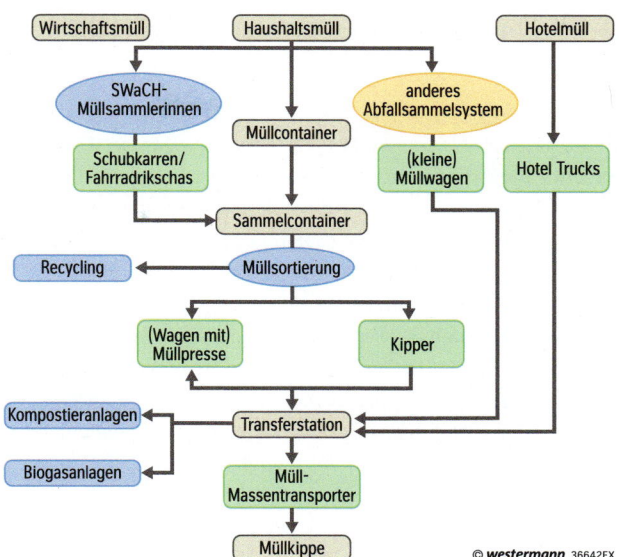

© **westermann** 36642EX

M 9 Abfallentsorgung in Pune

Noch viel unzureichender [als die Trinkwasserversorgung] *ist die Situation der Abwasserentsorgung in Varanasi. Sowohl der technische Zustand der Systeme als auch das Netzwerk im Stadtgebiet ist mangelhaft. Gegenwärtig werden nur etwa ein Drittel der Stadt durch das Abwassernetz entsorgt und in Kläranlagen behandelt. Das restliche Abwasser wird ohne jede Behandlung durch offene Gräben direkt in die Vorfluter geleitet. Das Abwassernetz konzentriert sich auf die dicht besiedelte Altstadt und ist in großen Teilen über 100 Jahre alt. Große Gebiete in den Randbezirken der Stadt verfügen über keinerlei Kanalisation [...].*

Durch das alte Abwassersystem hat die Stadt mit einer Vielzahl von Problemen zu kämpfen. So kommt es z. B. aufgrund von verstopften oder unterdimensionierten Abwasserleitungen zu Überflutungen der Straßen. Durch die Baufälligkeit der Kanalisation kommt es zu Leckagen und Infiltration von Abwasser in den Untergrund. Dadurch wird das Abwasser auch zu einer Kontaminationsquelle für das Grundwasser. Rund 15 % der Haushalte in Varanasi haben überhaupt keine Sanitäreinrichtungen und nicht einmal Zugang zu öffentlichen abgegrenzten Gebieten zum Verrichten der Notdurft. Bei diesen Gebieten handelt es sich einfach um abgegrenzte Areale ohne Sanitäreinrichtungen oder Abwasserinfrastruktur.

Quelle: Baier, K., Sebesvari, Z., Mohr, J.: Trinkwasser- und Sanitärversorgung in Varanasi und Hyderabad (Indien). Geographische Rundschau 11/2012, S. 43 – 47

M 7 Quellentext zur Abwasseraufbereitung in Varanassi

PMC [Pune Municipal Corporation] *hat in der Stadt bis zu einem gewissen Grade eine Trennung von trocknem und feuchtem Müll eingeführt. [...] Etwa 50 Prozent des Abfalls wird an der Quelle getrennt, je nach Stadtteil zwischen 20 und 65 Prozent. [...] Das Bewusstsein der Menschen von den Vorteilen der Mülltrennung ist jedoch niedrig. Das führt zu einer schlechten Durchführung der Trennung an der Quelle. In einigen Stadtteilen fehlt dem Sammelsystem auch die Infrastruktur, um getrennten Müll zu sammeln und zu lagern. [...] Die Hausmüll-(Sammel- und Verarbeitungs-) Kooperative (SWACH), eine Initiative der PMC, ist eine registrierte Gesellschaft der Abfallsammler mit insgesamt 5500 Mitgliedern. [...] Sie ist eine Gründung der Tür-zu-Tür-Müllsammler-Initiative der KKPKP [Gewerkschaft der Müllsammler und -sortierer]. Die Initiative brachte zwei Interessen zusammen, die der Müllsammler an einer Verbesserung ihrer Lebensbedingungen und die der Stadt an einer nachhaltigen Abfallwirtschaft. Ein Pilotprojekt der KKPKP [...] 2005 setzte 1500 Müllsammler in die Lage, Dienstleistungsanbieter zu werden. Dies verbesserte ihre Arbeitsbedingungen und ihr Auskommen beträchtlich. Sie überbrückten auf effiziente Weise die Kluft zwischen den Haushalten und der städtischen Müllsammlung. Derzeit bedienen 1900 SWaCH-Mitglieder 300000 Haushalte in 14 Stadtteilen Punes. Dieser Dienst schließt die Einsammlung getrennten Mülls an der Haustür ein, die Schaffung und den Unterhalt von Kompostgruben sowie Organisation, Betrieb und Unterhalt von Biogas-Anlagen.*

Quelle: Pune Municipal Corporation: Revising/Updating the City Development Plan (CDP) of Pune City – 2041. Vol. 1. 2012, S. 124 (Übers. G. S.)

M 10 Quellentext zur Abfallentsorgung in Pune

M 8 Offener Abwasserkanal in Mumbai

M 11 Müllsammlerinnen in Pune

4.9 Trinkwasser: Ware oder Gemeingut?

Wasser ist ein knappes Gut, das eine nachhaltige Nutzung erfordert. Die Versorgung der Bevölkerung mit Trinkwasser ist eine der großen Herausforderungen für die städtische Infrastruktur in Indien wie in anderen Ländern Südasiens. Wasser muss in ausreichender Menge gereinigt und zum Verbraucher gebracht werden, eine Aufgabe, die die Städte zum Teil vor gravierende Schwierigkeiten stellt. Haushalte sind daher oft gezwungen, ihren Trinkwasserbedarf aus verschiedenen Quellen zu decken und einen immensen Aufwand bei der Trinkwasserbeschaffung zu betreiben. In neuerer Zeit greifen die, die es sich leisten können, mehr und mehr zu teurem abgepacktem Wasser. Aber wieviel kann man für lebensnotwendiges Wasser zahlen? Oder sollte es allen als Gemeingut kostenlos zur Verfügung stehen?

1. Beschreiben Sie die Formen der städtischen Trinkwasserversorgung in Indien (M1 – M4, M6).
2. Erläutern Sie die Entwicklung der Wasserversorgung, auch unter Berücksichtigung der Zielvorgaben (M1, M4).
3. Erklären Sie die Probleme städtischer Wasserversorgung durch Verschmutzung und Verluste (M5).
4. Beurteilen Sie die in M9 aufscheinenden Verhaltensweisen.
5. Erörtern Sie die Nutzung von Flaschenwasser als „gesunde" Alternative (M4, M6 – M8).
6. Beurteilen Sie die Folgen der Geschäfte der „Tankermafia" (M9).
7. Nehmen Sie Stellung zur Frage: „Trinkwasser – kostenloses Gemeingut oder Handelsprodukt?".

Tragedy of the Commons – Tragödie der Gemeingüter

Unter diesem Schlagwort wird diskutiert, welche Auswirkungen die individuelle Nutzung von Gemeingütern (Almenden) hat, beispielsweise von Wasser, Weideflächen, Wildtieren, Seefischen oder auch von der Atmosphäre als Senke für Luftschadstoffe. Führt deren private Aneignung letztlich zu deren Zerstörung, da private Nutzenmaximierung keine Rücksicht auf eine nachhaltige Ressourcennutzung nimmt? Ein typischer Gedankengang wäre: „Wenn ich das Gemeingut verantwortungsbewusst nutze, hat das nur Nachteile für mich, da mir ‚Einnahmen' entgehen. Die Anderen werden die Ressource zu ihrem kurzfristigen Vorteil übernutzen und so wird diese sowieso Schaden nehmen."

Vermeiden lässt sich dieses Verhalten durch gemeinschaftliche oder staatliche Regeln, die aber auch durchgesetzt werden müssen. Die Vorstellung unterstellt ein eigennütziges Verhalten der Beteiligten und deren Orientierung an einem kurzfristigen Vorteil.

Indikator	Richtwert*	Mittel
Haushalte mit Trinkwasseranschlüssen (in %)	100	50,2
Pro-Kopf-Versorgung (in l/Kopf/Tag)	135	69,2
Anschlüsse mit Verbrauchsmessung (Wasserzähler, in %)	100	13,3
Wasserverluste/unbezahlter Verbrauch (Mengenanteil, in %)	20	32,9
Versorgungskontinuität (in Std.)	24	3,1
Qualität und Aufbereitung (in %)	100	81,7

Quelle: Indian Institute for Human Settlements 2014
*des Ministeriums für Stadtentwicklung

M1   Soll- und Ist-Werte der städtischen Trinkwasserversorgung in Indien

M2   Wasserversorgung in Neu-Delhi durch einen Tankwagen

Die indischen Städte schaffen es in der Regel nicht, [die öffentliche Wasserversorgung sicherzustellen]. Zudem verdecken Mittelwerte die gewaltigen Unterschiede innerhalb der Städte. Ein extremes Beispiel dafür ist Mumbai, wo schätzungsweise 46 Prozent der Stadt[bevölkerung] 95 Prozent des Wassers nutzen, da 54 Prozent der Stadt[bevölkerung] offiziell in Slums lebt und nur fünf Prozent des gelieferten Wassers verbrauchen.
Als Konsequenz der schlechten Service-Standards müssen die Haushalte auf eine ganze Palette von Bewältigungsstrategien zurückgreifen. Am Wichtigsten ist die Nutzung verschiedener Wasserquellen. Die Haushalte hängen entweder von kleinen privaten Akteuren wie Tanklastwagen ab oder von einer Selbstversorgung, typischerweise durch Rohrbrunnen oder Handpumpen. In Abwesenheit einer kontinuierlichen Versorgung investieren die Haushalte in Speicher – die Armen lagern Wasser in Kanistern und kleinen Behältern, während die Mittelklassehaushalte in Tanks unter der Erde oder auf dem Dach investieren [...]. Die mittleren und reichen Haushalte erwerben auch Pumpen für diese Tanks auf dem Dach. So wenden die Haushalte beträchtliche Mittel auf, um eine adäquate Wasserversorgung sicherzustellen.
Quelle: Wankhade, K., Balakrishnan, K. & Vishnu M.J.: Urban Water Supply and Sanitation. Bangalore: Indian Institute for Human Settlements 2014, 7 (Übers. G. S.)

M3   Quellentext zur städtischen Trinkwasserversorgung in Indien

	Hauptsächlich genutzte Trinkwasserquelle in Haushalten		
	Stadt		Land
	1993	2012	2012
Flaschenwasser	k.A.	5,2 %	1,6 %
Leitungswasser in Wohnung auf Grundstück öffentliche Anschlüsse	70,4 %	69,1 % 35,1 % 21,2 % 12,8 %	31,2 % 6,5 % 10,4 % 14,3 %
Rohrbrunnen/Handpumpe	18,5 %	19,9 %	52,4 %
Brunnen gesamt geschützter Brunnen ungeschützter Brunnen	8,6 % k.A. k.A.	3,3 % 2,2 % 1,1 %	11,7 % 2,7 % 9,0 %
Andere	2,5 %	2,5 %	2,6 %
Anteil der HH mit eigener Trinkwasserversorgung	k.A.	46,8 %	33,7 %
Anteil der HH, die Trinkwasser vor Verzehr behandeln	k.A.	54,4 %	32,3 %

Quelle: National Buildings Organisation 2013

M4   Trinkwasserquellen städtischer Haushalte in Indien

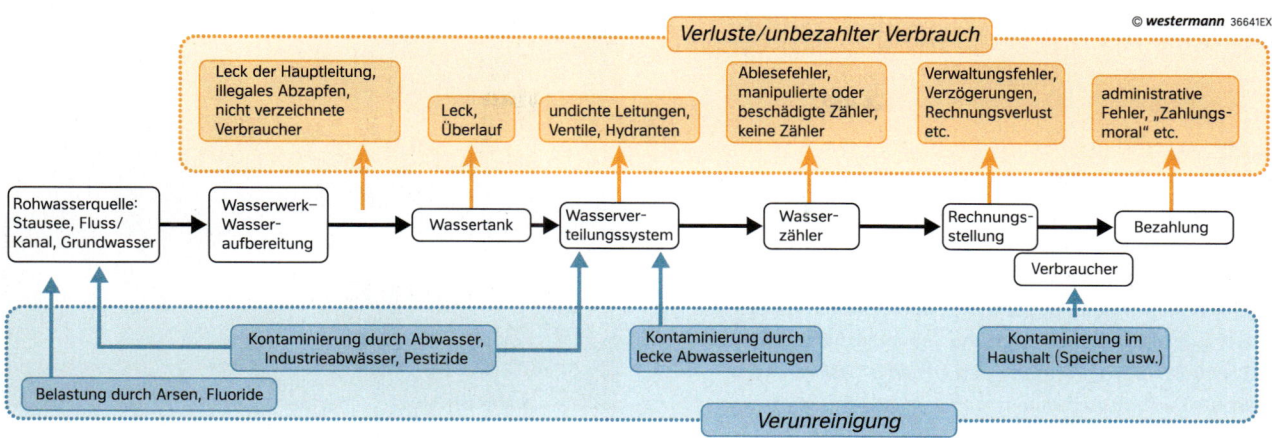

© **westermann** 36641EX

Verluste/unbezahlter Verbrauch

Leck der Hauptleitung, illegales Abzapfen, nicht verzeichnete Verbraucher

Leck, Überlauf

undichte Leitungen, Ventile, Hydranten

Ablesefehler, manipulierte oder beschädigte Zähler, keine Zähler

Verwaltungsfehler, Verzögerungen, Rechnungsverlust etc.

administrative Fehler, „Zahlungsmoral" etc.

Rohwasserquelle: Stausee, Fluss/ Kanal, Grundwasser → Wasserwerk–Wasseraufbereitung → Wassertank → Wasserverteilungssystem → Wasserzähler → Rechnungsstellung → Bezahlung

Verbraucher

Kontaminierung durch Abwasser, Industrieabwässer, Pestizide

Kontaminierung durch lecke Abwasserleitungen

Kontaminierung im Haushalt (Speicher usw.)

Belastung durch Arsen, Fluoride

Verunreinigung

M 5 Probleme der Trinkwasserversorgung: Verschmutzung und Verluste

Bis heute bezahlen die Menschen keine Abgaben für Leitungswasser, das in den Haushalten benutzt wird. Dem Normalbürger erscheint es absurd, für eine natürliche Ressource wie Wasser und Luft bezahlen zu sollen. Das Wasser wird von der Calcutta Municipal Corporation aufbereitet und kostenlos in der ganzen Stadt verteilt. In den kleineren Städten Westbengalens ist die Situation dieselbe. Die Kosten der Aufbereitung werden von der Staatsregierung getragen und aus Steuermitteln finanziert. Während der 34-jährigen Regierungszeit der kommunistischen Partei versuchte die Weltbank die Idee durchzudrücken, Wasser sei eine Ware und müsse bezahlt werden. Sie bot der Regierung im Gegenzug finanzielle Entwicklungshilfe. Dies wurde jedoch als gegen die Menschen gerichtet angeprangert. Auch die gegenwärtige Regierung erhebt keine Abgaben auf Wasser als lebensnotwendiger Dienstleistung.

Da durch Wasser übertragene Krankheiten wie Diarrhö und Cholera in allen südasiatischen Ländern verbreitet sind, sind viele beunruhigt über die Trinkwasserqualität. Die Reicheren kaufen Flaschenwasser zum Trinken, das sich zum Statussymbol entwickelt hat. Zahlreiche regionale, nationale und internationale Marken sind auf dem Markt. Aber selbst in Flaschenwasser auch bedeutender Produzenten wurden bei Tests Arsen oder Pestizide gefunden. Eine mittlere vier- bis sechsköpfige Mittelschichtsfamilie braucht zehn bis zwölf Liter Trinkwasser pro Tag. Der Kauf von Flaschenwasser ist ziemlich kostspielig. Bei wachsender Nachfrage drängten indische wie internationale Unternehmen auf den Markt und bieten Wasseraufbereitungssysteme für Trink- und Kochwasser an, die zwischen 5000 und 27000 Rs. kosten.

Quelle: Basabi Khan Banerjee, Originaltext 2017 (Übers. G. S.)

M 6 Quellentext zur Trinkwasserversorgung in Kolkata

Die Feldfrüchte sind verdorrt, und das Elend der Menschen steigt unter einer sengenden Dürre, von der man sagt, sie sei die schlimmste seit 140 Jahren. Tiefbrunnen in den vertrockneten Feldern haben aber ironischerweise einen blühenden Handel hervorgebracht, bei dem Wasser aus hastig gebohrten Rohrbrunnen zu denen transportiert wird, die es verzweifelt benötigen. [...] Mit dem Wassermangel aufgrund mehrerer aufeinanderfolgender schwacher Monsunjahre machen nun diejenigen, die Tiefbrunnen besitzen und Wassertanker durch das Innere des Bundesstaats rasen lassen, gemeinhin Tankermafia genannt, ein Riesengeschäft. Die Anlage eines Tiefbrunnens kostet circa 125000 Rs. Aber die Erträge dieser Investition haben sich schell amortisiert. Ein Tanker mit 6000 Litern erzielt mit einer Fuhre 2000 Rs. [...] „Not macht erfinderisch" erklärt ein lokaler Bauer [...], dessen Land brach gefallen war und der sich entschied, in einen Tiefbrunnen zu investieren [...] Er ist nicht allein. Einer groben Schätzung zufolge wurden auf einer Strecke von 25 km [...] bei [der Stadt] Erode 70 Tiefbrunnen gebohrt, die alle Wasser an Einrichtungen in nahen Städten verkaufen, von Bildungsinstituten bis zu Wohnappartements. [...] Während Wasser für den schnellen Profit abgepumpt wird, sinkt der Grundwasserspiegel alarmierend. In Tiruchirapalli beispielsweise konnte Wasser bislang in einer Tiefe von 80 Fuß gefunden werden. Aber seit fünf große „Tankermafias" in diesem Gebiet operieren, muss man bis zu 800 Fuß tief graben, um auf Wasser zu stoßen, erzählt [...] ein Einwohner. [...] Die lokalen Behörden sagen, es sei ihnen unmöglich, diesen Handel zu unterbinden.

Quelle: Lakshmana, KV: Water tanker mafia makes hay as drought misery mounts in Tamil Nadu. Hindustan Times, 24.05.2017 (Übers. G. S.)

M 9 Quellentext zur „Trinkwassermafia"

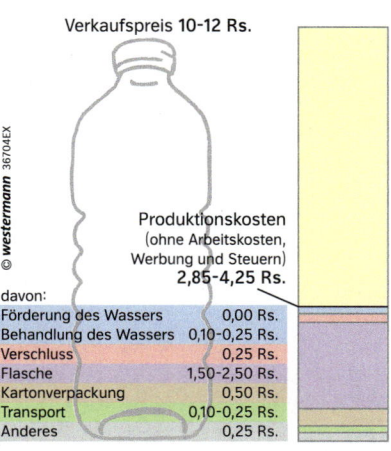

Verkaufspreis **10-12 Rs.**

Produktionskosten (ohne Arbeitskosten, Werbung und Steuern) **2,85-4,25 Rs.**

davon:

Förderung des Wassers	0,00 Rs.
Behandlung des Wassers	0,10-0,25 Rs.
Verschluss	0,25 Rs.
Flasche	1,50-2,50 Rs.
Kartonverpackung	0,50 Rs.
Transport	0,10-0,25 Rs.
Anderes	0,25 Rs.

M 7 Kosten der Flaschenwasserproduktion (1-Liter-Flasche) 2012

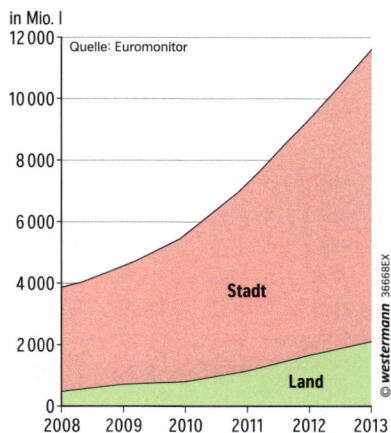

in Mio. l

Quelle: Euromonitor

Stadt

Land

M 8 Verbrauch von abgefülltem Wassser in Indien

M 10 Verkauf von Wasserflaschen bei einem kleinen Händler in Kolkata

4.10 Klausurtraining

Stadt und Umland

1. Beschreiben Sie die Lebenssituation der Frauen aus dem „Jhi Local – dem Zug der Dienstmädchen".
2. Analysieren Sie das Pendeln im Großraum Kolkata und die dabei verwendeten Verkehrsmittel.
3. Erläutern Sie die Bedeutung des peri-urbanen Raumes bei der Nahrungsmittelversorgung von indischen Städten.
4. Beurteilen Sie die Stellung peri-urbaner Gebiete in den Stadt-Land-Beziehungen.

M6 Pendlerzug in Kolkata

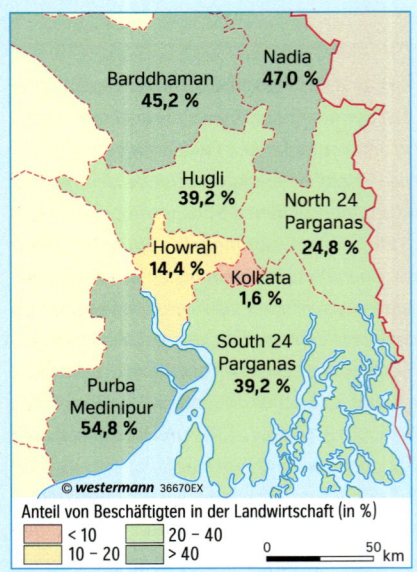

Anteil von Beschäftigten in der Landwirtschaft (in %)

- < 10
- 10 – 20
- 20 – 40
- > 40

0 — 50 km

M1 Großraum Kolkata mit umgebenden Distrikten

Der Nahverkehrszug 34513 Canning-Sealdah ist gemeinhin bekannt als „Jhi Local" – Zug der Dienstmädchen; früher wurden die Haushaltshilfen „Jhi" genannt. Die weiblichen Passagiere dieses Zugs pendeln täglich 45 Kilometer und mehr aus dem Distrikt im Süden der Stadt. Von der nächstgelegenen Station eilen sie dann – meist zu Fuß bis zu 5 km – zu ihren Arbeitsplätzen in den Wohnungen der oberen Mittelklasse oder den Häusern der Reichen in Kolkata-City. Einige sind Köche, andere Pflegerinnen oder putzen und waschen in mehr als einem Haushalt. Diese Haushaltshilfen sind von entscheidender Bedeutung dafür, dass die oberen Schichten in Kolkata ihrem Beruf nachgehen können. Und die „Jhi" wissen um ihre Bedeutung. Sie sind in den meisten Fällen die Brotverdiener der Familie. Oft ist der Ehemann krank, Alkoholiker, hat die Familie verlassen oder sie sind Witwen. Die Pendlerinnen haben einen langen Tag. Sie nehmen gewöhnlich den Zug um 3:50 Uhr am Morgen, weil zu diesem Zeitpunkt noch niemand die Fahrkarten kontrolliert. Vorher müssen sie noch ihren eigenen Haushalt versorgen und zum Bahnhof laufen. Zurück geht es dann am späten Nachmittag; wenn sie nach einigen Stunden zu Hause ankommen, wartet noch die eigene Hausarbeit auf sie. Und die Haushaltshilfen haben meist eine Siebentagewoche. Am Wochenende müssen die Sonderwünsche der von der Arbeitswoche ermüdeten Arbeitgeber erfüllt werden. Aber sie genießen auch das bessere Wohnumfeld und die bessere Verpflegung, die sie in den Mittelklassehäusern erhalten.
Quelle: Basabi Khan Banerjee: Originaltext (Übers. G.S.)

M4 Quellentext zu Hausangestellten als Pendlerinnen in Kolkata

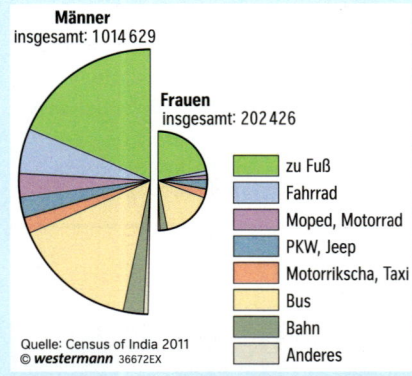

M2 Kolkata: Benutzte Verkehrsmittel auf dem Weg zur Arbeit 2011

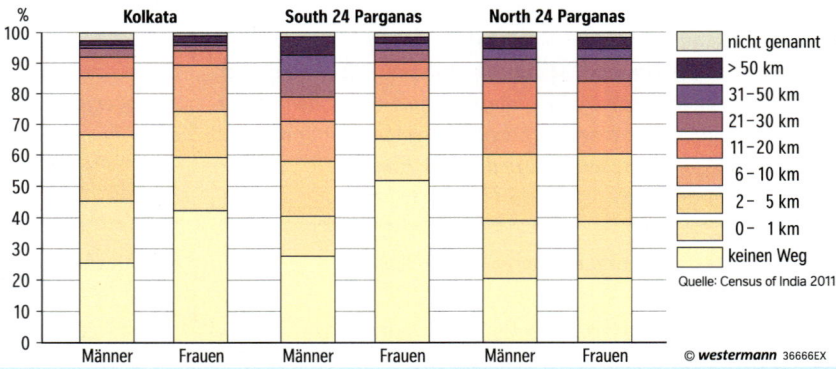

M5 Arbeitswege von Arbeitskräften* in Kolkata, South 24 Paganas und North 24 Paganas 2011 (*ohne Bauern, Landarbeiter und Arbeitskräfte in Hausindustrien)

	Kolkata		South 24 Parganas		North 24 Parganas		Howrah		Hugli	
	Männer	Frauen	Männer	Frauen	Männer	Frauen	Männer	Frauen	Männer	Frauen
mit dem Zug	6214	1257	100403	11988	116907	14100	50474	2412	92235	7011
mit PKW	2244	458	1696	133	3640	309	1147	82	1572	112
mit dem Bus	9658	2054	30847	1967	18357	2238	41850	1658	25114	1006
mit anderen Mitteln	4501	666	18451	863	10143	649	6723	344	5203	212
>30 km gesamt	22617	4435	151397	14951	149047	17296	100194	4496	124124	8341
%-Anteil der Arbeitskräfte mit Wegen >30 km	1,68	1,26	11,96	5,05	7,14	3,92	9,39	2,34	12,52	4,04

Quelle: Census of India 2011, West Bengal

M3 Verkehrsmittel bei Pendlerstrecken >30 km* im südlichen Westbengalen, 2011 (*ohne Bauern, Landarbeiter, Arbeitskräfte in Hausindustrien)

In Distrikten mit einer Konzentration von Arbeitsplätzen im sekundären Sektor beobachtet man ein Pendeln zwischen Land und Stadt in beide Richtungen. [...] Dies geht darauf zurück, dass Arbeitsplätze im verarbeitenden Gewerbe sowohl in städtischen wie ländlichen Gebieten existieren. Da sich der Dienstleistungssektor mehr in den Städten konzentriert, beobachtet man Land-Stadt-Pendeln in solchen Regionen eher als Stadt-Land-Pendeln. Große Investitionen in die Verkehrsinfrastruktur haben zu einem Bevölkerungswachstum in der Nähe der Städte geführt. In peripheren städtischen Gebieten findet man Pendeln am ehesten. Wie im Fall von Migration sind schließlich ländlich-städtische Differenzierungen im Lohnniveau und in Arbeitslosenraten bedeutende Push- und Pull-Faktoren, die die Pendelentscheidungen bestimmen.
Quelle: Sharma, A. & Chandrasekhar, S.: Growth of the urban shadow, spatial distribution of economic activities , and commuting by workers in rural and urban India. World Development 61 (2014), S. 154-166 (Übers. G. S.)

M 9 Milchtransport in Delhi

Große Städte verlieren die Armen, weil die es sich nicht mehr leisten können, dort zu leben. [...] Obwohl die Menschen mit geringem oder sogar mittlerem Einkommen aus Mumbai vertrieben werden, wollen sie [aber] weiterhin dort arbeiten. [...]
Pendler kommen aus zahlreichen Außenbezirken in die Stadt, einschließlich aus Pune, 163 km südöstlich von Mumbai, wo es ein hohes Bevölkerungswachstum gegeben hat. Pune ist jetzt über eine sechsspurige Autobahn mit Mumbai verbunden, die die Reisezeit für die Autobesitzer oder die Ausgaben für Intercity-Busse stark verringert hat. [...] Währenddessen benötigt der öffentliche Pendlertransport, der immer größere Passagierzahlen bewältigen muss, dringend eine Verbesserung. [...] Mumbais Pendlerzüge sind berüchtigt für ihre Überfüllung, den langsamen Service und die sexuelle Belästigung weiblicher Passagiere. [...] Ein expandierender Dienstleistungs- und Technologiesektor führt viele Frauen zur Arbeit in die Stadt [...] [Sie] unternehmen täglich eine Reise von zwei Stunden und mehr aus den inneren oder äußeren Vorstädten Mumbais. Sie sind eine andere Art städtischer Migranten, die – gut ausgebildet – ein Mittelklasseleben führen und häufig Kariere und Familie in Einklang bringen müssen. „Frauen, die auf der Rückfahrt im Zug Gemüse schälen, sind ein häufiger Anblick."
Quelle: UNFPA: The state of world population 2011. S. 79–80 (Übers. G. S.)

M 7 Quellentexte zu Berufspendlern in Indien

Ein großer Teil der frischen, verderblichen Produkte werden in peri-urbanen Gebieten, die sich an die städtischen Zentren anschließen, erzeugt. Die Früchte werden zum großen Teil von Kleinbauern produziert und durch informelle Kanäle vermarktet. Viehhaltung, vor allem von Milchviehherden, versorgt einen steigenden städtischen Bedarf an Milchprodukten. [...] Trotz der Möglichkeiten durch wachsende städtische Märkte gibt es bezeichnende Herausforderungen für Landwirtschaft in diesen Gebieten. [...] Die peri-urbanen Zonen leiden unter einer wachsenden Ressourcenausbeutung zur Versorgung des städtischen Kerns und müssen auch den städtischen Abfall aufnehmen. [...] Gesundheitsrisiken von verschmutzten peri-urbanen Ökosystemen erstrecken sich auch auf diejenigen, die die Produkte der peri-urbanen Kleinbauern konsumieren, einschließlich derjenigen, die sie auf den städtischen Märkten einkaufen. Zum Beispiel wurden Schwermetalle, die weitgehend aus peri-urbanen Industrien stammen, in [Agrar-]Produkten dieser Gebiete gefunden, die auf Kontamination durch die Luft und die Aufnahme über den von industriellen Abwässern verseuchten Boden zurückzuführen sind.
Quelle: Marshall, F. & Randhawa, P.: India's peri-urban frontier: rural-urban transformations and food security. London: IIED 2017, S. 23 (Übers. G. S.)

M 10 Quellentext zur Bedeutung peri-urbaner Gebiete für die Versorgung von Metropolen

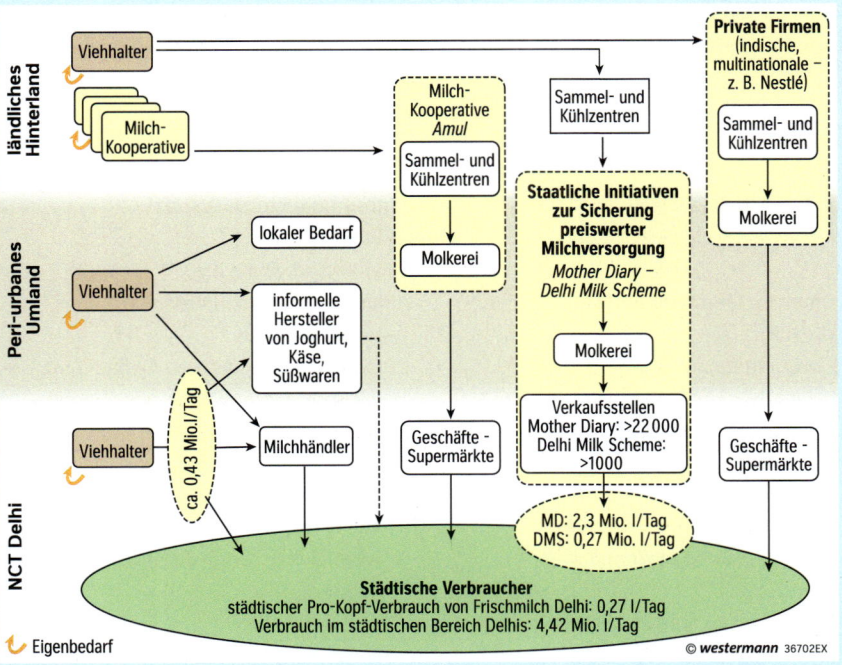

M 8 Milchwirtschaft in Delhi

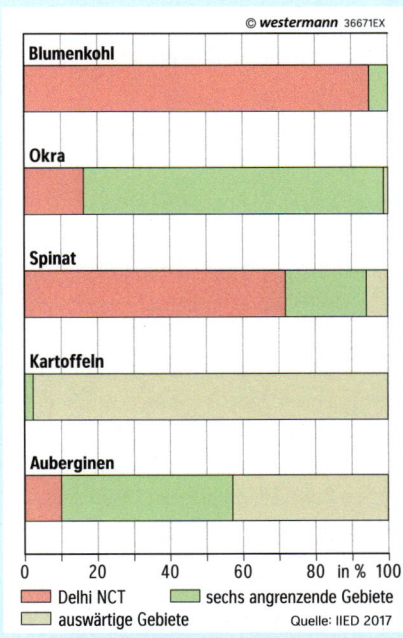

M 11 Herkunft des Gemüses auf einem Markt in Delhi (in %, Stichprobe)

Zusammenfassung

Verstädterung und Migration

Auch wenn in Südasien der Verstädterungsgrad im globalen Vergleich vergleichsweise gering ist, wachsen die Einwohnerzahlen der meisten Städte rapide. Ein wichtiger Teil dieses Wachstums geht auf die Wanderung der ländlichen Bevölkerung in die Städte zurück. „Abgestoßen" von schlechten Arbeits- und Lebensbedingungen auf dem Land (Pushfaktoren) und „angezogen" durch die Verheißungen der Stadt (Pullfaktoren) versuchen viele Menschen ihr Glück in der Stadt, vor allen in den Metropolen. Dennoch macht die Land-Stadt-Migration nicht den zahlenmäßig größten Teil der Binnenwanderung aus (55 % der Migration entfällt allein auf die Land-Land-Wanderung).

Der dauerhafte Zuzug ländlicher Bevölkerung aber auch saisonaler Arbeitsmigranten, die beide zunächst überwiegend in einfachen, informellen Jobs Beschäftigung finden, beeinflusst zunehmend auch den „Charakter" der Städte. Die Zuwanderung führt zudem dazu, dass die Städte über die Stadtgrenzen hinauswachsen. Megastädte wie Delhi versuchen mit der Gründung von Satellitenstädten in der nahen und weiten Peripherie den Zustrom von Menschen zu kanalisieren. Bedingung hierfür ist unter anderem ein starker Ausbau der Verkehrsinfrastruktur, um die immer schwerer zu bewältigende innerstädtische Mobilität zu gewährleisten.

Neben Binnenmigranten siedeln sich aber auch immer mehr internationale Unternehmen in und um die Städte an. Zahlreiche südasiatische Metropolen fungieren dabei als „Einfallstore der Globalisierung", wenn auch bislang nicht als „Global Cities".

Slums und Gated Communities

Ein beträchtlicher Teil der Zuwanderer findet Unterschlupf in Slums, in denen jedoch auch viele alteingesessene Bewohner leben. Diese unterschiedlich großen Areale einfacher, schlecht ausgestatteter Unterkünfte beherbergen einen beträchtlichen Teil der städtischen Armen. Die Slums bestehen aus Bauten, die aus beständigen oder vergänglichen Materialien errichtet wurden. Sie befinden sich auf jeglicher Art von unbebauten Grundstücken in der Stadt und in ihrer Peripherie, oft entlang von Eisenbahntrassen und Wasserläufen. Viele Arme leben aber auch in heruntergekommenen innerstädtischen Wohnhäusern oder in notdürftigen Gehwegunterkünften.

Neben Wohnraum bieten die Slums aber auch Raum für wirtschaftliche Aktivitäten ihrer Bewohner. Viele Slums wie das berühmte Viertel Dharavi in Mumbai sind daher voll in die städtische Wirtschaft integriert. „Sanierungsmaßnahmen", die den Abriss, die Aufwertung des Slums oder aber die vollständige Neunutzung zum Ziel haben, nehmen häufig auf diese Verflechtungen keine Rücksicht.

Slums befinden sich häufig in enger Nachbarschaft zu noblerer Wohnanlagen. In den letzten Jahrzehnten sind mehr und mehr „Gated Communities" für Besserverdienende entstanden, die ihren Zugang aus Sicherheitsgründen beschränken und sich so vom Rest der Stadt abgrenzen. Man findet aber auch Prozesse von Gentrifizierung in älteren Vierteln mancher Städte. Modelle wie das der fragmentierten Entwicklung versuchen, dieses vielkernige Nebeneinander vor dem Hintergrund eines Globalisierungsansatzes wiederzugeben.

Herausforderungen städtischer Infrastrukturentwicklung

Die Agglomerationsnachteile von Großstädten zeigen sich nicht zuletzt in verschmutzter Luft und verstopften Straßen nahe am Verkehrskollaps. Verkehrsinfrastruktur, aber auch Müll- und Abwasserentsorgung oder Stromversorgung zu verbessern, ist nicht nur in boomenden Millionenstädten eine Herausforderung für die städtischen Verwaltungen und Versorgungsbetriebe. Besonders bei der Müllentsorgung spielt auch ein gesellschaftlicher Aspekt eine Rolle, da die Müllsammlerinnen und Straßenkehrer traditionell aus der untersten gesellschaftlichen Schicht stammen. Um die Defizite bei der Versorgung mit Trinkwasser auszugleichen, greifen die Einwohner häufig auf verschiedene Wasserquellen zurück. Hier stellt sich auch die Frage nach der privaten gewinnorientierten Aneignung von Gemeingütern, zu denen die Ressource Wasser zählt.

Stadt und Umland

Neben der Land-Stadt-Migration als wichtige Quelle städtischen Wachstums und saisonaler Arbeitsmigration ländlicher Bevölkerung in die Städte, führen tägliche Pendlerbewegungen den Städten aus dem ländlichen Umland Arbeitskräfte zu. Sie sind meist in niederen Jobs im informellen Sektor tätig. Bei ihrer Versorgung mit Nahrungsmitteln sind die Städte auf ihr jeweiliges Um- und Hinterland angewiesen. Die peri-urbanen Regionen erfüllen hier eine wichtige Funktion, beispielsweise bei Produkten wie Milch oder Gemüse. Gleichzeitig ergeben sich in diesen Regionen aber auch Probleme, etwa durch die emittierenden Industrien oder Mülldeponien.

Weiterführende Literatur und Internetlinks

Diercke Regionalatlas Südasien
- Karachi – sozialräumliche und funktionale Gliederung, Stadtentwicklung (S. 9)
- Mumbai – Satellitenaufnahme, Überflutung bei Monsun, Innenstadt (S. 12/13)
- Madras (Chennai) – Stadtstruktur (S. 15)
- Bangalore – Satellitenbilder, Stadtentwicklungsplanung (S. 16/17)

Jürgen Bähr, Ulrich Jürgens: Stadtgeographie II
Braunschweig: Westermann 2009

Statistiken zur Bevölkerung
UN Population Division
- www.un.org/esa/population

Stiftung Weltbevölkerung
- www.weltbevoelkerung.de

Daten zu Migration und Flüchtlingen
UNHCR
- http://data.unhcr.org
UN International Migration
- https://esa.un.org/unmigration

Statistiken zur Verstädterung
World Urbanization Prospects
- https://esa.un.org/unpd/wup

Statistiken zu Städten/Slums
UN HABITAT
- http://urbandata.unhabitat.org

Informationen zu Dharavi
SPARC
- www.sparcindia.org
Slum Rehabilitation Authority
- www.sra.gov.in
Planung eines indischen Architekturbüros
- www.hafeezcontractor.com/masterplanning/?ID=142
Weitere Informationen:
- www.wilsoncenter.org/article/building-slum-free-mumbai
- www.glokalchange.de/cms/p/FL_Mumbai_11

SWaCH-Kooperative der Müllsammler, Pune
- http://swachcoop.com

Verbindliche Operatoren

Anforderungsbereich I	Anforderungsbereich II	Anforderungsbereich III
beschreiben strukturiert und fachsprachlich angemessen Materialien vorstellen und/oder Sachverhalte darlegen	**analysieren** Materialien, Sachverhalte oder Räume beschreiben, kriterienorientiert oder aspektgeleitet erschließen und strukturiert darstellen	**begründen** komplexe Grundgedanken durch Argumente stützen und nachvollziehbare Zusammenhänge herstellen
darstellen Sachverhalte detailliert und fachsprachlich angemessen aufzeigen	**charakterisieren** Sachverhalte in ihren Eigenarten beschreiben, typische Merkmale kennzeichnen und diese dann gegebenenfalls unter einem oder mehreren bestimmten Gesichtspunkten zusammenführen	**beurteilen** den Stellenwert von Sachverhalten oder Prozessen in einem Zusammenhang bestimmen, um kriterienorientiert zu einem begründeten Sachurteil zu gelangen
gliedern einen Raum, eine Zeit oder einen Sachverhalt nach selbst gewählten oder vorgegebenen Kriterien systematisierend ordnen	**einordnen** begründet eine Position/Material zuordnen oder einen Sachverhalt begründet in einen Zusammenhang stellen	**entwickeln** zu einem Sachverhalt oder zu einer Problemstellung eine Einschätzung, ein Lösungsmodell, eine Gegenposition oder ein begründetes Lösungskonzept darlegen
wiedergeben Kenntnisse (Sachverhalte, Fachbegriffe, Daten, Fakten, Modelle) und/oder (Teil-)Aussagen mit eigenen Worten sprachlich distanziert, unkommentiert und strukturiert darstellen	**erklären** Sachverhalte so darstellen – gegebenenfalls mit Theorien und Modellen –, dass Bedingungen, Ursachen, Gesetzmäßigkeiten und/oder Funktionszusammenhänge verständlich werden	**erörtern** zu einer vorgegebenen Problemstellung eine reflektierte, abwägende Auseinandersetzung führen und zu einem begründeten Sach- und/oder Werturteil kommen
zusammenfassen Sachverhalte auf wesentliche Aspekte reduzieren und sprachlich distanziert, unkommentiert und strukturiert wiedergeben	**erläutern** Sachverhalte erklären und in ihren komplexen Beziehungen an Beispielen und/oder Theorien verdeutlichen (auf Grundlage von Kenntnissen bzw. Materialanalyse)	**Stellung nehmen** Beurteilung mit zusätzlicher Reflexion individueller, sachbezogener und/oder politischer Wertmaßstäbe, die Pluralität gewährleistet und zu einem begründeten eigenen Werturteil führt
	vergleichen Gemeinsamkeiten, Ähnlichkeiten und Unterschiede von Sachverhalten kriterienorientiert darlegen	**überprüfen** Inhalte, Sachverhalte, Vermutungen oder Hypothesen auf der Grundlage eigener Kenntnisse oder mithilfe zusätzlicher Materialien auf ihre sachliche Richtigkeit bzw. auf ihre innere Logik hin untersuchen

M1 Indien: Bundesstaaten

Glossar

Abfluss
Wasservolumen, das ein vorgegebenes Einzugsgebiet unter der Wirkung der Schwerkraft innerhalb einer bestimmten Zeit verlässt.

Abwrackwerft
Betrieb, in dem alte, nicht mehr benötigte Schiffe zerlegt werden, um vor allem Stahl wiederzuverwerten.

Adivasi
„Erste Menschen", Selbstbezeichnung der indigenen Bevölkerung in Indien, früher: „Stammesbevölkerung".

Agglomeration
Ballungsraum, städtischer Verdichtungsraum.

Alphabetisierung (S. 24)

Altersstruktur
Altersaufbau einer Bevölkerung, oft nach Geschlechtern und Jahrgangsgruppen getrennt (Bevölkerungspyramide).

Atoll
ringförmiges Korallenriff, das eine kreisförmige Lagune umschließt.

Ausländische Direktinvestitionen (ADI)
(S. 62)

Bewässerungsfeldbau
Form der landwirtschaftlichen Nutzung, bei der die Niederschläge in der Wachstumszeit nicht ausreichen. Dies kann in Gebieten mit geringen Niederschlägen der Fall sein oder bei Pflanzenkulturen, die besonders viel Wasser benötigen, wie z.B. Reis. Bei unsachgemäßer Bewässerung in Trockengebieten besteht die Gefahr der Bodenversalzung.

Binnenmigration (S. 74)

BIP (Bruttoinlandsprodukt)
Gesamtwert aller Güter, d. h. Waren und Dienstleistungen, die innerhalb eines Jahres innerhalb der Landesgrenzen einer Volkswirtschaft hergestellt wurden, nach Abzug aller Vorleistungen. BIP ist ein Maß für die wirtschaftliche Leistung einer Volkswirtschaft in einem bestimmten Zeitraum.

Brain Drain
Abwanderung von Wissenschaftlern u.a. hoch qualifizierten Arbeitskräften ins Ausland.

Bruttoeinschulungsrate (S. 25)

Cash Crops
für den Export angebaute Agrarprodukte.

Coriolis-Kraft
aus der Erdrotation resultierende Scheinkraft, die unter anderem Winde und Meeresströmungen auf der Nordhalbkugel nach rechts und auf der Südhalbkugel nach links ablenkt. Ihre Stärke nimmt dabei vom Äquator zu den Polen hin zu.

Dalit
Selbstbezeichnung der früher als „Unberührbare", von Gandhi als „Harijan", bezeichneten, unterhalb der Varna-Hierarchie (S. 22) stehenden, diskriminierten Teils der indischen Bevölkerung.

Dauerkultur
mehrjährige Baum- und Strauchkulturen. Pflanzenbestand außerhalb der Fruchtfolge, der über mehrere Jahre hinweg genutzt wird und der wiederkehrende Erträge erbringt. Im Gegensatz zu einjährigen Kulturpflanzen sind Dauerkulturen, die meist ein paar Jahre bis zur Ertragsfähigkeit brauchen, zunächst arbeits- und kapitalintensiver, haben besondere Standortansprüche und ihre Erzeugnisse erfordern eine Weiterverarbeitung. Sie erbringen über viele Jahre Erträge, ihre Erzeugnisse sind meist hochwertiger und werden oft nicht zur Subsistenz, sondern als Marktfrucht angebaut.

Delta
dreiecksförmige Aufschüttung von Lockersedimenten (Verwitterungsprodukte) vor einer Flussmündung ins Meer.

Demarkationslinie
(vorläufige) Grenzlinie zwischen Staaten.

demografischer Übergang (S. 20)

Desertifizierung/Desertifikation
Ausbreitung von Wüste oder wüstenähnlichen Bedingungen in semiariden und ariden Gebieten durch menschliches Wirken.

Devisen
ausländische Zahlungsmittel.

Diversifikation
Maßnahmen zum Abbau einseitiger Wirtschaftsstrukturen.

Drainage
Entwässerung eines Bodenareals mithilfe eines Grabennetzes oder eines unterirdisch verlegten Rohrsystems zur beschleunigten Ableitung von Sickerwasser (Vorbeugung von Bodenversalzung).

East India Company
britische Handelsgesellschaft für den Handel mit Ost- und Südostasien sowie Indien, 1600 – 1858, Träger britischer kolonialer Expansion in Indien. Erst 1858 wurde die indische Kolonie an die britische Krone übergeben.

El Niño
natürliches Klimaphänomen im tropischen Pazifik. Alle drei bis sieben Jahre um die Weihnachtszeit (El Niño - span. Kind, Christkind) kommt es zu Veränderungen der zyklischen Meeresströmungen und atmosphärischen Strömungen, was in Südostasien zu ausbleibenden Niederschlägen (Dürren), an Südamerikas Küsten zur Erwärmung des Meerwassers (Ausbleiben von Fischschwärmen) und in Südasien zu verstärkten Monsunniederschlägen führt.

Erbteilung (S. 30)

Exportproduktionszone
siehe Sonderwirtschaftszone.

Feinstaubbelastung
Feinstaub besteht aus einem komplexen Gemisch fester und flüssiger Partikel und wird abhängig von deren Größe in unterschiedliche Fraktionen eingeteilt. Unterschieden werden PM10 (PM, particulate matter) mit einem maximalen Durchmesser von zehn Mikrometern, PM2,5 und ultrafeine Partikel mit einem Durchmesser von weniger als 0,1 µm. Gerade in Städten kann es zur Feinstaubbelastung durch viel Verkehr kommen.

Fertilitätsrate/Zusammengefasste Fruchtbarkeitsziffer (S. 20)

Fürstenstaat
nominell unabhängige, von einheimischen Fürsten regierten Staaten unter britischer Oberhoheit in Indien.

Gated Community
geschlossener Wohnkomplex mit verschiedenen Arten von Zugangsbeschränkungen.

Gentrifizierung
Aufwertung von Wohnquartieren: Modernisierung und Veränderung der sozialen Zusammensetzung der Bewohnerschaft.

Global City (S. 76)

Globalisierung
Bezeichnung für die globale Durchdringung der Märkte. Sie wird vor allem durch die zunehmende Bedeutung der internationalen Finanzmärkte, des Welthandels sowie die internationale Ausrichtung von Unternehmen bewirkt und durch neue Kommunikationstechniken begünstigt.

Gondwana
großer Südkontinent, der seit dem Präkambrium bestand, und Teile der heutigen Südkontinente zu einer einheitliche Landmasse zusammenschloss.

Hinduismus
Weltregion indischen Ursprungs, die unterschiedliche religiöse Traditionen vereint, mit vielgestaltiger Götterwelt und Riten.

Hijra (S. 17)

Human Development Index (HDI) (S. 25)
Index der menschlichen Entwicklung, Wohlstandsindikator für Staaten des Entwicklungsprogramms der Vereinten Nationen (UNDP).

Importsubstitution
Ersetzen von Importen durch Inlandsprodukte.

Indian National Congress
indische Partei, gegründet 1885, führend im indischen Unabhängigkeitskampf und lange Zeit politisch dominierende Kraft in Indien.

Informelle Siedlung (S. 78)

Innertropische Konvergenzzone (ITC) (S. 10)

Just-in-time-Produktion
Organisationsprinzip der Produktion und der Materialwirtschaft, bei dem Zuliefer- und Produktionstermine genau aufeinander abgestimmt werden.

Kharif (S. 28)

Konvektion
vertikale Bewegung von Luftmassen, verursacht durch Erwärmung.

Liberalisierung (S. 34)

Lizenzsystem
Mechanismus zur staatlichen Kontrolle der Wirtschaft, der Wirtschaftsaktivitäten von einer Vielzahl von Genehmigungen abhängig macht.

Magnitude
Maß für die Stärke von Erdbeben, aufgezeichnet durch Messung von Erdbebenwellen durch einen Seismographen.

Megastadt/Megacity
städtischer Ballungsraum mit mehr als zehn Mio. Einwohnern.

Metropolisierung (S. 76)

Mogulreich
Staat auf indischem Subkontinent unter muslimischer Mogul-Dynastie, 1526–1858.

Muhajir (S. 17)

Nachhaltigkeit
ursprünglich aus der Forstwirtschaft stammender Begriff, der dort bedeutet, dass nicht mehr Bäume gefällt werden als nachwachsen. Heute wird darunter verstanden, dass überall so gewirtschaftet und gehandelt werden soll, dass die nachfolgenden Generationen die gleichen Möglichkeiten haben wie die heutige Generation und ein intaktes ökologisches, soziales und wirtschaftliches Gefüge bleibt.

Nahrungssicherheit
Zustand, bei dem alle Menschen einer Bevölkerung jederzeit Zugang zu der für ein aktives und gesundes Leben notwendigen Nahrung haben.

Offshoring
Verlagerung betrieblicher Aktivitäten ins Ausland.

Other Backward Classes (OBC) (S. 23)

Outsourcing
Auslagerung von bisher in einem Unternehmen selbst erbrachten Leistungen an externe Auftragnehmer oder Dienstleister (Subunternehmer).

Passat
auf der Nordhalbkugel (Nordostpassat) und auf der Südhalbkugel (Südostpassat) anzutreffenden Winde, die durch die Erdrotation abgelenkt werden und daher aus nordöstlicher bzw. südöstlicher Himmelsrichtung kommen.

Passat-Zirkulation
geschlossene tropische Luftzirkulation. Am Äquator steigen warme Luftmassen auf, kühlen ab und strömen in großer Höhe polwärts. Im Bereich der Wendekreise sinken sie zu Boden und strömen als Passate zum Äquator zurück.

Pendler
Von Pendlern spricht man, wenn die Wohnung einer Person in einer anderen Gemeinde liegt als der Arbeitsplatz (Berufs-/Arbeitspendler) oder Ausbildungsort. Neben Tagespendlern gibt es bei größeren Entfernungen auch Wochenendpendler, die über eine zweite Unterkunft am Arbeitsort verfügen und über das Wochenende zu ihrem Hauptwohnsitz und ihren Familien fahren.

Quantil
Ein Quantil umfasst jeweils einen bestimmten Prozentsatz der zum Beispiel nach Höhe der Einkommen oder Verbraucherausgaben gruppierten Haushalte.

Regenfeldbau
auch Trockenfeldbau, im Gegensatz zum Bewässerungsfeldbau die Form des Ackerbaus, bei der der zur Verfügung stehende Niederschlag alleiniger Feuchtigkeitsspender für das Wachstum der angebauten Feldfrüchte ist.

Rente
Einkommen, denen im Gegensatz zu unternehmerischen Gewinnen und Löhnen keine Investitions- oder Arbeitsleistungen gegenüberstehen.

Resort-Inseln (S. 61)

Scheduled Castes (SC) (S. 23)

Scheduled Tribes (ST) (S. 23)

Schuldknechtschaft
Verpfändung der Arbeitskraft durch zahlungsunfähige Schuldner, führt zu sklavereiähnlichen Abhängigkeitsverhältnissen.

Sikhismus
monotheistische Religion, im 15. Jh. n. Chr. im Punjab entstanden.

Slum (S. 78)

Sonderwirtschaftszone
räumlich abgegrenztes Areal, für das zoll-, steuer- umwelt- und arbeitsrechtliche Sonderbestimmungen gelten, zur Steigerung von in- und ausländischen Direktinvestitionen.

Squatter-Siedlung (S. 78)

Subsistenz
Wirtschaften mit dem Ziel der Selbst- bzw. Eigenversorgung.

Teilpacht (S. 30)

Verstädterungsgrad
Anteil der Stadtbevölkerung an der Gesamtbevölkerung.

Versalzung
Salzanreicherung im Boden durch hohe Verdunstung und aufsteigendes Bodenwasser.

Vertragslandwirtschaft (S. 35)

Vulnerabilität
Verwundbarkeit von Mensch, Gesellschaft, Infrastruktur und Sachwerten eines Lebens- und Wirtschaftsraumes gegenüber Naturereignissen. Der Grad der Verwundbarkeit wird bestimmt von gesellschaftlichen, sozialen, wirtschaftlichen, technischen und natürlichen Faktoren.

Zensus
Volkszählung, gesetzlich angeordnete Erhebung statistischer Bevölkerungsdaten.

Zyklon
tropischer Wirbelsturm im Indischen Ozean (Golf von Bengalen und Arabisches Meer) und im südlichen Pazifischen Ozean (nicht zu verwechseln mit Zyklone).

Quellenverzeichnis

(Texte ohne Quellenangabe unter Text)

S. 10 Krebs, N.: Vorderindien und Ceylon. Eine Landeskunde. Darmstadt: WBG 1965, S. 28f

S. 23. M5 Srinivas, M. N.: Social Change in Modern India. Berkley Los Angles 1966/ Bombay u.a. 1972, S. 12 – 14

S. 23. M5 Sathish, G.T.: Dalits finally gain entry to Basaveshwara temple The Hindu 25.4.2016

S. 23. M5 Béteille, A.: India's destiny not caste in stone. „Debate", The Hindu, 21.02.2012

S. 33. M7 Conway, G.: From the Green Revolution to the Biotechnology Revolution: Food for Poor People in the 21st Century". – Rede des Präsidenten der Rockefeller Foundation am Wilson Center, 12.3.2003

S. 33. M7 Shiva, V: Who really feeds the world? New Delhi: Women Unlimited 2017, S. 8 – 9

S. 33. M7 For an ‚Evergreen Revolution'. Interview with Dr. M.S. Swaminathan. Frontline 16 - Issue 27, Dec. 2000

S. 46 M4 ur Rashid, H.: Teesta water issue: A few hard facts. Daily Star (Bangladesch), 11.1.2012

S. 81 M8 Weber, S.: Mumbai: Als Erste-Welt-Tourist im Slum. Zeit Online, 23.04.2015

S. 81 M8 Weinstein, L., 2014, zitiert nach World Cities Report 2016: Urbanization and Development: Emerging Futures. Nairobi: UN Habitat 2016, S. 13, 14

S. 81 M8 Dsilva, E.: Why Dharavi should not be redeveloped. http://travel.cnn.com

Bildnachweis

alamy images, Abingdon/Oxfordshire: 3 (2. von links), 27 (Dinodia Photos), 3 (1. von links), 5 (Blaine Harrington III), 7 (links oben) (Realy Easy Star/Tullio Valente), 22 M3 (Richard Smith), 38 M3 (Ariadne Van Zandbergen), 41 M6(Travel India), 43 M11 (Charles Bowman), 72 M2 (JTB MEDIA CREATION, Inc.), 76 M2 (imageBROKER), 84 M2 (palash khan), 87 M8(rich bowen);

Banerjee, Basabi, Braunschweig: 86 M4;

Böthling, Jörg, Hamburg: 33 M8;

dreamstime.com, Brentwood: 54 M5(Ethnica), 72 M1 (Digitalfestival); 72 M3

eoVision, Salzburg: 81 M5 (GeoEye, 2012, distributed by e-GEOS);

First Climate Markets AG, Bad Vilbel: 42 M2, M7, 43 M12;

Getty Images, München: 6 (unten) (Mohamed Abdulla Shafeeg), 68 M3 (Phillip Lissac), 82 M4 (S. Freedman), 82 M3(The India Today Group);

iStockphoto.com, Calgary: Titel (hadynyah), 6 (oben) (Getty/ HomoCosmicos), 7 (rechts unten) (Getty/Ivan Tykhyi), 9 M5 (Getty/ Juhku), 20 M3 (Meinzahn), 29 M5(dennisjim), 29 M9 (ImPerfectLazybones), 36 M6 (B. Hadyniak/ Getty), 37 M7 (tunart/ Getty), 41 M10 (Getty/pixelfusion3d), 41 M9 (Getty/ Instants), 66 M2 (tekinturkdogan), 74 M4 (heckepics), 81 M4 (Getty), 86 M2 (Getty/ naveen0301), 90 M6 (helovi/ Getty), 91 M9 (getty/ BDphoto);

Kroll, Mareike, Köln: 87 M11;

MINOR Hotel Group/GSA Germany, Neu-Isenburg: 61 M8, M10;

NASA - Visible Earth: 8 M2;

Panther Media (panthermedia.net), München: 80 M3 (allouphoto);

Picture-Alliance, Frankfurt/M.: 3 (3. von links), 49 (REUTERS), 13 M9 (REUTERS/ Anindito Mukherjee), 13 M7 (dpa/epa afp C K Karki), 15 M7(REUTERS/ Adnan Abidi), 18 M3 (REUTERS/ Adnan Abidi), 20 M4, (REUTERS), 50 M2 (Reuters/Rupak De Chowdhuri), 50 M1 (Reuters/Anindito Mukherjee), 55 M6 (REUTERS/ Amit Dave), 57 M7 (AP Photo/A.M.Ahad), 64 M3 (A. Gebert), 88 M2 (AP Photo/Manish Swarup);

pixabay.com, Neu-Ulm: 41 M5 (Bishnu Sarangi/Lizenz: CC0);

Shutterstock.com, New York: 3 (rechts, 71) (saiko3p), 7 (links unten) (MissRuby), 7 (rechts oben) (Kai19), 9 M8 (danm12), 13 M10 (CRS PHOTO), 15 M5 (think4photop), 29 M8 (Vladimir Melnik), 30 M2 (ABIR ROY BARMAN), 32 M2 (travelview), 33 M6 (AJP), 42 M4 (424337233), 45 M5 (CRS PHOTO), 75 M7(Matyas Rehak), 78 M2 (Yavuz Sariyildiz), 89 M10(Saurav022);

Thomson Reuters (Markets) Deutschland, Berlin: 18 M2, 24 M1(Akhtar Soomro), 46 M3 (Andrew Biraj), 56 M3 (Andrew Biraj), 59 M6 (Vivek Prakash);

wikimedia.commons: 11 M3 (Arne Hückelmann / Lizenz: CC-BY-SA-3.0), 39 M12 (Michael Gunther/Lizenz: CC-BY-SA 4.0), 83 M8 (Kolkatan/Lizenz: CC-BY-SA 3.0), 83 M6 (Amol.Gaitonde/LizenZ: CC-BY-SA 3.0), 83 M5 (Kabi1990/Lizenz: CC-BY-SA 3.0);

Xinhua, Berlin: 19 M10.